Biethahn / Bogaschewsky / Hoppe / Schumann (Hrsg.)
Wissensbasierte Systeme in der Wirtschaft 1992

Jörg Biethahn / Ronald Bogaschewsky /
Uwe Hoppe / Matthias Schumann (Hrsg.)

Wissensbasierte Systeme in der Wirtschaft 1992

Anwendungen und
Integration mit Hypermedia

GABLER

Die Professoren Jörg Biethahn und Matthias Schumann sind im Fachbereich Wirtschaftswissenschaften der Universität Göttingen verantwortlich für die Wirtschaftsinformatik-Ausbildung.

Dr. Ronald Bogaschewsky ist Akademischer Rat an der Abteilung für Unternehmensplanung der Universität Göttingen und arbeitet auf den Gebieten Produktion und Wirtschaftsinformatik.

Dr. Uwe Hoppe ist wissenschaftlicher Assistent am Institut für Wirtschaftsinformatik der Universität Göttingen und arbeitet auf den Forschungsgebieten Wissensbasierte Systeme, Hypertext/Hypermedia, Informationssysteme in Finanzdienstleistungsunternehmen.

Die Deutsche Bibliothek – CIP-Einheitsaufnahme

Wissensbasierte Systeme in der Wirtschaft 1992:
Anwendungen und Integration mit Hypermedia / Jörg Biethahn (Hrsg.).
- Wiesbaden : Gabler, 1992
  ISBN 3-409-13819-6
NE: Biethahn, Jörg [Hrsg.]

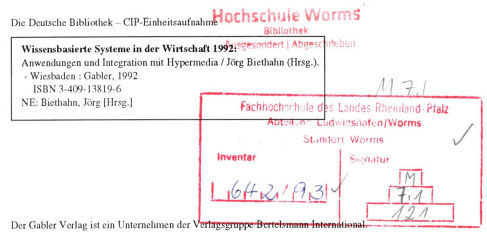

Der Gabler Verlag ist ein Unternehmen der Verlagsgruppe Bertelsmann International.

© Betriebswirtschaftlicher Verlag Dr. Th. Gabler GmbH, Wiesbaden 1992
Lektorat: Jutta Hauser-Fahr

Das Werk einschließlich aller seiner Teile ist urheberrechtlich geschützt. Jede Verwertung außerhalb der engen Grenzen des Urheberrechtsgesetzes ist ohne Zustimmung des Verlages unzulässig und strafbar. Das gilt insbesondere für Vervielfältigungen, Übersetzungen, Mikroverfilmungen und die Einspeicherung und Verarbeitung in elektronischen Systemen.

Höchste inhaltliche und technische Qualität unserer Produkte ist unser Ziel. Bei der Produktion und Auslieferung unserer Bücher wollen wir die Umwelt schonen: Dieses Buch ist auf säurefreiem und chlorfrei gebleichtem Papier gedruckt. Die Einschweißfolie Polyäthylen besteht aus organischen Grundstoffen, die weder bei der Herstellung noch bei der Verbrennung Schadstoffe freisetzen.

Die Wiedergabe von Gebrauchsnamen, Handelsnamen, Warenbezeichnungen usw. in diesem Werk berechtigt auch ohne besondere Kennzeichnung nicht zu der Annahme, daß solche Namen im Sinne der Warenzeichen- und Markenschutz-Gesetzgebung als frei zu betrachten wären und daher von jedermann benutzt werden dürften.

Druck und Buchbinder: Lengericher Handelsdruckerei, Lengerich/Westf.
Printed in Germany

ISBN 3-409-13819-6

Inhaltsverzeichnis

Einige ausgewählte Anwendungsperspektiven von Hypertext-Systemen im Bereich wissensbasierter Systeme - anstelle einer Einführung 11
Jörg Biethahn, Dirk Fischer

Integration von Hypermedia und Wissensbasierten Systemen - Ein Überblick 19
Ronald Bogaschewsky

Kombination von Hypermedia und wissensbasierten Elementen in einem Elektronischen Produktkatalog der Büromaschinenindustrie 49
D. Lödel, I. Büttel-Dietsch, J.-St. Breuker, M. Ponader, P. Mertens, S. Thesmann

PROoVER - Ein wissensbasiertes Konfigurationssystem 61
Hartmut Fischer

HyperCAKE: Ein Wissensakquisitionssystem für hypermediabasierte Expertensysteme 85
Frank Maurer

Einsatz von Hypermedia im Bereich der modellbasierten Wissensakquisition . . . 107
Susanne Neubert

What Local Contexts Can Do for Open Hypermedia Systems 131
M. Hofmann, H. Peyn

Tutorielle Nutzung von Expertensystemen zur Qualifikation von Mitarbeitern . . . 151
Martin Tins, Karsten Poeck

Einsatz von Hypertext/Hypermedia zur Verbesserung der Erklärungsfähigkeit Wissensbasierter Systeme 171
Uwe Hoppe

Extension of Standard Software Systems by the Case-Based Reasoning Approach to a Hybrid Architecture for Intelligent DSS 201
Michael Jeske, Michael Müller-Wünsch, Ansgar Woltering

Autorenverzeichnis

Prof. Dr. Jörg Biethahn

Institut für Wirtschaftsinformatik der Georg-August-Universität Göttingen
Abteilung Wirtschaftsinformatik I
Platz der Göttinger Sieben 7
D-3400 Göttingen

Dr. Ronald Bogaschewsky

Institut für Betriebswirtschaftliche Produktions- und Investitionsforschung der
Georg-August-Universität Göttingen, Abteilung für Unternehmensplanung
Platz der Göttinger Sieben 3
D-3400 Göttingen

Dipl.-Inf. J.-St. Breuker

Bayerisches Forschungszentrum für Wissensbasierte Systeme
Erlangen-München-Passau
Forschungsgruppe Wirtschaftsinformatik
Am Weichselgarten 7
D-8520 Erlangen-Tennenlohe

MA. I. Büttel-Dietsch

Bayerisches Forschungszentrum für Wissensbasierte Systeme
Erlangen-München-Passau
Forschungsgruppe Wirtschaftsinformatik
Am Weichselgarten 7
D-8520 Erlangen-Tennenlohe

Dipl.-Kfm. Dirk Fischer

Institut für Wirtschaftsinformatik der Georg-August-Universität Göttingen
Abteilung Wirtschaftsinformatik I
Platz der Göttinger Sieben 7
D-3400 Göttingen

Hartmut Fischer

Siemens-Nixdorf-Informationssysteme AG
OI37
Otto-Hahn-Ring 6
8000 München 83

Dr. Martin Hofmann

SAP AG
SAA-C
Max-Planck-Str. 8
D-6909 Walldorf (Baden)

Michael Jeske

Technische Universität Berlin
Institut für quantitative Methoden
Fachgebiet Systemanalyse und EDV
Fachbereich 20 Informatik
Franklinstraße 28-29
W-1000 Berlin 10

Dipl.-Kfm. Dieter Lödel

Bayerisches Forschungszentrum für Wissensbasierte Systeme
Erlangen-München-Passau
Forschungsgruppe Wirtschaftsinformatik
Am Weichselgarten 7
D-8520 Erlangen-Tennenlohe

Dipl.-Inf. Frank Maurer

Universität Kaiserslautern
AG Prof. Dr. M. M. Richter
Postfach 3049
6750 Kaiserslautern

Prof. Dr. Peter Mertens

Universität Erlangen-Nürnberg
Abteilung Wirtschaftsinformatik
Lange Gasse 20
D-8500 Nürnberg 1

Dr. Michael Müller-Wünsch

Technische Universität Berlin
Institut für quantitative Methoden
Fachgebiet Systemanalyse und EDV
Fachbereich 20 Informatik
Franklinstraße 28-29
W-1000 Berlin 10

Dipl.-Inf. Susanne Neubert

Institut für Angewandte Informatik und Formale
Beschreibungsverfahren
Postfach 6980
7500 Karlsruhe 1

Dipl.-Inf. Hauke Peyn

Telenorma GmbH (Bosch Telecom)
Dept. ESY 3
Kleyerstr. 94
D-6000 Frankfurt/Main

Dipl.-Inf. Karsten Poeck

Universität Karlsruhe
Institut für Logik, Komplexität und Deduktionssysteme
Postfach 6980
7500 Karlsruhe

Dipl.-Inf. M. Ponader

Bayerisches Forschungszentrum für Wissensbasierte Systeme
Erlangen-München-Passau
Forschungsgruppe Wirtschaftsinformatik
Am Weichselgarten 7
D-8520 Erlangen-Tennenlohe

Dipl.-Kfm. S. Thesmann

Bayerisches Forschungszentrum für Wissensbasierte Systeme
Erlangen-München-Passau
Forschungsgruppe Wirtschaftsinformatik
Am Weichselgarten 7
D-8520 Erlangen-Tennenlohe

Dipl.-Inf. Martin Tins

Universität Karlsruhe
Institut für Logik, Komplexität und Deduktionssysteme
Postfach 6980
7500 Karlsruhe

Dipl.-Inf. Ansgar Woltering

Technische Universität Berlin
Institut für quantitative Methoden
Fachgebiet Systemanalyse und EDV
Fachbereich 20 Informatik
Franklinstraße 28-29
W-1000 Berlin 10

Einige ausgewählte Anwendungsperspektiven von Hypertext-Systemen im Bereich wissensbasierter Systeme - anstelle einer Einführung

Prof. Dr. Jörg Biethahn, Dipl.-Kfm. Dirk Fischer

Inhaltsverzeichnis

1 Begriff und Historie 13

2 Perspektive 1: Wissensakquisition 14

3 Perspektive 2: Wissensrepräsentation 15

4 Perspektive 3: Erklärungsfähigkeit 15

5 Schlußbetrachtung 16

Literaturverzeichnis 17

1 Begriff und Historie

"Hypertextsysteme repräsentieren den Beginn der Entwicklung einer neuen Generation von Informations- und Publikationssystemen ..." Wir betrachten "... das Hypertext-Konzept als den Kristallisationskern für die Entwicklung einer neuen Generation von Informationssystemen ..., die sich insbesondere an den Informations- und Unterstützungsbedürfnissen des Benutzers ausrichten kann." So euphorisch urteilt der Vice Chair (for Europe) der ACM-Gruppe Hypertext-Systeme, Norbert Streitz (Streitz 1990, S. 10).

Die Bedeutung, die die Forschung im Moment dem Hypertext-Konzept und der Hypermedia-Technik zuerkennt, läßt sich auch an der Dichte der Fachtagungen ablesen:

- 1990 die erste europäische Hypertext-Konferenz in Paris,
- 1991 die Hypertext/Hypermedia in Graz,
- Ende 1991 die dritte ACM-Hypertext-Konferenz in San Antonio,
- 1992 die Hypertext/Hypermedia in München und die zweite europäische Hypertext-Konferenz in Mailand.

Die Zeitschriften CACM und BYTE widmeten dem Hypertext-Konzept Sonderausgaben, vor kurzer Zeit erschien eine Ausgabe der Wirtschaftsinformatik mit demselbigen Schwerpunktthema.

Trotz aller Forschungsanstrengungen: Hypertext und Hypermedia sind nicht neu, weder von der Konzeption, noch vom Namen: Lexika verwenden seit jeher nichtlineare Strukturen; Fußnoten in wissenschaftlichen Texten verweisen den Leser auf andere Publikationen. Der Ausdruck Hypertext wurde bereits in den 60er Jahren von Ted Nelson geprägt. Die erste Beschreibung eines maschinenunterstützen Hypertext-Systems namens MEMEX stammt aus dem Jahr 1945 von V. Bush (Gloor/Streitz 1990, S. V).

Durchgesetzt haben sich Hypertext und Hypermedia erst am Ende der 80er Jahre, als auch Hard- und Software-Hersteller (allen voran Apple) einsatzfähige Produkte auf den Markt brachten.

Im Mittelpunkt der Forschung steht mittlerweile die Verknüpfung von Hypertext/Hypermedia mit Anwendungen wie Electronic Publishing, graphischen Benutzeroberflächen, Information Retrieval, Datenbanken und - wie auch das Thema dieser Tagung - wissensbasierten Systemen.

Wo haben Hypertext/Hypermedia und wissensbasierte Systeme Berührungspunkte? Wo können sie sich sinnvoll ergänzen, Grenzen der isolierten Konzepte überwinden helfen? Mit solchen Fragen beschäftigen sich die Autoren der nachfolgenden Beiträge.

Da es sich bei diesem Sammelband um Niederschriften von Präsentationen und Vorträgen handelt, die auf dem Workshop des Arbeitskreises Wissensbasierter Systeme vorgestellt wurden, sollen einleitend einige Probleme der Entwicklung und des Betriebes wissensbasierter Systeme herausgegriffen und versucht werden aufzuzeigen, welche Vorteile sich durch um Hypertext/Hypermedia ergänzte hybride wissensbasierte Systeme erzielen lassen.

2 Perspektive 1: Wissensakquisition

In der Phase der Wissensakquisition erhebt im allgemeinen ein Knowledge Engineer das Wissen eines Bereichsexperten und entwirft ein (logisches) Modell des Anwendungsbereichs. Anschließend wird es in spezielle Wissensrepräsentations- und Inferenzformalismen überführt.

Zwei Probleme fallen dabei auf:

1. Der Knowledge Engineer wird beim Erheben und Modellieren des Expertenwissens nur unzureichend durch Werkzeuge unterstützt. Bestehende Modellierungsansätze stoßen an Grenzen, wenn der Experte an dem Entwurf aktiver beteiligt werden soll, wenn über das Modell mit dem Experten kommuniziert wird und sofern das Wissen mehrerer Experten zu erheben ist.

2. Das logische Modell geht mit dem Transfer in Regeln, Frames oder andere Repräsentationsformalismen verloren, oder schwächer ausgedrückt: es ist nicht computergestützt verfügbar, seine Wartung wird nicht unterstützt. Im Nachhinein ist es sehr schwierig, eine Regel oder ein Frame, die gewöhnlich auf eine spezielle Inferenzstruktur zugeschnitten sind, zu verstehen.

Es bietet sich an, den Prozeß der Wissensakquisition mit einem Hypertext-Autorensystem zu unterstützen, einem Werkzeug zur systemseitigen Unterstützung von Autoren zur Erstellung neuer Informationen als Hypertext (Schoop 1991, S. 200).

Beispielhaft möchten wir auf das System SEPIA (Structures Elicitation and Processing of Ideas for Authoring)[1] verweisen, das vom Institut für Integrierte Publikations- und Informationssysteme der Gesellschaft für Mathematik und Datenverarbeitung in Darmstadt entwickelt wurde. Die dem System zugrundeliegende Idee ist die des Schreibens als "design problem solving". Dem Autoren stehen mehrere sogenannte "activity spaces" zur Verfügung, unter anderem ein Inhaltsraum zur inhaltlichen Erarbeitung und Repräsentation des Gegenstandsbereichs und ein Argumentationsraum, um die dem Text zugrundeliegenden Argumentationsstrukturen zu entwickeln und zu repräsentieren. Das System unterstützt des weiteren die Arbeit mehrerer Autoren an einem Text, was auch als "collaborative writing" bezeichnet wird.

Ein Werkzeug ähnlich wie SEPIA könnte die gemeinsame Arbeitsplattform für Knowledge Engineer und (eventuell mehrere) Fachexperten bilden. Das Ziel kann es sein, das erstellte Hyperdokument automatisch in formale Wissensstrukturen zu überführen.

---

[1] Zu SEPIA siehe N. A. Streitz (Streitz 1990, S.17-25).

3   Perspektive 2: Wissensrepräsentation

Die Erwartungen an wissensbasierte Systeme sind auf ein scheinbar realistischeres Maß reduziert worden. Den Systemen wird von den Unternehmen nur noch der Status eines Ratgebers, nicht der eines Fachexperten zugestanden. Absolute Verläßlichkeit wird von den Systemen nicht erwartet (o.V. 1989, S. 19). Der Mensch kann und muß also in den Problemlösungsprozeß miteinbezogen werden.

Man kann somit noch einen Schritt weitergehen und versuchen, die recht starren Wissensrepräsentationsformalismen um weniger formale Entitäten eines Hypertext-Dokumentes zu ergänzen. Als Beispiel sei die Firma Siemens angeführt. Die Siemens AG setzt zur Diagnose komplexer elektrotechnischer Systeme ein wissensbasiertes System (MAX) ein. Ein Mitarbeiter des Unternehmens äußert sich wie folgt: Die formalen Strukturen in der Wissensbasis von MAX reichen bei weitem nicht aus, um das für die Diagnose in einem komplexen elektrotechnischen System notwendige Wissen auszudrücken. Zur Untersuchung ist tieferliegendes Wissen notwendig. "Dieses Wissen läßt sich nicht mehr mit assoziativen Netzen, Regeln oder einfachen physikalischen Modellen ausdrücken. Ein Weiterführen der Diagnose ist an dieser Stelle nur noch durch den Menschen möglich. Der Mensch muß aber gezielt durch Anleitungen unterstützt werden, da er als Benutzer des Diagnosesystems ja üblicherweise kein Experte ist." (Delfs 1990, S. 174)

Anknüpfend an den vorangegangenen Punkt kann ein in der Entwicklungsphase des wissensbasierten Systems erstellter Hypertext nicht nur das Urbild der repräsentierten Wissensobjekte und -beziehungen sein, sondern direkt in den Inferenzprozeß einbezogen werden. Er ergänzt eine formale, sehr präzise Wissensdefinition um, wie ein Autor schreibt, einen "geradezu anarchischen Datenraum" (Schoop, S. 201), verbessert damit den Wissensrepräsentationsprozeß und erhöht die Schlußfolgerungsfähigkeit.

4   Perspektive 3: Erklärungsfähigkeit

Die Erklärungsfähigkeit von wissensbasierten Systemen ist auch zum momentanen Zeitpunkt noch nicht ausreichend. Viele Systeme bieten dem Anwender als Erklärung nur die Schlußfolgerungskette an. Schlußfolgerung und Argumentation oder Begründung der Schlußfolgerung stimmen aber nicht immer überein. Bei anderen Systemen sind die Einheiten der Wissensbasis mit zusätzlichen starren Erklärungstexten versehen, die aber wiederum nicht für den Inferenzprozeß zur Verfügung stehen.

In einem Hypertext kann die Argumentationsstruktur eines Fachexperten hinsichtlich des Einsatzbereichs eines wissensbasierten Systems abgebildet werden. Zu der Argumentationsstruktur können neben kausalen Begründungen auch Fallbeispiele, wissenschaftliche Publikationen, allgemeine textuelle Erläuterungen oder (multimediale) Ergänzungen gehören.

Basiert die Entwicklung eines wissensbasierten Systems auf einem Hypertext-System, und wird das Hypertext-Dokument dem Anwender in Verbindung mit dem wissensbasierten

System computergestützt zur Verfügung gestellt oder sogar in den Inferenzprozeß einbezogen, sollte es möglich sein, die Erklärungsfähigkeit in weitreichendem Maße zu verbessern.

5 Schlußbetrachtung

Einleitend wurden Ihnen in Kürze drei Bereiche dargelegt, in denen Hypertext-Systeme eine sinnvolle Erweiterung wissensbasierter Systeme zu sein scheinen. Bevor wissensbasierte Systeme derart erweitert werden können, sind von Hypertextsystemen eine Anzahl funktionaler Anforderungen zu erfüllen. So müssen Hypertextsysteme in einer Standardumgebung für wissensbasierte Systeme verfügbar sein, müssen auch lineare Dokumente (zum Beispiel die genannten Auszüge aus Aufsätzen) integriert werden können, muß eine Wartung der Dokumente unterstützt werden (Delfs 1991, S. 181).

Doch wir befinden uns am Anfang einer Entwicklung. Die zur Zeit existierenden Hypertextsysteme können nur als eine "erste Demonstration der elementaren Grundprinzipien" (Streitz 1990, S. 11) angesehen werden.

Literaturverzeichnis

Delfs, H. (1990), Diagnose-Expertensysteme brauchen Hypertext - Das Beispiel MAX, in: Gloor, P. A., Streitz, N. A. (Hrsg.), Hypertext und Hypermedia. Von theoretischen Konzepten zur praktischen Anwendung, Berlin u.a., S. 171-184.

Gloor, P. A. und Streitz, N. A., Vorwort, in: Gloor, P. A. und Streitz, N. A. (Hrsg.), Hypertext und Hypermedia. Von theoretischen Konzepten zur praktischen Anwendung, Berlin u.a., S. V-VI.

Schoop, E. (1991), Hypertext Anwendungen: Möglichkeiten für den betrieblichen Einsatz, in: Wirtschaftsinformatik 33, Nr. 3, S. 198-206.

Streitz, N. A. (1990), Hypertext: Ein innovative Medium zur Kommunikation von Wissen, in: Gloor, P. A., Streitz, N. A. (Hrsg.), Hypertext und Hypermedia. Von theoretischen Konzepten zur praktischen Anwendung, Berlin u.a., S. 10-27.

O.V. (1989), Diebold Management Report. Analysen und Empfehlungen zu aktuellen Fragen der Informationsverarbeitung 6, S. 19.

Integration von Hypermedia und Wissensbasierten Systemen - Ein Überblick

Dr. Ronald Bogaschewsky

Inhaltsverzeichnis

1 Einführung 21

2 Konzept und Einsatzmöglichkeiten von Hypertext/Hypermedia 22

3 Integration von Hypermedia und Wissensbasierten Systemen 28

    3.1 Grundsätzliche Integrationsaspekte 28

    3.2 Hypermedia als Teil Wissensbasierter Systeme 29

    3.3 Wissensbasierte Systeme als Teil von Hypermedia-Systemen 34

    3.4 Hypermedia und Wissensbasierte Systeme als gleichberechtigte
Komponenten eines hybriden Systems 36

    3.5 Hypermediabasierte Expertensysteme 41

4 Ausblick 42

Literaturverzeichnis 43

1 Einführung

Während Wissensbasierte Systeme in Theorie und Praxis seit geraumer Zeit in der Diskussion sind, erlebt die Auseinandersetzung mit Hypertext bzw. Hypermedia erst in jüngerer Zeit geradezu einen Boom. So sind die Grundlagen Wissensbasierter Systeme und von Expertensystemen zwar weiterhin in der Entwicklung, jedoch in ihren Grundzügen erforscht, und es existieren bereits zahlreiche praktische Anwendungen und Prototypen (vgl. stellvertretend Mertens/Borkowski/Geis 1990 für betriebliche Anwendungen). Die zur Verfügung stehenden Techniken zur Entwicklung Wissensbasierter Systeme sind, z.B. an Universitäten, bereits Teil der (Wirtschafts-) Informatikausbildung.

Im Gegensatz dazu existiert zu dem Forschungsgebiet, das sich mit der Erstellung und Nutzung von Hypertexten und Hypermedien beschäftigt, bisher keine einheitliche Theorie. Dies liegt zum einen daran, daß die effiziente Entwicklung und Nutzung solcher Hyperdokumente erst durch den in der jüngeren Vergangenheit erreichten Entwicklungsstand der Computerhardware und -software zu relativ niedrigen Preisen möglich wurde. Zum anderen ist Hypertext/Hypermedia (HT/HM) keinesfalls als klar abgegrenztes Forschungsgebiet innerhalb der Informatik zu betrachten. Genau das Gegenteil scheint hier zutreffend zu sein.

Die Grundidee von Hypertext, Informationseinheiten beliebig über zu definierende Verweise miteinander verknüpfen zu können, bietet im Zusammenhang mit den heute fortgeschrittenen Techniken der Gestaltung von Benutzungsoberflächen ein außerordentlich weites Betätigungsfeld für Forscher und Entwickler aus den unterschiedlichsten Richtungen. Diese Tatsache wird u.a. dadurch deutlich, daß sich diverse Interessengruppen auf von ihnen organisierten Tagungen mit diesem Thema befassen bzw. hypertextbezogene Beiträge zu interdisziplinären Kongressen liefern. Weiterhin sind Veröffentlichungen zu HT/HM in Fachzeitschriften mit unterschiedlichster Ausrichtung anzutreffen.[1] Die wichtigsten Forschungsbereiche, die sich mit HT/HM beschäftigen sind:

- "Computer-Human-Interaction (CHI)" bzw. "Human-Computer-Interaction (HCI)",
- "Computer-Supported Cooperative Work (CSCW)",
- "Information-Retrieval (IR)",
- "Electronic Publishing" und "Writing".

Weiterhin werden wichtige Beiträge zur Fortentwicklung von HT/HM aus den Bereichen "(Graphical) User Interfaces" und Software-Ergonomie sowie Datenbanksysteme geliefert.

Die Verschiedenartigkeit der Ansprüche an Hypertextsysteme durch die unterschiedlichen Interessengruppen erschwert einheitliche Definitionen und Beschreibungen von HT/HM. Das oben skizzierte Grundkonzept der freien Assoziierbarkeit von Informationseinheiten gilt dabei für Hypertext und Hypermedia gleichermaßen. Dabei bestehen die Informationseinheiten bei Hypertext aus Texten und einfachen Grafiken, während Hypermedia zusätzlich auch Bewegtgraphiken (Animationen), Bilder, Videos, Musik und Sprache enthalten

---

[1] Siehe den Überblick bei (Bogaschewsky 1992).

kann. Insofern ist Hypermedia multimedialer Hypertext und HT somit quasi ein Unterbegriff von HM. In diesem Beitrag wird der Begriff Hypertext für die Beschreibung des Grundkonzepts der nichtlinearen Informationsdarstellung benutzt und der Ausdruck Hypermedia nur dort, wo multimediale Eigenschaften angesprochen werden.

Vor diesem Hintergrund muß zur Zeit eine Beschäftigung mit dem Thema "Integration von Hypermedia und Wissensbasierten Systemen" auf klare Definitionen und Abgrenzungen noch weitgehend verzichten. Daher kann dieser Beitrag nur grundsätzliche Möglichkeiten und Probleme ansprechen und gegebenenfalls Tendenzen aufzeigen. Es erscheint jedoch sinnvoll, neben den eher anwendungsorientierten und konzeptionellen Beiträgen auf diesem Symposium einen Überblick über das Gesamtthema zu geben, auch wenn dieser nicht alle denkbaren Aspekte der Themenstellung umfassen kann.

Zunächst werden das Konzept von HT/HM sowie seine Einsatzmöglichkeiten dargestellt und einige mit diesem Konzept verbundene Probleme aufgezeigt. Dieses soll den "Einsteigern" in die Materie eine Orientierungsmöglichkeit geben, obwohl sich das Symposium thematisch auf einer anspruchsvolleren Ebene bewegt, d.h. vom Teilnehmer entsprechende Kenntnisse vorausgesetzt werden.

Anschließend werden Einsatzmöglichkeiten von Hypermedia in Wissensbasierten Systemen (WBS) und von WBS in Hyperdokumenten diskutiert sowie der Einsatz von WBS und HM als ("gleichberechtigte") Komponenten eines Systems vorgestellt und Hypermediabasierte Expertensysteme skizziert.

2 Konzept und Einsatzmöglichkeiten von Hypertext/Hypermedia

Basiselemente von Hypertexten

Die einzelnen Informationseinheiten - auch "informationelle Einheiten" (Kuhlen 1991) - stellen die Grundbestandteile von Hypertexten dar. Sie werden häufig auch als *Knoten* ("Nodes") oder - bezogen auf ihre Darstellungsform am Bildschirm - als *Karten* ("Cards") bezeichnet. Ein Hypertext erhält seine Struktur und Semantik durch die Verbindung von Knoten über *Verknüpfungen* ("Links") bzw. *Referenzen* ("References"). Bei Darstellung der Struktur eines Hypertextes in einem Graphen werden die Informationseinheiten als Knoten und die Verweise als (gerichtete bzw. ungerichtete) Kanten dargestellt (siehe Abb. 1).

Die Abb. 1 verdeutlicht, daß in Hypertexten sowohl hierarchische als auch nicht-hierarchische Strukturen geschaffen werden können. Durch die Typisierung von Verknüpfungen können dabei zusätzliche Informationsinhalte dargestellt und (gegebenenfalls parallel) unterschiedliche Organisationsformen realisiert werden. (In der Abb. 1 wurde nur grob zwischen organisatorischen und referentiellen (inhaltlichen) Links unterschieden.)

Eine graphenorientierte Darstellung eines Hypertextes dient der Orientierung des Benutzers oder als Hilfsmittel für den Entwickler. Der Inhalt der Informationseinheiten kann je nach Ausprägung der Benutzungsoberfläche auf unterschiedliche Weise dargestellt werden. So kann die Anzeige einer Informationseinheit einen kompletten Bildschirm ausfüllen, oder es besteht die Möglichkeit, gleichzeitig mehrere Knoteninhalte in Bildschirmfenstern darzustellen. Die Abb. 2 stellt die zweite genannte Variante dar.

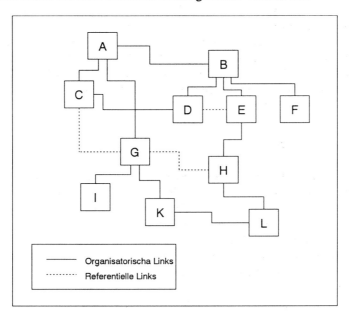

Abb.1: Graphenorientierte Darstellung einer Hypertext-Struktur

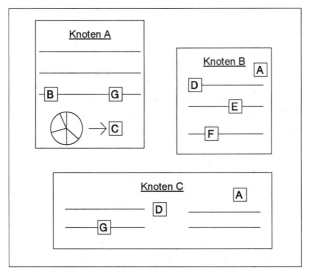

Abb.2: Anzeige von Informationseinheiten eines Hypertextes

In der Abb. 2 sind die Inhalte der Knoten A, B und C der Abb. 1 dargestellt. Jede Informationseinheit im Beispiel weist einen Namen oder Titel ("Label", "Descriptor") auf. Die Informationen[2] in den jeweiligen Knoten sind durch die durchgezogenen Linien bzw. die Kreisgrafik skizziert. Durch Einrahmung hervorgehoben wurden Verweise von den jeweiligen Knoten auf andere Informationseinheiten, also z.B. im Knoten A auf die Knoten B, G und C. Diese Referenzpunkte dienen somit als Anker für Links, die von dem betrachteten Knoten bzw. von einem Abschnitt in dieser Informationseinheit ausgehen. Die Anker werden in der Regel durch Hervorhebungen von Text (Einrahmung, "Highlighting", Schwarz-Weiß-Invertierung u.ä.), "Buttons" (Boxen, Kreise, Pfeile etc.) oder "Icons" (Ikonen; bildhafte, sinntragende Abbildungen) verdeutlicht. Die Aktivierung eines Links, d.h. die Anzeige der referenzierten Informationseinheit, erfolgt dann durch Anklicken eines Ankers mit der Maus oder durch entsprechende Cursorpositionierung und Betätigen der Eingabe-Taste. Auf diese Weise kann der gesamte Hypertext traversiert werden.

Ausgestaltung von Knoten und Links

Aus dieser kurzen Darstellung der Grundbestandteile von Hypertexten wird bereits deutlich, daß sowohl beim Erstellen als auch beim "Benutzen" eines Hypertextes erhebliche Freiheitsgrade bestehen. So hat der Autor eines Hypertextes - wie bei der Erstellung eines linearen Dokuments, z.B. eines Buchs - über den Inhalt der einzelnen Knoten bzw. des gesamten Hypertextes zu entscheiden. Zusätzlich muß er jedoch Entscheidungen über den (für die Benutzer, die natürlich unterschiedliche Interessen und ein differenziert ausgeprägtes Vorwissen haben können) sinnvollen Modularitätsgrad der Knoteninhalte treffen. Dabei umfaßt ein Knoten in der Regel deutlich weniger Informationen als ein durchschnittlich langes Kapitel eines Buches oder eines Aufsatzes. Gegebenenfalls ist die Anzahl Informationen auf eine Bildschirmseite begrenzt, falls die Hypertext-Software keine "Blätter"-Funktion ("Scrolling") bietet.

Des weiteren sind Entscheidungen darüber zu treffen, welche Knoten(bereiche) mit welchen anderen Knoten(bereichen) über Links verknüpft werden sollen. Dabei kann z.B. eine grobe hierarchische Struktur für den Hypertext oder für Teilbereiche verwirklicht werden, was sich häufig bei der - insbesondere didaktisch aufbereiteten - Darstellung komplexerer Themengebiete anbietet. Daneben sind jedoch beliebige Querverweise möglich, wie auch - unter Umständen über das Ausmaß von Fußnoten weit hinausgehende - Referenzen zu Anmerkungen, Hinweisen, Kommentaren etc.

Die Hypertext-Software stellt zum Zwecke der anforderungsgerechten Definition der Knoten und Links je nach Ausprägung unterschiedliche Hilfsmittel bereit. So können Knoten zur besseren Strukturierung des Hypertextes gegebenenfalls *typisiert* und ihnen ein Deskriptor ("Label") zugewiesen werden (siehe auch Abb. 2). *Semistrukturierte Knoten* weisen benannte Felder auf und erhöhen so u.a. die Übersichtlichkeit der Informationseinheit. Zwecks Schaffung zusätzlicher Strukturen auf abstrakteren Beschreibungsebenen können teilweise *zusammengesetzte Knoten*, die z.B. in Bezug auf bestimmte Or-

---

[2] Im vorliegenden Beitrag wird nicht explizit zwischen 'Wissen' und 'Information' in bezug auf die Neuigkeit und Relevanz der Knoteninhalte für den Benutzer unterschieden (Kuhlen 1991).

ganisationsaspekte als Einheit behandelt werden, definiert werden. Entsprechend besteht häufig auch die Möglichkeit Links zu *typisieren*, diesen *Attribut/Wert-Paare* zuzuweisen oder über *"Cluster"-Links* mehrere Knoten gleichzeitig anzusprechen. Mit der Aktivierung von Links könnten gegebenenfalls auch Prozeduren aktiviert werden, die z.B. dann Berechnungen ausführen oder Teile des Hypertextes reorganisieren.

Orientierung und Navigation

Entsprechend der vom Hypertext-Autor gewählten Ausprägungsform des Hyperdokuments hat der Benutzer die Wahl, sich mehr oder weniger frei im Hypertext zu bewegen. Dabei verlangt eine hohe Komplexität des Hypertextes in der Regel eine hohe Konzentration des Benutzers, der sich in dem Netzwerk aus Knoten und Links orientieren und die für ihn relevanten Informationen heraussuchen muß. Diese Tatsache wird in Relation zu der Benutzung linearer Medien häufig als "cognitive overhead" bezeichnet. Dieser größeren Anforderung an den Benutzer im Vergleich z.B. zum Lesen von Büchern steht allerdings der Vorteil gegenüber, daß sich der Benutzer frei im Hypertext bewegen kann und nicht an lineare Sequenzen etwa von aufeinanderfolgenden Buchseiten gebunden ist. Die Einfachheit der Bedienung und die Vielseitigkeit der möglichen Verknüpfungen geht weit über bekannte quasi-nichtlineare Darstellungen, wie sie durch den extensiven Gebrauch von Querverweisen z.B. in Lexika auftreten, hinaus. Dabei können durch den Hypertext-Autor trotzdem didaktische Konzepte über das Anbieten von "guided-tours", also geführter Anleitungen mittels kontrolliertem Traversieren des Hypertextes, verfolgt werden.

Des weiteren können Hypertexte unter verschiedensten Zielsetzungen benutzt werden, eine Möglichkeit die lineare Medien in dieser ausgeprägten Form nicht bieten können. Das "Scanning" (Breitensuche) und das "Exploring" (Erkunden, Überblick verschaffen) ist bei Bereitstellung entsprechender Hilfsmittel wie z.B. einer Übersichtskarte (entsprechend der graphenorientierten Darstellung des Hypertextes in Abb. 1) auf einfache Weise möglich. Beim "Wandering" oder "Globetrotting" (zielloses Umherwandern) kann der Benutzer durch den "Serendipity"-Effekt zufällig auf für ihn interessante Informationen stoßen. Wird eine benutzerfreundliche Suchfunktion für Begriffe etc. zur Verfügung gestellt, bieten sich weitere Vorteile für den Benutzer gegenüber gedruckten Medien.

Hypertext-System

Offensichtlich stellt die Bereitstellung *effizienter Orientierungs- und Navigationshilfsmittel* eine entscheidende Vorbedingung für den erfolgreichen Einsatz von Hypertexten dar. Zur Unterstützung des Benutzers und gegebenenfalls auch des Autors ist eine Orientierungshilfe in Form von Übersichtskarten ("Maps") häufig hilfreich. Die Softwarekomponente, die das Traversieren des Hypertextes erlaubt, wird in der Regel als "*Browser*" bezeichnet. Bietet diese Funktion die Möglichkeit der Fortbewegung mittels direkter Auswahl von auf Übersichtskarten dargestellter Knoten, wird auch der Begriff *Graphischer Browser* verwendet.

Ein komplettes *Hypertext-System* besteht dann aus (Bogaschewsky 1992):

- der Hypertext-Basis (Knoten und Links),
- Software zur Definition und Verwaltung der Knoten und Links,
- Ein-/Ausgabemöglichkeiten für Text, Grafik, Bilder und Ton

und gegebenenfalls

- Browser sowie anderen Orientierungs- und Navigationshilfsmitteln (Suchfunktion, Index etc.).

Einsatzmöglichkeiten und historische Entwicklung

Die Einsatzmöglichkeiten eines derart ausgestalteten Systems sind entsprechend breit. Einige, sich teilweise überschneidende Einsatzgebiete sind (Bogaschewsky 1992):

- Dokumentation,
- Information,
- Hilfe-Systeme,
- Kooperation,
- Projektmanagement,
- Systemanalyse,
- Problemanalyse,
- Software-Engineering,
- Erstellung von Dokumenten,
- Ausbildung und
- Design.

Entsprechend konzentrieren sich die auf dem Markt befindlichen Hypertext-Systeme sowie die Forschungssysteme teilweise auf einzelne Anwendungsgebiete. Andere Systeme bieten breitere Einsatzmöglichkeiten, weisen dann jedoch in der Regel keine anwendungsspezifischen Funktionen auf. Einen Überblick über verschiedene Systeme findet sich u.a. bei (Conklin 1987; Carando 1989; Nielsen 1990; Gloor 1990; Meyer/Rauterberg/Strässler 1991; Kuhlen 1991; Bogaschewsky 1992).

Diese Einsatzmöglichkeiten von HT/HM müssen vor dem Hintergrund der historischen Entwicklung des Hypertext-Konzepts betrachtet werden.

Bereits 1945 stellte Vannevar Bush (Bush 1945) das Konzept seines "*Memex*" vor, den er charakterisierte als "... a device in which an individual stores his books, records, and communications, and which is mechanized so that it may be consulted with exceeding speed and flexibility. It is an enlarged intimate to his memory" (Bush 1945, S.106f.). Der "Memex" sollte imstande sein, Informationseinheiten beliebig miteinander zu verknüpfen und so alle wissenschaftlichen Veröffentlichungen dieser Welt zu speichern (Fraase 1990).

Aus technischen Gründen waren hierfür noch Photozellen und Mikrofilm als Datenträger vorgesehen.

Gemäß dem von Bush erdachten Grundprinzip entwickelte Engelbart (Engelbart 1963) das computergestütze System *H-LAM/T* (*H*uman using *L*anguage, *A*rtifacts, and *M*ethodology, in which he is *T*rained) und 1968 *NLS* (o*N*-*L*ine *S*ystem), das später zu dem kommerziellen System *Augment* ausgebaut wurde. Der Bezug der HT-Thematik zu anderen Forschungsgebieten wurde in Engelbarts Arbeiten u.a. darin deutlich, daß viel Wert auf die Gestaltung der Benutzerschnittstelle gelegt und z.B. die "*Maus*" als alternatives Eingabemedium entwickelt wurde.

Der Ausdruck Hypertext geht auf Ted Nelson (Nelson 1967) zurück, der das System *Xanadu* konzipierte. In Xanadu sollen durch sehr effiziente Speicherungsstrukturen, d.h. extensiven Gebrauch von Referenzen, außerordentlich große Informationsmengen speicherbar sein (Conklin 1987; Fraase 1990). Xanadu soll in der Lage sein, ein "... repository publishing network for anybody's documents and contents, which users may combine and link to freely" (Nelson 1988) bereitzustellen. Auf diese Weise sollen logische Verknüpfungen zu beliebig entfernten Informationseinheiten auf anderen Rechnern an die Stelle physischer Kopien auf dem eigenen Rechner treten (Kuhlen 1991). Die Dokumente können dabei auch multimedialer Natur sein, also auch Ton, bit-mapped Grafiken etc. enthalten.

Es wird deutlich, daß Hypertext zunächst in erster Linie als Hilfsmittel zur effizienteren Speicherung und Verwaltung von sowie für den nichtlinearen Zugriff zu (umfangreichen) Dokumenten(sammlungen) angesehen wurde. Die Fortentwicklung der Computertechnik sowie der Systemsoftware machte jedoch im Laufe der Zeit eine zunehmend interaktive Nutzung von Systemen möglich. So war es nicht mehr nur sinnvoll, Texte bzw. Dokumente einmalig in Hypertextform zu erfassen und dann Nutzern als nichtlineares, rechnergestütztes Informationssystem im Sinne von Volltext-Systemen zur Verfügung zu stellen.

Der Autor bzw. die Autoren eines Hypertextes können heute zunehmend die Struktur und den Inhalt des Informationsnetzes laufend verändern, je nach vorliegender Problemstellung. So werden Hypertext-Systeme als *Werkzeuge zur Problemexploration* entwickelt, die es erlauben, in Teams ein Problemgebiet zu bearbeiten, wobei der Rechner als zentrales Kommunikationsmittel dient und der Projektfortschritt sich in der Fortentwicklung des Hypertextes manifestiert. In diesen Bereich fallen z.B. die *Argumentationssysteme* (siehe auch Bogaschewsky 1992) wie *IBIS* (*I*ssue-*B*ased *I*nformation *S*ystem) (Rittel/Kunz 1970) bzw. *gIBIS* (*g*raphical *IBIS*) (Begemann/Conklin 1988) sowie die auf dem *PHI*-Ansatz (*P*rocedural *H*ierarchy of *I*ssues) basierenden Systeme *PHIDIAS* (McCall 1990) und *JANUS* (Fischer/McCall/Morch 1989). Argumentationssysteme bieten die Möglichkeit, Streitfragen durch die Formulierung von Positionen und Argumenten in einem Hypertext zu diskutieren.

Eine weitere, eher anwendungsspezifische Ausrichtung von Hypertext-Systemen stellen *Autorensysteme* (siehe auch Bogaschewsky 1992), wie z.B. *CONCORDIA* (Walker 1988), *VORTeX* (Fraase 1990), *WE* (Smith 1986) und *SEPIA* (Haake/Schütt 1990; Streitz/Hannemann/Thüring 1989) dar. Autorensysteme sollen den Prozeß des Schreibens bzw. des

Erstellens von Dokumenten, häufig unter Heranziehung theoretischer Betrachtungen über den Schreibprozeß, unterstützen. Insbesondere wird, z.B. in dem System SEPIA (siehe die Beschreibung weiter unten), versucht, dem Benutzer adäquate Repräsentationsmöglichkeiten für unterschiedliche kognitive Aktivitäten bei der Erstellung eines (Hyper-)Dokuments zur Verfügung zu stellen.

Es existieren heute zahlreiche HT-/HM-Systeme, die nicht auf spezifische Anwendungen ausgerichtet sind. Einige der bekanntesten Systeme dürften *NoteCards* (Halasz 1988; Halasz/Moran/Trigg 1987), *Intermedia* (Garrett/Smith/Meyrowitz 1986) und *Neptune* (Delisle/Schwartz 1986; Campbell/Goodman 1988) sowie für den Mikrorechnerbereich *HyperCard* (Fraase 1990) und *Guide* (OWL 1988) sein. Einen Schwerpunkt in den *Browsing*-Fähigkeiten weisen *ZOG/KMS* (McCracken/Akscyn 1984) und *HyperTIES* (Shneiderman/Morariu 1986; Shneiderman/Kearsley 1989) auf.

3 Integration von Hypermedia und Wissensbasierten Systemen

3.1 Grundsätzliche Integrationsaspekte

Eine Integration von Hypermedia und Wissensbasierten Systemen kommt u.a. überall dort in Frage, wo durch den Einsatz des einen Konzepts Unzulänglichkeiten des anderen Konzepts verringert oder die Funktionalität und/oder die Benutzerfreundlichkeit des Gesamtsystems verbessert wird. Die ausgeprägten Benutzerschnittstellen von Hypermedia-Systemen machen den Einsatz dieser Systeme für diverse Anwendungen, die in diesem Bereich bisher Mängel aufwiesen, interessant. Hierzu zählen neben Wissensbasierten Systemen bzw. Expertensystemen auch Datenbanksysteme, Management-Informations-Systeme (MIS), Decision-Support-Systeme (DSS) und Entscheidungsunterstützungssysteme (EUS), Executive-Informationssysteme (EIS) und Data-Dictionaries bzw. -Repositories sowie Information-Retrieval-Systeme (IRS).

Bei allen genannten Systemtypen können dabei die multimedialen Fähigkeiten von Hypermedia von Interesse sein. So kann z.B. die Bereitstellung vertonter Informationen oder von Videofilmen eine beschleunigte und/oder verbesserte Informationsvermittlung bewirken. Hier ist auch an die im Vergleich zur Formulierung schriftlicher Texte einfacher vorzunehmende Eingabe verbaler Kommentare u.ä. zu denken.

Die fortgeschrittene Benutzerschnittstelle und die multimedialen Fähigkeiten sind jedoch nicht die einzigen Ursachen für einen sinnvollen Einsatz von Hypermedia im Zusammenhang mit anderen Systemen. Die in einem Hyperdokument realisierbare Strukturierung der Gesamtinformation geht über die Möglichkeiten konventioneller Systeme zum Teil weit hinaus. Dabei muß jedoch nicht zwangsläufig die Gesamtmenge der in dem System verfügbaren Daten und Informationen (bzw. des Wissens) als Hypertext implementiert sein. Vielmehr können Hypertexte auch dazu benutzt werden, Systeme bzw. ihren Inhalt auf mehr oder weniger abstrakter Ebene zu beschreiben. Dabei läßt sich unter Umständen ein Direktzugriff vom Hypertext auf die Daten des konventionellen Systems ermöglichen. In diesem Fall hätte der Hypertext gleichzeitig die Funktion eines Orientierungs- und Navigationshilfsmittels, z.B. in Form eines graphischen Browsers, sowie eines Strukturierungs- und Organisationshilfsmittels. Inwiefern dies auch für Wissensbasierte Systeme gelten kann, wird im Abschnitt 3.2 diskutiert. Weiterhin werden in diesem Abschnitt die Einsatzmöglichkeiten von Hypermedia als Wissensakquisitionswerkzeug und als (Teil einer) Erklärungskomponente aufgezeigt.

Die Einsatzmöglichkeiten anderer Systemtypen und insbesondere von Wissensbasierten Systemen in Hyperdokumenten sind nicht so offensichtlich wie der umgekehrte Fall. Bei Betrachtung spezifischer Probleme, die mit der Erstellung von Hyperdokumenten und der Nutzung von Hypermedia verbunden sind, lassen sich jedoch einige Ansatzpunkte für den Einsatz Wissensbasierter Systeme in Hyperdokumenten aufzeigen. Insbesondere scheinen hier die *Konvertierung von Texten in Hypertext*, die *Navigationsunterstützung*, die *dynamische Erzeugung von Hypertextstrukturen* bzw. Links, die *situationsabhängige Gewichtung von Links* und das *Anstoßen von Prozeduren* sowie die *Beratung und Kontrolle beim Aufbau des Hypertextes* von Interesse zu sein. Einige dieser Aspekte werden in Abschnitt 3.3 erneut angesprochen.

Schließlich ist an eine "gleichberechtigte" Integration von Hypermedia und Wissensbasierten Systemen zu denken (vgl. Abschnitt 3.4). In diesem Fall könnte z.B. ein Hilfsmittel zur Problemlösung für ein ausgewähltes Gebiet konzipiert werden, in dem Hypermedia und eine wissensbasierte Komponente zusammen oder auch jede Komponente für sich zur Lösung des Problems beitragen können. Dies würde den möglichen Einsatz von Hyperdokumenten als tutorielle Komponente einschließen. Eine gewisse Sonderstellung nehmen die unten skizzierten hypermediabasierten Expertensysteme (Abschnitt 3.5) ein.

Die unten vorgenommene Zuordnung zu Beispielsystemen und Prototypen kann dabei nicht immer ganz eindeutig sein, da im Einzelfall nur schwer entschieden werden kann, ob die Komponenten Hypertext und Wissensbasiertes System gleichgewichtig sind oder auf einer der beiden der Schwerpunkt liegt.

3.2 Hypermedia als Teil Wissensbasierter Systeme

Bei der Entwicklung Wissensbasierter Systeme steht häufig das Ziel im Vordergrund, ein System zu realisieren, das Probleme in einem abgegrenzten Gebiet auf möglichst effiziente Weise lösen hilft. Dabei wird zumeist der größte Teil des Aufwands nach der Wissenserhebung in die Entwicklung der Problemlösungskomponente unter Auswahl geeigneter Wissensrepräsentationsformen und Inferenztechniken investiert. Relativ stark vernachlässigt wird oft die *Ausgestaltung der Benutzerschnittstelle* und der *Erklärungskomponente*. Gerade diese beiden Komponenten tragen jedoch überproportional zur Akzeptanz eines Wissensbasierten Systems durch den Benutzer bei, dem die vom System vorgeschlagenen Schlußfolgerungen und Lösungen glaubhaft und transparent in Bezug auf den Lösungsweg gemacht werden müssen.

Des weiteren treten im Laufe von Konsultationen häufig Situationen auf, in denen der Benutzer zur Beantwortung einer vom System gestellten Frage auf Informationen zugreifen muß, die in irgendeiner Weise - gegebenenfalls auf demselben oder einem anderen Rechner - gespeichert sind. Eine direkte Zugriffsmöglichkeit auf diese Informationen könnte den Ablauf der Konsultation vereinfachen und beschleunigen. Es scheint sich abzuzeichnen, daß die Implementierung benutzerfreundlicher Frage-/Antwortdialoge im Rahmen einer *Erklärungskomponente* die Transparenz des Lösungsweges in der wissensbasierten Komponente aufwendiger verbessern läßt und die Realisierung tendenziell qualitativ schlechter ist als bei parallelem Einsatz eines Hypertextes.

Risiken beim Einsatz Wissensbasierter Systeme, die durch den Einsatz von Hypertext teilweise entschärft werden können, bestehen in (Yetim/Dambon 1991):

- einem Kompetenzverlust beim Benutzer durch (Teil-) Automatisierung der Entscheidungen,
- einem Motivationsverlust beim Benutzer durch eventuell restriktive Vorschriften, die den Entscheidungsspielraum des Verantwortlichen einschränken,
- Anwendungsfehlern durch Ignorieren der Fehlbarkeit und Begrenztheit des Systems,
- Transparenzverlusten aufgrund der Systemkomplexität,
- dem Verlust von nicht im System integrierten "Meinungen", die typischerweise in Entscheidungen einflossen und diese eventuell beschleunigten oder verbesserten sowie
- Schwierigkeiten bei unvorhergesehenen Problemfällen.

Im folgenden sollen die hauptsächlich in Frage kommenden Einsatzgebiete von Hypertext in Wissensbasierten Systemen etwas detaillierter beschrieben werden. Dabei soll auch auf die Möglichkeiten, die Wissensakquisitionsphase durch das Hypertext-Konzept zu unterstützen, eingegangen werden.

Benutzerschnittstelle

Hypermedia ermöglicht es, hochentwickelte Benutzerschnittstellen bereitzustellen und bietet sich somit als Ergänzung Wissensbasierter Systeme an. Die Ausgestaltung der Benutzungsoberfläche kann dann in einer Weise erfolgen, die dem Benutzer die Interaktion mit dem System erheblich vereinfacht. Als Beispiele können Systeme zur Fehlerlokalisation genannt werden, die z.B. einen Techniker oder Maschinenbediener durch eine Folge von problembezogenen Fragen führen, um eine aufgetretene Fehlfunktion zu identifizieren. Im technischen Bereich können dabei Fragen und Antworten häufig sehr viel einfacher unter Heranziehung von Grafiken bzw. Diagrammen oder Bildern formuliert werden. Auf diese Weise erhält der Dialog mit dem System nicht nur eine "schönere" Oberfläche, sondern eine verbesserte Qualität, die häufiger zu erfolgreicheren und gegebenenfalls schnelleren Problemlösungen führt.

Als Beispiel eines "Running-System" sei hier ein System zur Fehlerlokalisation und Vermittlung von Reparaturanweisungen für Rotorspinnmaschinen genannt (Angstmann 1990). Das System kombiniert das Entwicklungswerkzeug für Expertensysteme TIRS (The Integrated Reasoning Shell) mit dem multimedialen System AVC (Audio Visual Connection). Beides sind IBM-Produkte, die unter OS/2 ablauffähig sind. Durch die Möglichkeit, Videobilder auf einfache Weise in das System zu integrieren (hierfür ist eine Zusatzhardware - der "Video Capture Adapter" - notwendig) und zu editieren, konnte eine sehr einfach zu bedienende und funktionale Systemoberfläche u.a. für die Konsultationen geschaffen werden.

Informationskomponente

Ein weiteres, bei herkömmlichen Wissensbasierten Systemen häufig vorhandenes Defizit betrifft die eingeschränkten Bewegungsmöglichkeiten des Benutzers im System während einer Konsultation. In der Regel sind Konsultationen entweder bis zur erfolgreichen Lösungsfindung bzw. bis zum Erkennen der Unlösbarkeit der Fragestellung fortzuführen oder durch den Benutzer vorzeitig abzubrechen. Gegebenenfalls kann später an der "Ausstiegsstelle" die Konsultation fortgeführt werden. Es fehlt jedoch zumeist die Möglichkeit, sich während der Konsultation mit Informationen, die unter Umständen im gleichen System verfügbar sind, zu versorgen. Die Kenntnis dieser Informationen ist jedoch häufig Voraussetzung für die Beantwortung von Fragen im Dialog mit dem System, wie z.B. bei der Angabe von Meßwerten oder anderer Vergangenheitsdaten.

Die Forderung besteht somit darin, eine interaktive Informationskomponente während des Ablaufs einer Konsultation zur Verfügung zu stellen. Dabei kann es sich sowohl um Datensammlungen als auch um Dokumentationen handeln. Es bietet sich an, dieses Informationssystem in Form eines Hyperdokuments zu realisieren und auf diese Weise dem Benutzer die Möglichkeit zu geben, sich seinem Informationsbedürfnis entsprechend frei in diesem Dokument bewegen zu können. Damit kann auf Informationseinheiten umfangreicher und komplexer Dokumente, die unter Umständen mehrere Handbücher umfassen können, in effizienter Weise zugegriffen werden. Die vielfältigen realisierbaren Zugriffsmöglichkeiten über Indexe, Inhaltsverzeichnisse, Stichwort-, Tabellen- und Abbildungsverzeichnisse sowie über einen grafischen Browser erhöhen dabei die Servicefreundlichkeit erheblich. Allerdings erscheint die Umsetzung dieses Konzepts bisher recht schwierig, soweit die Möglichkeit des direkten Hin- und Herwechselns zwischen Konsultation und Hyperdokument betroffen ist.

Ein Hypertext in der Rolle einer zusätzlichen Informationskomponente ist im System ACE196 von der Intel Corporation zu finden (Bielawski/Lewand 1990, S.121ff.). Der Zweck des Systems ist es, Intel-Kunden des Mikroprozessors 80C196KB mit dem Produkt vertraut zu machen und ihnen Hilfestellung bei der (Assembler-)Programmierung des Prozessors zu geben. Dabei wird ein als *Hypertext implementiertes Handbuch*, ein *Design-Modul* für die benutzerindividuelle Ausgestaltung der Funktionalität des Prozessors sowie ein den Benutzer aktiv bei der Programmierung unterstützender *Assembler-Editor* bereitgestellt. Der Erfolg des Systems führte zur Entwicklung von ACE51 für einen weiteren Prozessortyp. Als Entwicklungswerkzeug wurde ein Vorläufer von 1st-Class HT von der AI Corporation verwendet.

Erklärungskomponente

Wie bereits einleitend zu diesem Abschnitt hervorgehoben wurde, stellt das Vorhandensein einer ausgeprägten Erklärungskomponente eine wesentliche Voraussetzung für die Akzeptanz Wissensbasierter Systeme dar (Yetim 1990). Der Großteil heutiger kommerzieller WBS verfügt allerdings lediglich über eine ungenügende Erklärungskomponente. Diese erlaubt typischerweise die rudimentäre Beantwortung von Fragen seitens des Benutzers, "Warum" das System eine bestimmte Information erfragt und "Wie" das System zu einer Schlußfolgerung gelangt ist. Daneben bestehen häufig Erklärungsanforderungen in:

- der Rechtfertigung (Justification) von Wissenselementen (beispielsweise von Regeln oder Frames),
- der Darlegung der Kontrollstrategie des WBS,
- der Erläuterung von taxonomischem Wissen.

Hyperdokumente bieten aufgrund ihrer flexiblen Strukturierungs- und Zugriffsmöglichkeiten ein geeignetes Hilfsmittel zur Bereitstellung einer anforderungsgerechten Erklärungskomponente von WBS. Insbesondere könnten vorgesehen werden:

- die Bereitstellung eines Glossars der fachspezifischen Termini zur Erklärung taxonomischen Wissens,
- die Verfügbarmachung notwendigen Tiefenwissens,
- die Darlegung der Kontrollstrategie,
- die Erläuterung von (Zwischen-)Ergebnissen (WIE ?),
- die Erläuterung des Inferenzprozesses (WARUM ?).

Dabei kann es sinnvoll sein, dem Benutzer zunächst zu ermöglichen, sich innerhalb eines bestimmten Kontextes, d.h. in einer situationsabhängig ausgewählten Teilmenge des gesamten Erklärungstextes, zu bewegen. Mittels Navigation in einem Hypertext bzw. den zu einem Kontext(-Knoten) zusammengefaßten Informationseinheiten könnte sich der Benutzer die gewünschte Information selbst erarbeiten. Der Beitrag von U. Hoppe im vorliegenden Symposiumsband stellt ein weiteres Konzept für eine hypertextbasierte Erklärungskomponente vor (S. 111 ff.).

Wissensakquisition

Mit der Wissensakquisition ("Knowledge Acquisition") ist die zumeist aufwendigste Phase beim Erstellen Wissensbasierter Systeme angesprochen. Die mangelnde Unterstützung seitens der verfügbaren typischen Entwicklungswerkzeuge bei dieser Tätigkeit führte - neben dem grundsätzlichen Problem, Expertenwissen zu extrahieren und zu beschreiben - zu einem vielzitierten Engpaß bzw. "Flaschenhals" ("bottleneck") bei der Systemerstellung. Wissensakquisitionstools sind zudem meistens anwendungsspezifisch, d.h. nicht ohne weiteres generell einsetzbar.

Die Strukturierungsmöglichkeiten bei der Erstellung eines Hypertextes erlauben es, auf relativ einfache Weise bekanntes "Wissen" zu sammeln und auf einem Rechner abzuspeichern. Dieses wird insbesondere durch die einfache Formulierung von Fakten, Informationen etc. in natürlicher Sprache bzw. Text und/oder Graphiken unterstützt. Die bei der Erstellung einer Wissensbasis notwendige Zerlegung des Problemgebietes in Teilgebiete bis hin zu kleinsten Informationseinheiten kann durch die Definition von Knoten unterschiedlichen Typs erreicht werden. Außerdem können Verknüpfungen zwischen den Informationseinheiten über unterschiedliche Typen von Links definiert werden. Auf diese Weise ist die Definition beliebiger Strukturen und Organisationsformen des Wissens möglich.[3] Somit kann die in der Regel aufwendigste Phase bei der Erstellung eines Wissensbasierten Systems effizient unterstützt werden. Erweiterte Möglichkeiten der Wissensakquisition ergeben sich durch die multimedialen Fähigkeiten von Hypermedia, d.h. es können Videofilme, Interviews, Bilder, Töne etc. direkt für den Aufbau der Wissensbasis verwendet werden.[4]

Erfolgt die initiale Wissensakquisition für die erste Version des Wissensbasierten Systems komplett vor der Erstellung der operationalen Wissensbasis, so wird zunächst eine als Hypertext realisierte "Wissensbank" fertiggestellt. Erst nach Abschluß dieser Phase, die auch eine Verifikation[5] des Wissens beinhalten würde, wird die Hypertext-Wissensbank in das Expertensystem übertragen, d.h. in eine geeignete Wissensrepräsentationsform gebracht und mittels einer Expertensystem-Shell oder einer Programmiersprache implementiert.

Neben der einfacheren Formulierung des Wissens im Vergleich zur direkten Definition einer operationalen Wissensbasis, z.B. unter Einsatz einer Expertensystem-Shell oder der Programmierung in einer geeigneten Sprache, ist vor allem die übersichtlichere Darstellung und ständige Verfügbarkeit des gesammelten Wissens von Vorteil. Dazu wird der meist iterative Prozeß der Wissensakquisition durch die Möglichkeit unterstützt, "Kommentar"-Knoten u.ä. den Informationsknoten des Hypertextes hinzufügen sowie eine Versionenhistorie verwalten zu können. Änderungen und Ergänzungen sind vergleichsweise einfach möglich.

Die Experten können also aktiv an der Erstellung der Wissensbasis mitarbeiten, sofern dies beabsichtigt ist. Der "Knowledge-Engineer" wird damit beim Entwickeln und der Kontrolle der Wissensbasis - bevor diese in das Expertensystem übertragen wird - teilweise entlastet, denn die Möglichkeit des direkten Zugriffs des Experten auf die als Hypertext definierte Wissensbank macht ihre Entwicklung effizienter.

Wegen der weitgehend formatfreien Abbildungsmöglichkeit von Wissen in Hypertexten kann man außerdem die Entscheidung über die Wahl der geeigneten Wissensrepräsenta-

---

[3] Siehe auch die Beiträge zur Strukturierung von Wissensbasen unter Einsatz des Hypertext-Konzepts von (Duncan 1989; Schmalhofer et al. 1991; Schmalhofer/Reinartz 1991).
[4] Ähnliche Aussagen treffen auch (Wells 1989; Hofmann/Schreiweis/Langendörfer 1990).
[5] Eine Verifikation des Wissens in dieser Entwicklungsphase schließt natürlich nicht die Verifikation der operationalen Wissensbasis ein, da durch den Transformationsprozeß noch Fehler auftreten können und das korrekte Zusammenwirken der Wissenselemente im Rahmen der Schlußfolgerungskomponente explizit zu prüfen ist.

tionsform für die Implementierung im Expertensystem so lange hinausschieben, bis die meisten Problempunkte des Wissensgebiets untersucht sind (Wells 1989). Damit können zeitraubende und eventuell mit erheblichen Kosten verbundene Wechsel der Repräsentationsform vermieden werden. Selbst wenn ein Projekt zur Entwicklung eines Expertensystems aufgegeben wird, bleibt der Hypertext als Informationssystem erhalten.

Das Hypertext-Konzept kann jedoch auch eingesetzt werden, um den Prozeß der Umsetzung der mehr oder weniger informal definierten Wissensbasis in eine operationale Form zu unterstützen. Allerdings sind für die notwendige Transformierung der - zumindest innerhalb einzelner Knoten - in der Regel wenig strukturierten Informationen in semiformale und formale Strukturen entsprechende Hilfsmittel zur Verfügung zu stellen. Ansätze hierfür bieten das bei Xerox PARC[6] entwickelte "Instructional Design Environment - IDE" (Jordan et al. 1989) oder das am MIT[7] entwickelte System "Object Lens" (Lai/Malone 1990; Lai/Malone/Yu 1988). Der Beitrag von S. Neubert in diesem Symposiumsband zeigt die Einsatzmöglichkeiten von Hypermedia im Bereich der modellbasierten Wissensakquisition auf (S. 111 ff.). Ebenfalls in diesem Symposiumsband beschreibt F. Maurer das Konzept eines Wissensakquisitionssystems für ein hypermediabasiertes Expertensystem (S. 111 ff.).

3.3 Wissensbasierte Systeme als Teil von Hypermedia-Systemen

Der Einsatz Wissensbasierter Systeme kann sowohl in bestehenden Hyperdokumenten als auch als Komponente eines Systems zum Aufbau von Hyperdokumenten sinnvoll sein. Im ersten Fall liegt der Einsatzschwerpunkt einerseits im Bereich der Navigation und Orientierung sowie der Informationssuche im weiteren Sinne. Andererseits ist die kombinierte Bereitstellung wissensbasierter Funktionalität und hypermedialer Darstellungsform denkbar. Der zweite Fall spricht die Unterstützung der Autoren eines Hyperdokuments durch wissensbasierte Methoden an.

Hyperdokumente als Informationssystem eignen sich in erster Linie für Benutzer, die sich über ihr Informationsbedürfnis weitgehend im klaren sind und gleichzeitig die (kognitiven und technischen) Fähigkeiten besitzen, die referenzierten Informationen aufzufinden. Trifft diese Situation nicht zu, so können Expertensysteme eingesetzt werden, die auf der Basis eines mit dem Benutzer geführten Frage-/Antwort-Dialogs potentiell relevante Informationen aus dem Gesamtdokument extrahieren und auf diese Weise den Suchraum einengen (Bielawski/Lewand 1990).

Ein Praxisbeispiel für ein derart ausgestaltetes System ist REGIS (*Reg*ional *I*nformation *S*ystem), das in Zusammenarbeit der Food and Agriculture Organization of the United Nations (FAO), der U.S. National Agricultural Library (NAL) und der National Oceanic and Atmospheric Administration entwickelt wurde (Bielawski/Lewand 1990, S.145ff.). Anwendungsgebiet ist die Aquakultur, d.h. die Verwertung von im Wasser wachsenden oder lebenden Nahrungsmitteln. Um einen anforderungsgerechten Zugriff der oben genannten

---

[6] PARC - Palo Alto Research Center in Kalifornien, U.S.A.
[7] MIT - Massachusetts Institute of Technology, Cambridge, Mass., U.S.A.

und zahlreicher anderer mit diesem Thema befaßten Organisationen auf die umfangreiche Informationsbasis zu gewährleisten, wurde ein intelligentes System geschaffen, das Informationen unter Verwendung des Hypertext-Konzepts bereitstellt. Dabei werden mit der Bedienung von Software und dem Suchen in großen Wissensbeständen weniger geübte Benutzer durch ein Expertensystem assistiert. Eine zusätzliche Beratungskomponente des mit KnowledgePro von Knowledge Garden realisierten Systems stellt Spezialwissen eines Experten für Sonderprobleme zur Verfügung.

Die ebenfalls oben genannte Variante des Einsatzes wissensbasierter Methoden in Hyperdokumenten erscheint insbesondere dadurch besonders nutzbringend, daß ausgehend von jedem beliebigen Teil des Informationssystems eine Problemlösungskomponente angestoßen werden kann. Der Vorteil einer solchen Konzeption liegt darin, daß sich der Benutzer im Rahmen des Hypertextes zunächst innerhalb des gesamten Problemgebiets orientieren und das für ihn relevante Teilgebiet gegebenenfalls vorab eingrenzen kann. So kann die Problemlösungskomponente ausgehend von einem konkreten Kontext angestoßen werden, wodurch die Transparenz des Systems erhöht wird (Bielawski/Lewand 1990, S.144f.).

Der Einsatz wissensbasierter Methoden ist weiterhin für den Zweck denkbar, dem Benutzer individuelle Pfade durch das Hyperdokument anzubieten. Dies kann insbesondere für Informationssysteme und tutorielle Systeme von Nutzen sein, in denen das "optimale" Informationsangebot für einen Benutzer stark von seinem bisherigen Wissensstand abhängig ist. So könnten - abhängig von dem bisher vom Benutzer traversierten Teil des Hyperdokuments (z.B. bestimmte, gegebenenfalls aufeinander aufbauende Kapitel) sowie in Abhängigkeit von der Eigeneinschätzung seines Wissensstandes und durch das Ziehen von Rückschlüssen aus dem Korrektheitsgrad bei der Beantwortung von Systemfragen während der Sitzung(en) - alternative Pfade durch das Hyperdokument ("guided tours") angeboten werden. Dieses Angebot basiert dann auf der Erstellung eines *Benutzermodells* und der Einstufung seines Wissensstandes. Gegebenenfalls können diese Pfade auch erst während der Sitzung dynamisch erzeugt werden.

Der oben erwähnte zweite Fall, in dem die Unterstützung der Autoren eines Hyperdokuments durch ein Wissensbasiertes System angesprochen wurde, bezieht sich in erster Linie auf den Einsatz wissensbasierter Komponenten zu Kontroll- und Beratungszwecken. So ist es denkbar, daß bei der inkrementellen Entwicklung eines spezifischen Hyperdokuments eine wissensbasierte Komponente im Hintergrund tätig ist, und den Benutzer auf unzulässige sowie auf widersprüchliche Knoten/Link-Strukturen aufmerksam macht. Ebenso wäre denkbar, daß das System - z.B. nach der Definition einer gewissen Anzahl von Knoten - dem Benutzer vorschlägt, diese zunächst weiter zu strukturieren, d.h. zu gruppieren bzw. durch Links in das bisherige Hyperdokument einzubinden. Ähnliche Überlegungen lassen sich für die Ausgestaltung der einzelnen Knoten (Länge, Typ etc.) anstellen. So ist gegebenenfalls auch eine Systemunterstützung beim Einsatz einer Entwicklungsmethodologie denkbar. Auf diese Weise könnten Hypertext-Autoren aktive Unterstützung bei der Erstellung von Hyperdokumenten[8] erhalten. Im folgenden wird ein derart gestaltetes System skizziert.

SEPIA

Ein System, das den Benutzer bei der Erstellung von Hyperdokumenten unterstützt, ist *SEPIA* (*S*tructured *E*licitation and *P*rocessing of *I*deas for *A*uthoring), das am Integrated Publication and Information Systems Institute (IPSI) der Gesellschaft für Mathematik und Datenverarbeitung mbH (GMD) in Darmstadt entwickelt wird (Haake/Schütt 1990; Streitz/Hannemann/Thüring 1989). Der Funktionalität des Systems liegt ein kognitives Modell des Entwicklungsprozesses von Dokumenten zugrunde. *SEPIA* soll dem/den Autor(en) aktive Unterstützung bei der Erstellung von Hyperdokumenten, insbesondere argumentativer Texte, geben. Zu diesem Zweck akquiriert die "Knowledge-Elicitation"-Komponente des Systems im Dialog mit dem Benutzer Wissen über dessen Ziele und Pläne, über die Problemdomäne, die Zielgruppe etc. und bildet aus diesen Informationen ein Autoren-Modell. Eine "Monitoring"-Komponente protokolliert die Aktivitäten des Autors. Die gewonnenen Daten werden zur Anpassung des Autoren-Modells benutzt. Die "Guiding"-Komponente übernimmt die Verarbeitung der Informationen über die Benutzeraktivitäten (Evaluation) und selektiert die benötigten Wissensbasen. Hier kann auf das Autoren-Modell (bzw. -Profil), auf eine "Script-Knowledge-Base", in der Wissen über Dokumenttypen und Argumentationsstrukturen gespeichert ist, sowie "Guiding"-Strategien (Wissen über das Erkennen von Defiziten und Planung angemessener Unterstützung aufgrund didaktischer Strategien) zurückgegriffen werden. Durch das Wissen über die behandelte Problemdomäne sowie die Argumentationsführung und den Vergleich dieses "objektiven" Wissens mit dem "subjektiven" Wissen über den Autor soll eine aktive Unterstützung des Autors erreicht werden.

SEPIA verwendet die Hypermedia-Maschine *HyperBase*, die ein anwendungsunabhängiges Management der Hypertext-Objekte auf der Speicherungsebene ermöglicht. *HyperBase* wurde in C mit Hilfe des relationalen Datenbanksystems Sybase entwickelt und basiert auf einem generellen Datenmodell für Hypertext-Daten (Schütt/Streitz 1990). Auf *HyperBase* wird zur Zeit ein Konzept zur Versionsverwaltung in Hyperdokumenten implementiert (Weber/Schoepf 1991). Die SEPIA-Funktionen wurden zunächst in Smalltalk-80 auf Sun-Workstations implementiert, wobei eine Portierung auf C++ geplant ist (Haake/Schütt 1990).

3.4 Hypermedia und Wissensbasierte Systeme als gleichberechtigte Komponenten eines hybriden Systems

Bei den meisten Systemkonzepten, die wissensbasierte und hypertextbasierte Komponenten integrieren, ist nicht eindeutig auszumachen, auf welchem Bestandteil der Schwerpunkt bei der Systemnutzung liegt. Einige Systeme bieten weitgehend eigenständige Komponenten an, wogegen in anderen eine enge Verknüpfung zwischen den Bestandteilen ange-

---

[8] Zur Vorgehensweise bei der Entwicklung von Hypertexten vgl. (Glushko 1991; Glushko 1989; Perlman 1989).

strebt wird. In beiden Fällen ist es möglich, daß Hypermedia auch als Wissensakquisitionswerkzeug, als Erklärungs-, als Informations- oder als Dialogkomponente eingesetzt wird. In den unten aufgeführten Systembeispielen scheint die Rolle von Hypermedia jedoch über diese Einzelfunktionen hinauszugehen, ohne daß es sich dabei um ein Hyperdokument mit integrierter wissensbasierter Funktionalität, wie in Abschnitt 3.3 dargestellt, handelt. Da sich eindeutige Richtlinien für die Ausgestaltung derart gestalteter Systeme (noch) nicht ausmachen lassen, seien in diesem Abschnitt lediglich einige Systembeispiele skizziert.

Explosive Hazards Classification Expert System

Das Explosive Hazards Classification Expert System wurde für das Safety and Environmental Protection Subcommittee der *JANNAF* (*J*oint *A*rmy-*N*avy-*NA*SA-*A*ir *F*orce Propulsion Committee) entwickelt (Lafferty et al. 1990). Es dient der Unterstützung bei der Klassifikation von Explosivstoffen und besteht aus dem in Hypertextform gebrachten "Technical Bulletin 700-2", erweitert um zusätzliches Expertenwissen sowie aus einer wissensbasierten Komponente. Dabei wurde das ursprünglich (lineare) technische Handbuch so umstrukturiert, daß nun unterschiedliche Sichten ("views") auf das Dokument möglich sind. Das Handbuch diente als Basis für die Wissensakquisition, auf der aufbauend weiteres Expertenwissen in das Hyperdokument integriert wurde. Dieses Hyperdokument stellt die nicht-operationale, informale Wissensbasis des Systems dar. Auf Teile dieser Wissensbasis verweist auch die wissensbasierte Komponente des Systems zwecks Erklärung von Lösungsvorschlägen. Beide Systemkomponenten können jedoch auch unabhängig voneinander genutzt werden. Das System wurde nach einer Konzeptentwicklungphase, in der zunächst Hypercard von Apple verwendet wurde, unter Verwendung von Guide 2 und Nexpert Object realisiert.

Weapon Control Console MK 81

Ein weiteres im Einsatz befindliches System ist die "Weapon Control Console MK 81" der US Navy (Bielawski/Lewand 1990, S.128ff.). Das System wird in Unterseebooten eingesetzt und unterstützt die Fehlerlokalisation und -behebung bei den an Bord befindlichen Waffensystemen. Alternativ kann die als Hypertext realisierte Dokumentation oder die wissensbasierte Komponente zur Fehlerlokalisation angesprochen werden. Insofern existieren wissensbasierte Komponente und Hyperdokument "gleichberechtigt" in einem hybriden System. Das Hyperdokument hat dabei die Funktion einer Hilfestellung für den menschlichen Problemlöser und versucht nicht, ihm diese Tätigkeit - wie es die wissensbasierte Komponente zumindest teilweise anstrebt - abzunehmen. Das System wurde unter Einsatz des auf Apple-Rechner ablauffähigen Systems MacSMARTS von Cognition Technology Corporation und einer eigenen Softwareerweiterung (MO.ST) erstellt. Viele dieser Erweiterungen wurden in das Produkt MacSMARTS Professional übernommen.

InfoXpert

Ein System, das eine wissensbasierte Komponente mit verschiedenen Hyperdokumenten kombiniert, ist InfoXpert (Bielawski/Lewand 1990, S.151ff.). Das System dient der Beratung von Hardware-Kunden der Zenith Data Systems und versucht für die spezifischen Kundenwünsche jeweils geeignete Konfigurationen zu ermitteln. Dabei sind eher die Verkäufer, die InfoXpert auch als Trainingsinstrument nutzen können, als die Käufer als Zielgruppe für die Systemnutzung anzusehen. Während die Expertensystem-Komponente Vorschläge für geeignete Konfigurationen nach Abschluß eines Dialogs mit dem Benutzer unterbreitet, bieten die hypertextbasiert realisierten Dokumente "Produktkatalog", "Produktankündigungen" und "Produktdemonstrationen" detaillierte Informationsmöglichkeiten über die Produkte. InfoXpert wurde mit dem Anwendungsentwicklungswerkzeug KnowledgePro Windows von Knowledge Garden entwickelt.

Ein ähnlich geartetes System ("Elektronischer Produktkatalog") stellen Breuker et al. in diesem Symposiumsband vor.

Service Bay Diagnostic System

Ein System, das verdeutlicht, daß Hyperdokumente teilweise die Funktion eines Wissensbasierten Systems übernehmen können, ist das *Service Bay Diagnostic System* (SBDS) der Ford Motor Company (Bielawski/Lewand 1990, S.12ff.). SBDS soll Servicetechniker bei der Inspektion von Kraftfahrzeugen unterstützen. Ursprünglich als Expertensystem mit Hypermedia-Oberfläche geplant, wurde im Laufe der Entwicklung deutlich, daß viele Problemlösungen eine relativ geringe Komplexität aufwiesen und bereits in den technischen Handbüchern beschrieben waren. Daraufhin wurden 50% der zu behandelnden Problemfälle durch die Beschreibungen im Hyperdokument abgedeckt. Die Systemstruktur zeigt die Abb. 3. Zur Realisierung der Hypermedia-Komponente wurde das für DOS- und Apple-Rechner verfügbare Guide von Owl International eingesetzt. Das Investitionsvolumen für SBDS liegt bei etwa 42 Millionen US-Dollar. Es sollen etwa 1.500 Systeme ausgeliefert werden.

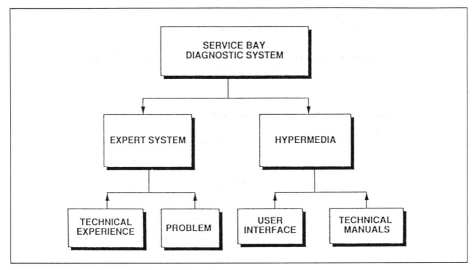

Abb.3: Architektur von SBDS (Quelle: Bielawski/Lewand 1990, S.14)

S*P*A*R*K

Das System S*P*A*R*K (Gongla et al. 1989; Bogaschewsky 1991a) soll bei der Identifizierung strategischer Einsatzmöglichkeiten von Informationen und Informationstechnologie unterstützen. Zielgruppe sind Führungskräfte und Mitarbeiter in Stäben für strategische Planung und für Informationssysteme, Studenten und Dozenten an Universitäten sowie Marketingorganisationen. S*P*A*R*K wurde im Rahmen des Strategic Information Management Support- (SIMS-) Projekts am Los Angeles Scientific Center der IBM Corp. entwickelt. Die Systemarchitektur von S*P*A*R*K vereint eine wissensbasierte Komponente ("Facilitator" und "Knowledge Base") mit einer multimedialen Beispieldatenbank, die auch über eine spezifische Zugriffskomponente ("Browser") angesprochen werden kann, sowie eine hypertextbasierte Informations- und Lehrkomponente ("Teacher") unter einer fensterorientierten Benutzerschnittstelle. Die Abb. 4 verdeutlicht diese Systemarchitektur.

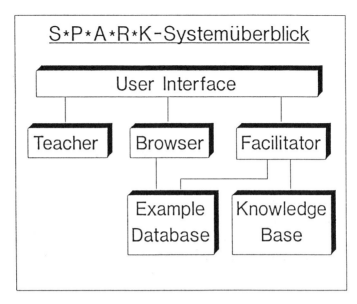

Abb.4: S*P*A*R*K - Systemarchitektur

Dem potentiellen Systemnutzer werden somit alternative Zugangsmöglichkeiten geboten. Die wissensbasierte Komponente führt den Benutzer durch einen Frage-/Antwort-Dialog und gibt Empfehlungen für mögliche Strategien, deren Identifizierung das Ziel des Benutzers ist. Zu den Strategievorschlägen werden Praxisbeispiele aus der Datenbank zur Betrachtung angeboten. Diese Beispiele können auch direkt unter Angabe des Beispielnamens oder durch Eingrenzung eines Suchbereichs nach Merkmalen (Branche, Zielobjekt, Fokus, Art des Einsatzes der Informationstechnologie) über den Browser angesprochen werden. Will sich der Benutzer eingehender mit dem Problemgebiet auf theoretischer Ebene befassen, also sich z.B. über die in der Problemlösungskomponente eingesetzten betriebswirtschaftlichen Analysetechniken informieren oder einen Überblick über das Problemgebiet erhalten, so kann er den Teacher konsultieren. Der Teacher (Bogaschewsky 1991b) ist als Hyperdokument aufgebaut und bietet neben der Erklärung der erwähnten Analysetechniken Erklärungen für die fachspezifischen Termini an. Weiterhin ist ein grafischer Browser und eine Indexfunktion realisiert sowie ein Rücksprung zu vorher traversierten Knoten möglich.

Durch die realisierte Systemkonzeption soll der Benutzer bestmöglich in dem Prozeß des Auffindens und Bewertens strategischer Einsatzmöglichkeiten von Informationen und Informationstechnologie unterstützt werden. Eine solche Unterstützung kann durch eine wissensbasierte Beratungskomponente allein nicht gewährleistet werden, da man damit den komplexen Entscheidungsfindungsprozeß nicht ausreichend abdecken würde.

S*P*A*R*K wurde unter OS/2 und Verwendung des Presentation Managers realisiert. Die wissensbasierte Komponente wurde in C++ programmiert. Für die Beispieldatenbank und den Teacher wurde Audio Visual Connection (AVC) von IBM verwendet.

3.5 Hypermediabasierte Expertensysteme

Neben der parallelen Bereitstellung wissensbasierter und hypermediabasierter Komponenten in einem System besteht die Möglichkeit, diese beiden Konzepte auf eine Weise miteinander zu verschmelzen, daß ein *hypermediabasiertes Expertensystem* entsteht. Hierunter ist zu verstehen, daß die *operationale Wissensbasis nach dem Hypertext-Konzept aufgebaut* ist, was insbesondere unter Verwendung objektorientierter Repräsentationsmöglichkeiten realisiert werden kann. Um dem Benutzer die typischen Navigationsmöglichkeiten im Hyperdokument bieten zu können, ist eine entsprechende Präsentationskomponente zur Verfügung zu stellen, die die Wissensbasis dem Benutzer zugänglich macht. Damit sind also in diesem Abschnitt nicht solche Fälle angesprochen, in denen die Problemlösung mittels Navigation durch ein (konventionelles) Hyperdokument erreicht werden kann.

Ansätze, die dem erwähnten Konzept folgen, sind das in dem Beitrag von F.Maurer in diesem Symposiumsband vorgestellte HyperXPS und die darauf basierenden Anwendungen *WisGIS*, *HyDi* und *IntPlan* sowie die Systeme *SPRINT* und *WISKREDAS*. Das System *SPRINT* (*S*trategic *P*lan and *R*esource *I*ntegration) zur Formulierung mentaler Modelle im Bereich der strategischen Planung verwendet Framestrukturen als Hilfsmittel zur Integration heuristischer Inferenzen in ein semantisches (Hypertext-)Netzwerk (Carlson/Ram 1990). Im folgenden soll das System *WISKREDAS* kurz vorgestellt werden.

WISKREDAS

Das *wis*sensbasierte *Kred*itabsicherungs*s*ystem *WISKREDAS* (Yetim 1991) wurde an der Universität Konstanz[9] entwickelt. Es soll Kreditsachbearbeiter bei der Beurteilung von "Bürgschaftsanträgen" beraten. Das System holt das für die Beurteilung notwendige Wissen dabei zum Teil automatisch aus externen Quellen ein, verarbeitet den Antrag auf der Basis des Expertenwissens und macht einen Entscheidungsvorschlag. Dabei arbeiten fünf Komponenten zusammen. Der "*Case Base Manager*" verwaltet historische und aktuelle Beispielfälle, der "*Entscheider*" wertet die Informationen aus und schlägt Entscheidungen vor, der "*Wissensbasierte Ressourcenmanager*" wird vom "Entscheider" angestoßen und extrahiert Informationen aus internen und externen (Datenbank auf "Host-Rechner") Quellen, der "*Informationsbewerter*" prüft die "Glaubwürdigkeit" der ermittelten Informationen und versucht widersprüchliche Daten zu homogenisieren und die "*Dialogkomponente*" kommuniziert mit dem Benutzer und allen Systemkomponenten. Über letztere können sowohl Fälle eingegeben als auch Erklärungen von Systemleistungen abgefragt werden.

Der Entscheidungsprozeß soll dabei in Kooperation mit dem Benutzer ablaufen und nicht vollständig automatisiert werden, was u.a. mit juristischen Problemen und Akzeptanzüberlegungen begründet wird. Dem Benutzer sollen daher flexibel organisierbare und strukturierbare Informationsgrundlagen, die auch der Erklärung der Systemvorschläge die-

---

[9] Die Arbeiten wurden im Sonderforschungsbereich 221 "Verwaltung im Wandel" unter der Leitung von Prof. Dr. R. Kuhlen, Lehrstuhl für Informationswissenschaft, durchgeführt (Yetim 1991).

nen, zur Verfügung gestellt werden. Hierfür bietet sich das Hypertext-Konzept an. Zu diesem Zweck wurde eine objektorientierte Sicht auf die Wissensbasis angestrebt, die auch erweiterte Wissensrepräsentationsstrukturen zuläßt (Yetim 1991; Yetim 1991a).

Der *Präsentationskomponente* von WISKREDAS kommt die Rolle zu, die intern framebasierte Wissensrepräsentation für den Benutzer problemgerecht aufzuarbeiten. Dies umfaßt die, nach unterschiedlichsten Gesichtspunkten aufbereitete, Darstellung eines graphischen Netzes des Diskursbereichs, die tabellarische Auflistung der Konzepte mit den fallspezifischen Daten, die Präsentation von Argumenten aus Gutachten zu Konzepten, die Rekonstruktion einer Fallhistorie, die gleichzeitige Präsentation verschiedener Fälle sowie die Darstellung der Arbeitsweise der Komponenten und der Kommunikation zwischen diesen.

Die *Erklärungskomponente* des Systems behandelt Fragen des Benutzers als Objekte, deren semantische und pragmatische Aspekte ebenfalls über Frames repräsentiert werden. Die Frames sind Frageklassen zugeordnet, deren Eigenschaften die spezifische Frage erbt. So ist in jeder Situation nur eine Untermenge aller möglichen Fragen relevant, unter denen der Benutzer dann wählen kann. Für jeden Fragetypus sollen nun Kontexte - im Sinne zusammengesetzter Knoten bzw. hier Frames - gebildet werden, innerhalb derer der Benutzer sich bewegen und auf diese Weise seine Frage beantworten (lassen) kann. Dabei soll der Erklärungssuchende je nach seinen Bedürfnissen auch zwischen unterschiedlichen Kontexten navigieren können.

4 Ausblick

Die obigen Ausführungen verdeutlichen, daß die Integration von Wissensbasierten Systemen und Hypermedia vielfältige Ansatzpunkte bietet. In den nächsten Jahren wird dabei noch viel Forschungsarbeit auf diesem Gebiet zu leisten sein, da bisher nur einige (Grob-) Konzepte und prototypische Entwicklungen bekannt sind. Es steht außer Frage, daß durch die Integration von WBS und Hypermedia zahlreiche Verbesserungen im Hinblick auf Systemperformanz, Akzeptanz und Entwicklungseffizienz zu erwarten sind. Der weiter zu erwartende Fortschritt bei der Entwicklung (kommerzieller) leistungsfähiger Soft- und Hardware, insbesondere unter den Aspekten multimedialer Fähigkeiten (Datenkompression, Digitalisierung von Bild und Ton, Integration mit anderen Datentypen), Integration unterschiedlicher Softwaresysteme (neben WBS und HM auch Datenbanken etc.) und Hardwaresysteme (verteilte Systeme) sowie Techniken (CD-Technik, Sprachsynthese und -erkennung, Computer-Grafik und Animation sowie virtuelle Räume bzw. Welten)[10] lassen eine zum heutigen Zeitpunkt unüberschaubare Vielfalt von Anwendungen erwarten.

---

10 Siehe auch die im Media Lab des MIT vereinten Forschungsrichtungen, die zur Entwicklung von Systemen beitragen sollen, die mit mehreren Medien gleichzeitig arbeiten (Brand 1987).

Literaturverzeichnis

ACM (Hrsg.) (1987), Hypertext '87, Proceedings, 13.-15.11.87, Chapel Hill, NC, U.S.A.

ACM (Hrsg.) (1989), Hypertext '89, Proceedings, 5.-8.11.89, Pittsburgh, PA, U.S.A.

ACM (Hrsg.) (1990), CSCW'90, Proceedings of the Conference on Computer-Supported Cooperative Work, 7.-10.10.90, Los Angeles, CA, U.S.A.

ACM (Hrsg.) (1991), Hypertext '91, Proceedings, 15.-18.12.1991, San Antonio, TX, U.S.A.

Angstmann, R. (1991), Multi-Media als Benutzerschnittstelle zu wissensbasierten Anwendungen, in: Maurer, H. (Hrsg.), Hypertext/Hypermedia '91, Proceedings der Tagung vom 27.-28. Mai in Graz, Österreich, Berlin u.a., S. 18-24.

Begeman, M. L. und Conklin, J. (1988), The Right Tool for the Job, in: Byte, Oct. 1988, S. 255-266.

Bernstein, M. (Hrsg.) (1988), AI and Hypertext: Issues and Directions. AAAI-88 Workshop Proceedings, 23.8.1988, St.Paul, MN, U.S.A., Watertown.

Bielawski, L. und Lewand, R. (1991), Intelligent Systems Design, New York u.a.

Bogaschewsky, R. (1991a), S*P*A*R*K: Ein Wissensbasiertes System zur Identifizierung strategischer Einsatzmöglichkeiten von Informationen und Informationstechnologie, in: Biethahn, J. et al. (Hrsg.), Wissensbasierte Systeme in der Betriebswirtschaft, 2. Symposium des Göttinger Arbeitskreises für Wissensbasierte Systeme, Wiesbaden, S. 51-83.

Bogaschewsky, R. (1991b), Der S*P*A*R*K-Teacher - Eine Hypertext-Applikation, in: Maurer, H. (Hrsg.), Hypertext/Hypermedia '91, Proceedings der Tagung vom 27.-28. Mai in Graz, Österreich, Berlin u.a., S. 63-74.

Bogaschewsky, R. (1992), Hypertext-/Hypermedia-Systeme - Ein Überblick, in: Informatik Spektrum, angenommen zur Veröffentlichung.

Brand, St. (1987), The Media Lab. Inventing the future at MIT, New York.

Bush, V. (1945), As we may think, in: Atlantic Monthly 176, 1 (July 1945), S. 101-108.

Campbell, B. und Goodman, J. M. (1988), HAM: A General Purpose Hypertext Abstract Machine, in: Communications of the ACM 31, S. 856-861.

Carando, P. (1989), SHADOW, in: IEEE Expert, Winter 1989, S. 65-78.

Carlson, D. A. und Ram, S. (1990), HyperIntelligence: The Next Frontier, in: Communications of the ACM 33, S. 311-321.

Conklin, J. (1987), Hypertext: An Introduction and Survey, in: IEEE Comput. Sep. 1987, S. 17-41.

Delisle, N. und Schwartz, N. (1986), Neptune: A Hypertext System for CAD Applications, in: Proc. ACM SIGMOD International Conference on Management of Data, Washington, S. 132-143.

Duncan, E. B. (1989), Structuring Knowledge Bases for Designers of Learning Materials, in: Hypermedia 1, No.1, S. 20-33.

Encarnacao, E. (Hrsg.) (1991), Telekommunikation und multimediale Anwendungen, Proc. der GI - 21. Jahrestagung, Darmstadt 14.-18.10.91, Berlin u.a.

Engelbart, D. C. (1963), A Conceptual Framework for the Augmentation of Man's Intellect, in: Vistas in Information Handling, Vol.1., London, S. 1-29.

Evans, R. (1990), Expert Systems and HyperCard, in: Byte, Jan. 1990, S. 317-324.

Fischer, G., McCall, R. J. und Morch, A. (1989), JANUS: Integrating Hypertext with a Knowledge-based Design Environment, in: ACM (1989), S. 105-117.

Fraase, M. (1990), Macintosh Hypermedia, Vol.I, Reference Guide, Glenview, IL.

Garrett, N. L., Smith, K. E. und Meyrowitz, N. (1986), Intermedia: Issues, Strategies, and Tactics in the Design of a Hypermedia Document System, in: Proceedings of the Conference on Computer-Supported Cooperative Work, MCC Software Technology Program, Austin, Texas, 3.-5.12.1986, S. 164-174.

Gloor, P. A. und Streitz, N. A. (Hrsg.) (1990), Hypertext und Hypermedia. Von theoretischen Konzepten zur praktischen Anwendung, Berlin u.a.

Glushko, R. J. (1989), Design Issues for Multi-Document Hypertexts, in: ACM (1989), S. 51-60.

Glushko, R. J. (1991), Hypertext Engineering, Tutorial Notes, CHI'91, New Orleans, U.S.A.

Gongla, P. et al. (1989), S*P*A*R*K: A knowledge-based system for identifying competitive uses of information and information technology, in: IBM Systems Journal, Vol.28, No.4, S. 628-645.

Haake, J. M. und Schütt, H. (1990), Eine Systemarchitektur für ein wissensbasiertes Autorensystem, in: Gloor, P. A. und Streitz, N. A. (Hrsg.), Hypertext und Hypermedia. Von theoretischen Konzepten zur praktischen Anwendung, Berlin u.a., S. 65-78.

Halasz, F.G. (1988), Reflections on NoteCards: Seven Issues for the Next Generation of Hypermedia Systems, in: Communications of the ACM 31, S. 836-852.

Halasz, F. G., Moran, T. P. und Trigg, T. H. (1987), NoteCards in a Nutshell, in: Proc. ACM Conf. on Human Factors in Computing Systems, Toronto, Canada 5.-9.4.87, S. 45-52.

Hofmann, M., Schreiweis, U. und Langendörfer, H. (1990), An Integrated Approach of Knowledge Acquisition by the Hypertext System CONCORDE, in: Streitz, N. A., Rizk, A. und André, J. (Hrsg.), Hypertext: Concepts, Systems and Applications, Proc. of the First European Conference on Hypertext, INRIA, France, November 1990, S. 166-179.

Jordan, D. S. et al., Facilitating the Development of Representations in Hypertext with IDE, in: ACM (1989), S. 93-104.

Kuhlen, R. (1991), Hypertext, Berlin u.a.

Lafferty, L. et al., Techniques for capturing expert knowledge: an expert systems/hypertext approach, in: Trivedi, M. (Hrsg.), Applications of Artificial Intelligence VIII, Proceedings, 17.-19.4.90, Orlando, Fla., U.S.A., S. 181-191.

Lai, K. und Malone, Th. W. (1990), Object Lens: Letting End-Users Create Cooperative Work Applications, in: Streitz, N. A., Rizk, A. und André, J. (Hrsg.), Hypertext: Concepts, Systems and Applications, Proc. of the First European Conference on Hypertext, INRIA, France, November 1990, S. 425.

Lai, K., Malone, Th. W. und Yu, K. (1988), Object Lens: A 'Spreadsheet' for Cooperative Work, in: ACM Transactions on Office Information Systems, Oct. 1988, S. 332-353.

Maurer, H. (Hrsg.) (1991), Hypertext/Hypermedia'91, Proc. der Tagung vom 27.-28. Mai in Graz, Österreich, Berlin u.a.

McCall, R. J. et al. (1990), PHIDIAS: Integrating CAD Graphics into Dynamic Hypertext, in: Streitz, N. A., Rizk, A. und André, J. (Hrsg.), Hypertext: Concepts, Systems and Applications, Proc. of the First European Conference on Hypertext, INRIA, France, November 1990, S. 152-165.

McCracken, D. L. und Akscyn, R. M. (1984), Experience with the ZOG Human-computer Interface System, in: International Journal of Man-Machine Studies 21, S. 293-310.

Mertens, P., Borkowski, V. und Geis, W. (1990), Betriebliche Expertensystem-Anwendungen, 2. Aufl., Berlin u.a.

Meyer, Ch., Rauterberg, M. und Strässler, M. (1991), Ein Bewertungsschema für Hyper-Text-Systeme und ein vergleichender Überblick über HyperTies, HyperPad, HyperCard und Guide, in: Encarnacao, E. (Hrsg.), Telekommunikation und multimediale Anwendungen, Proc. der GI - 21. Jahrestagung, Darmstadt 14.-18.10.91, Berlin u.a., S. 554-565.

Nelson, T. H. (1967), Getting It Out of Our System, in: Schlechter, G. (Hrsg.), Information Retrieval: A Critical Review, Washington, S. 191-210.

Nelson, T. H. (1988), Managing Immense Storage, in: Byte, Jan. 1988, S. 225-238.

Nielsen, J. (1990), Hypertext and Hypermedia, Boston u.a.

OWL International (Hrsg.) (1988), Guide 2, Part no. 48433-626825-301.

Perlman, G. (1989), Asynchronous Design/Evaluation Methods for Hypertext Technology Development, in: ACM (1989), S. 61-82.

Rittel, W. und Kunz, W. (1973), Issues as Elements of Informations Systems, Working Paper 131, Center for Planning and Development Research, University of California at Berkeley.

Schmalhofer, F. et al. (1991), Using Integrated Knowledge Acquisition to Prepare Sophisticated Expert Plans to Their Re-Use in Novel Situations, in: Christaller, Th. (Hrsg.), GWAI'91, Berlin u.a., S. 62-73.

Schmalhofer, F. und Reinartz, Th. (1991), Intelligent Documentation as a Catalyst for Developing Cooperative Knowledge-Based Systems, in: Wetter, Th. et al. (Hrsg.), Current Developments in Knowledge Acquisition - EKAW '92. 6th European Knowledge Acquisition Workshop Heidelberg and Kaiserslautern, Germany, May 1992, Proceedings, Berlin u.a., S. 406-424.

Schütt, H. A. und Streitz, N. A. (1990), HyperBase: A Hypermedia Engine Based on a Relational Database Management System, in: Streitz, N. A., Rizk, A. und André, J. (Hrsg.), Hypertext: Concepts, Systems and Applications, Proc. of the First European Conference on Hypertext, INRIA, France, November 1990, S. 95-108.

Shneiderman, B. und Kearsley, G. (1989), Hypertext Hands-On! Reading (Mass.) u.a.

Shneiderman, B. und Morariu, J. (1986), The Interactive Encyclopedia System (TIES). Department of Computer Science, University of Maryland.

Smith, J. B. et al. (1986), WE: A Writing Environment for Professionals, Technical Report '86-025. Department of Computer Science, University of North Carolina.

Streitz, N. A. (1991), Hypertext: Bestandsaufnahme, Trends und Perspektiven, in: Encarnacao, E. (Hrsg.), Telekommunikation und multimediale Anwendungen, Proc. der GI - 21. Jahrestagung, Darmstadt 14.-18.10.91, Berlin u.a., S. 543-553.

Streitz, N. A., Hannemann, J. und Thüring, M. (1989), From Ideas to Hyperdocuments: Travelling through Activity Spaces, in: ACM (1989), S. 343-364.

Streitz, N. A., Rizk, A. und André, J. (Hrsg.) (1990), Hypertext: Concepts, Systems and Applications, Proc. of the First European Conference on Hypertext, INRIA, France, November 1990.

Walker, J. H. (1988), Supporting Document Development with Concordia, in: IEEE Comput., Jan. 1988, S. 48-59.

Weber, A. und Schoepf, V. (1991), Konzepte zur Versionenverwaltung für die Hyperdokumenterstellung in einer hypertextbasierten Publikationsumgebung, in: Maurer, H. (Hrsg.), Hypertext/Hypermedia '91, Proc. der Tagung vom 27.-28. Mai in Graz, Österreich, Berlin u.a., S. 274-285.

Wells, T. L. (1989), Hypertext As A Means For Knowledge Acquisition, in: SIGART Newslett., April 1989, No.108, Knowledge Acquisition Special Issue, S. 136-138.

Yetim, F. (1990), Hypertext und Erklärung: Überlegungen zu einem pragmatischen Ansatz, in: Hypertext und KI, Workshop, FORWISS, Erlangen.

Yetim, F. (1991), Integration von Expertensystem- und Hypertext-Techniken am Beispiel des Systems WISKREDAS, in: Hypermedia-Konzepte in Medien und kultureller Produktion, Workshop, 15.-17.7.91 in Lüneburg, S. 1-15.

Yetim, F. (1991a), Eine objekt-orientierte Sicht auf Expertensystem-Wissensbasen: Auf dem Weg zu einer hypermedia-gestützten Dialogkomponente, in: 2. Internationales Symposium für Informationswissenschaft, 4.-7.11.91 in Oberhof/Thüringen.

Yetim, F. (1991b), Eine Hypertextkomponente zu einem Expertensystem: Benutzerfragen für Erklärungsdialoge, in: Maurer, H. (Hrsg.), Hypertext/Hypermedia '91, Proc. der Tagung vom 27.-28. Mai in Graz, Österreich, Berlin u.a., S. 286-298.

Yetim, F. und Dambon, P. (1991), Can Hypermedia improve the Acceptance of Knowledge-Based Systems?, in: Bullinger, H.-J. (Hrsg.), Human Aspects in Computing: Design and Use of Interactive Systems and Information Management, Proc. of the 4th Internat. Conf. on Human-Computer Interaction, 2.-6.9.91, S. 889-893.

Kombination von Hypermedia und wissensbasierten Elementen in einem Elektronischen Produktkatalog der Büromaschinenindustrie

Dipl.-Kfm. D. Lödel, MA. I. Büttel-Dietsch, Dipl.-Inf. J.-St. Breuker, Dipl.-Kfm. M. Ponader, Prof. Dr. P. Mertens, Dipl.-Kfm. S. Thesmann.

Inhaltsverzeichnis

1 Ein umfassendes Angebotsunterstützungssystem 51

2 Der Elektronische Produktkatalog 52

Literaturverzeichnis 60

1 Ein umfassendes Angebotsunterstützungssystem

In Kooperation zwischen dem Bayerischen Forschungszentrum für Wissensbasierte Systeme (FORWISS) und Olivetti / TA TRIUMPH-ADLER wird ein umfassendes System zur Angebotsunterstützung entwickelt (vgl. Abb. 1)[1]. Es soll Module zur Anforderungsanalyse, Konfigurationsprüfung, Finanzierungs- und Subventionsberatung sowie als zentralen Baustein einen Elektronischen Produktkatalog (EPK) umfassen. Der EPK deckt die Bereiche Präsentation, Selektion, Kalkulation und Angebotsbearbeitung weitestgehend ab. Grundelemente der Konfiguration sind ebenfalls enthalten.

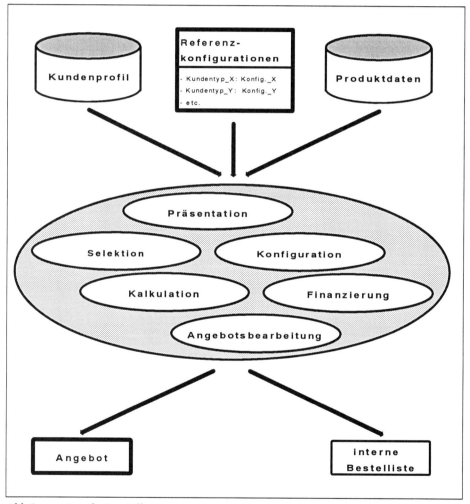

Abb.1:   Angebotserstellung

---

[1] Breuker, J.-St., Büttel-Dietsch, I., Mertens, P. und Ponader, M., Ein Konzept zur wissensbasierten Angebotsunterstützung mit Finanzierungsberatung, in: VDI-Gesellschaft, Entwicklung, Konstruktion, Vertrieb (Hrsg.), Erfolgreich im Vertrieb: Innovative Informationssysteme zur Angebotserstellung, Düsseldorf 1990, S. 147 ff.

2 Der Elektronische Produktkatalog

Der EPK enthält zur Zeit die neue Familie Portabler Computer von Olivetti und TA Triumph-Adler mit Zusatzprodukten (z.B. Docking-Station, Fax/ Modemkarte, Festplatten) sowie Zubehör und soll im Endausbau das Gesamtangebot aus dem PC-Bereich umfassen. Neben technisch-funktionalen Angaben, vergleichbar mit Produktinformationsblättern, beinhaltet der Produktkatalog auch Marketinginformationen. Der Benutzer wird ferner bei der Auswahl der gewünschten Produkte und der Erstellung eines Angebotes unterstützt.

Für die Abbildung von Informationsstrukturen, die einerseits nicht linear geordnet, andererseits optisch ansprechend zu präsentieren sind, eignen sich im besonderen Maße Hypermedia-Systeme. Der Anwender kann sich dabei durch die (Bildschirm-) Seiten (Knoten) eines Dokuments entlang vom Verfasser (Autor) vorgegebener Verbindungen (Links) bewegen, indem er eingabesensitive Bereiche des Bildschirms aktiviert. Mit einem solchen System ist es möglich, die netzartigen Abhängigkeiten des Produktspektrums transparent zu machen und sie zusammen mit dem notwendigen Informationsmaterial dem Benutzer zur Verfügung zu stellen. Für die Darstellung wurden neben Texten und Graphiken zusätzliche Medien, wie Audio und Video, eingesetzt. Diese Verknüpfung von Hypertext und multimedialen Techniken ermöglicht flexible, vom Benutzer gesteuerte Dialoge und die problemadäquate Abbildung der Informationen. Um den Anwendern die Bedienung zu erleichtern, orientiert sich der Aufbau des EPK an der Struktur konventioneller Papierkataloge.[2]

---

[2] Stuart, K. Card, Henderson und D. Austin, Catalogues: A Metaphor for Computer Application Delivery, in: Bullinger, H.-J. und Shackel, B. (Hrsg.), Human-Computer Interaction-INTERACT '87, 1987, S. 959 ff.

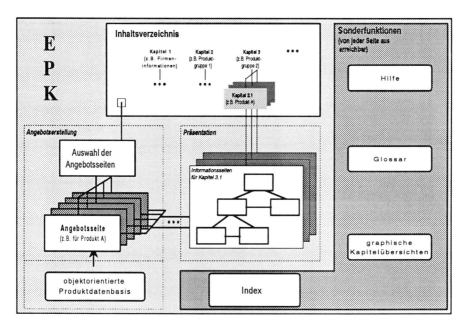

Abb.2: Architektur des Elektronischen Produktkataloges

Abb. 2 zeigt die Architektur des EPK. Nach einem einführenden Teil mit allgemeinen Hinweisen kommt der Benutzer in das "Inhaltsverzeichnis" und hat dort die Wahl, entweder in das Modul zur Angebotserstellung oder in den Präsentationsteil zu wechseln. Letzteren erreicht er durch Anwahl der interessierenden Produktgruppe auf der linken Seite des Inhaltsverzeichnisses. Er erhält daraufhin einen Überblick über die zugehörigen Produkte (vgl. Abb. 3). Selektiert er eines von diesen, so gelangt er zu den entsprechenden Informationsseiten. Abbildung 4 zeigt die erste Seite des Kapitels, das Informationen zum Modell TA WALKSTATION 386/33 bereitstellt.

Abb.3:   *Inhaltsverzeichnis*

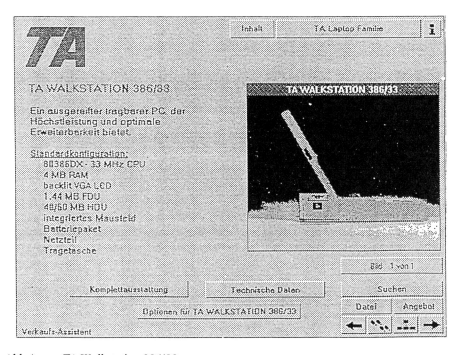

Abb.4:   *TA Walkstation 386/33*

Mit Hilfe der verfügbaren Navigationshilfen wandert der Systemanwender durch das Kapitel. Betätigt er z.B. den Button TECHNISCHE DATEN, so präsentiert der EPK eine Seite mit detaillierteren Informationen zum Produkt (vgl. Abb. 5). Das Inhaltsverzeichnis ist jederzeit direkt erreichbar. Mit dem mittleren Knopf in der Button-Leiste rechts oben gelangt der Benutzer zur nächsthöheren Hierarchiestufe. Mit Hilfe der Pfeile im sogenannten Steuerblock erreicht er alle Seiten einer Ebene, da diese zu einem Ring verkettet sind. Benutzt der Anwender die "Fußstapfen", kann er seinen Weg durch das System zurückverfolgen.

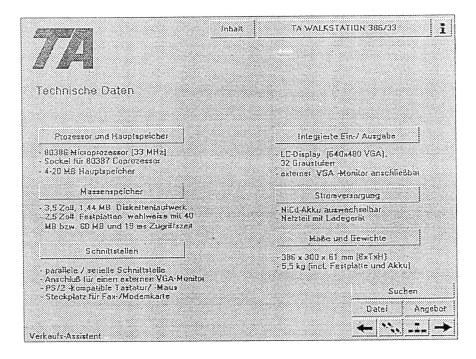

Abb. 5   TA Walkstation 386/33 - Technische Daten

Eine kontextabhängige Hilfe (vgl. Abb. 6) kann von jeder Seite des EPK aus aufgerufen werden, indem man den Button mit der Aufschrift "i" betätigt. Weiterhin sind die zu einem Kapitel gehörenden Seiten in einer graphischen Übersicht zusammengefaßt (vgl. Abb. 8). Der Benutzer erkennt so auf einen Blick die Struktur des Kapitels und die Seiten, die er bereits gesehen bzw. noch nicht gesehen hat. Durch Anklicken eines Symbols gelangt man direkt zu der entsprechenden Informationsseite. Ein Glossar (vgl. Abb. 7) erläutert Fachtermini. Es ist über ein Menü aufrufbar, das sich hinter dem Button mit der Aufschrift "Suchen" verbirgt, oder durch Anklicken eines Hotwords im Fließtext. Im Glossar selbst sind weitere Querverweise über Hotwords möglich. Neben dem Inhaltsverzeichnis bietet der Index (vgl. Abb. 9), der ebenfalls über den Button "Suchen" zu erreichen ist, eine direkte Zugriffsmöglichkeit auf die Informationen des Präsentationsteils. Das Menü hinter dem Button "Suchen" bietet als weitere Optionen das Setzen von Lesezeichen und den Aufruf vordefinierter Seitensequenzen (Demos). Mit Buchmarken kennzeichnet der

Benutzer Seiten, die ihn besonders interessieren. Diese kann er im Verlauf der Sitzung dann gezielt anspringen.

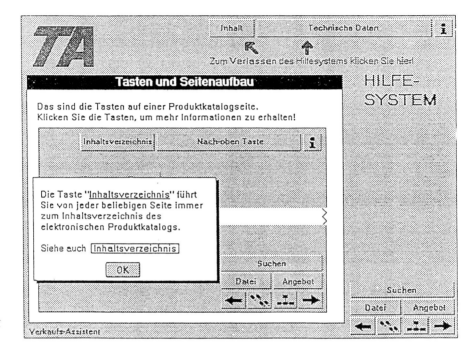

Abb.6: *Hilfe*

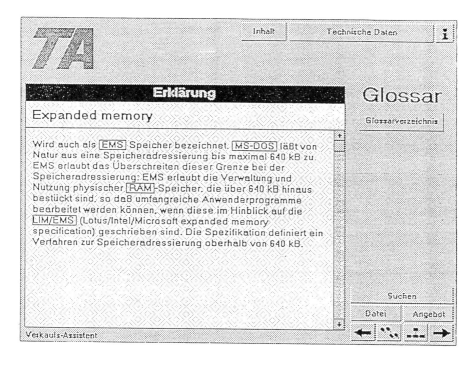

Abb.7:   Glossar

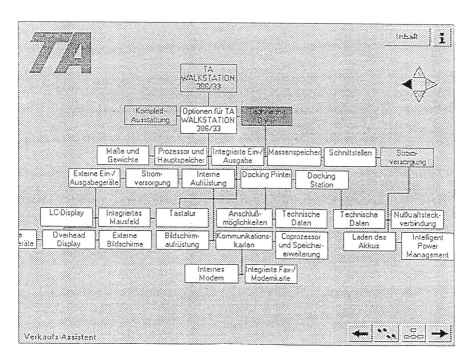

Abb.8:   Map

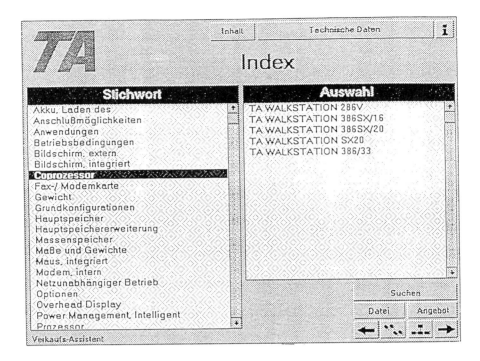

Abb.9: Index

Den Angebotsteil (vgl. Abb. 10) kann der Benutzer entweder über den Button "Angebot" aus dem Inhaltsverzeichnis oder von jeder Informationsseite aus erreichen. Auf der zu einem Produkt gehörigen Angebotsseite besteht dann die Möglichkeit, sich entsprechend seinen Wünschen ein Angebot mit allen Preisen und Bestellnummern zusammenzustellen. Unter Verwendung wissensbasierter Techniken ist das System so konzipiert, daß auf den Auswahlseiten nur Optionen und Zubehör passend zu dem zuvor ausgewählten Produkt angezeigt werden. Ohne die Angebotserstellung verlassen zu müssen, kann man beliebig zwischen den Angebotsseiten wechseln und so sehr schnell eine vollständige Bestellung aufnehmen. Auf Wunsch kann das Angebot ausgedruckt bzw. durch ein Textverarbeitungs- oder DTP-Programm weiterverarbeitet werden. Der Button mit der Aufschrift "Datei" bietet Schnittstellen zum Dateisystem des Rechners (Angebote speichern, laden und als ASCII-File exportieren) und ermöglicht den Neustart des EPK sowie das Ausdrucken von Seiten oder Angeboten.

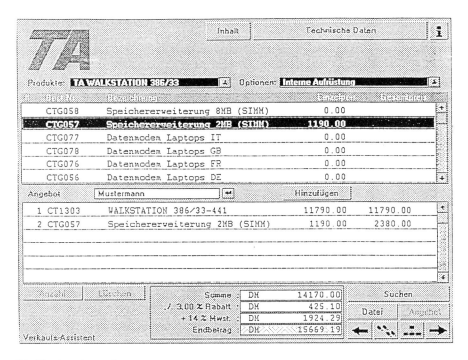

Abb.10: Angebotsseite

Literaturverzeichnis

Breuker, J.-St. et al. (1990), Ein Konzept zur wissensbasierten Angebotsunterstützung mit Finanzierungsberatung, in: VDI-Gesellschaft, Entwicklung, Konstruktion, Vertrieb (Hrsg.), Erfolgreich im Vertrieb: Innovative Informationssysteme zur Angebotserstellung, Düsseldorf, S. 147-171.

Stuart, K. Card und Henderson, D. Austin (1987), Catalogues: A Metaphor for Computer Application Delivery, in: Bullinger, H.-J. und Shackel, B. (Hrsg.), Human-Computer Interaction-INTERACT '87, S. 959-964.

PROoVER - Ein wissensbasiertes Konfigurationssystem

Hartmut Fischer

Inhaltsverzeichnis

1 Problemstellung ... 63

2 Systemaufbau ... 64

    2.1 Wissensbasis ... 64

    2.2 Inferenzsystem ... 67

    2.3 Wissensakquisitionskomponente ... 67

3 Bedienerführung ... 68

    3.1 Allgemeine Dialogprinzipien ... 68

    3.2 Konfigurierungsstrategie ... 71

    3.3 Komponentenauswahl ... 72

    3.4 Weitere Funktionen des Konfigurators PROoVER ... 75

4 Wissensbasis als Auskunftsystem (INFoRMER) ... 75

    4.1 Zielsetzung ... 75

    4.2 Dialogführung ... 76

    4.3 Leistungsumfang ... 77

        4.3.1 Statische Abfragen ... 77

        4.3.2 Dynamische Abfragemöglichkeiten ... 80

5 Graphikkomponente ... 81

6 Hilfe über Hypertext ... 83

7 Technische Daten ... 84

1 Problemstellung

Die Konfigurierung von DV-Systemen erfordert bei Systemplanern und Vertriebsbeauftragten umfangreiches aktuelles Detailwissen über das Produktspektrum und gründliches Vorgehen bei der Planung, um sicherzustellen, daß die geplante Konfiguration konsistent, vollständig und fehlerfrei ist.

Hard- und Software moderner DV-Systeme werden immer komplexer, die Fülle der Einsatzmöglichkeiten schier unerschöpflich und die Innovations und Produktlebenszyklen immer kürzer. Daher wird es für den Systemberater und Verkäufer von DV-Systemen immer schwieriger, sich innerhalb kürzester Zeit in neue Technologien einzuarbeiten und sich das erforderliche Produktwissen anzueignen. Folglich steigt aufgrund des größer werdenden Aufwands die Fehleranfälligkeit in der Verfahrenskette vom ersten Angebot bis zur fertigen Installation einer DV-Anlage. Um den Aufwand des notwendigen Wissenserwerbs und der erforderlichen Qualitätssicherung zu reduzieren und eine fehlerfreie Konfiguration zu gewährleisten, wird es immer notwendiger maschinelle Verfahren einzusetzen.

Seit einigen Jahren haben sich unter dem Stichwort 'Expertensysteme' oder 'wissensbasierte Systeme' vor allem Konfiguratoren als besonders geeignet für diese Aufgabe erwiesen. Einer der wesentlichen Vorteile von Expertensystemen ist die Möglichkeit, Wissen zu strukturieren, die Erfahrung von Spezialisten zentral zu erfassen und an alle Anwender zu verteilen. Mit dem Konfigurator PROoVER (**Pro**jektierung im **Ver**trieb) stellt die Siemens Nixdorf Informationssysteme AG (SNI) ein System vor, das auf der Basis modernster SW-Technologie den Vertrieb wirkungsvoll unterstützt und somit einen wichtigen Beitrag zur Qualitätssicherung leistet.

PROoVER ist ein Expertensystem zur Konfigurierung von DV-Anlagen der SNI. Das System ist konzipiert für Produkte des Breitengeschäfts, das gekennzeichnet ist durch hohe Stückzahlen. In diesem Bereich ist das Verhältnis von organisatorischem Aufwand zum Umsatz besonders ungünstig. Deshalb kann durch die Einführung maschineller Verfahren im genannten Produktspektrum der größte Ratio-Effekt erzielt werden. Zur Zeit deckt PROoVER folgendes Produktspektrum ab:

- MX-Reihe mit den Modellen MX300 und MX500,
- Workstations WX200 und WS30,
- Bürocomputer C30 und C40, BS2000-Software,
- CSCM 100 Auskunftsysteme.

Die Aufnahme weiterer Systemfamilien, z.B. PC und Targon, ist vorgesehen.

Der Konfigurierungsprozeß mit PROoVER umfaßt sowohl Hardware- (CPU, Peripheriegeräte) als auch Software-Komponenten (Betriebssystem, System- und Anwender-Software) und endet mit der Ausgabe einer vollständigen, in sich konsistenten Konfigurationsliste. Eine Datei-Schnittstelle zu dem existierenden Angebots und Bestellverfahren ADVOKAD-AS ermöglicht die Übernahme des Konfigurationsergebnisses nach ADVOKAD-AS.

Über eine weitere Dateischnittstelle wird die symbolische Darstellung einer fertigen Konfiguration generiert.

Das System ist in zwei Varianten bei einigen Hundert Systemberatern und Vertriebsbeauftragten im Einsatz:

- im Betriebssystem MS-DOS unter MS-WINDOWS,
- im Betriebssystem SINIX unter COLLAGE.

2 Systemaufbau

PROoVER besteht aus der Wissensbasis, dem Inferenzsystem, der Wissensakquisitionskomponente dem Hilfesystem und der Graphikausgabe (Abb. 1):

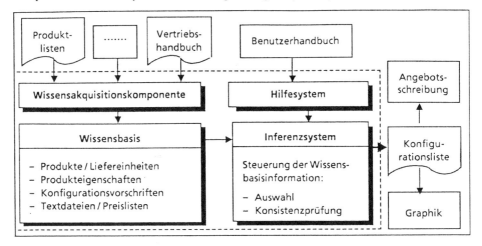

Abb.1:   PROoVER-Systemkomponenten

2.1 Wissensbasis

HW-Wissensbasis

In der HW-Wissensbasis sind die technischen Produktinformationen zusammengefaßt und in einer für die Konfigurierung adäquaten Form strukturiert. Die HW-Wissensbasis enthält Informationen über Produkte und ihre HW-/SW-Abhängigkeiten. Zur Zeit sind folgende Hardware-Komponenten mit der zugehörigen Peripherie (ohne TRANSDATA-Produkte) gespeichert:

MX300, MX500, C30, C40, WS30, WX200, CSCM100.

Der HW-Wissensbasis liegen folgende Beschreibungsmittel zugrunde:

- Das zu konfigurierende Produktspektrum ist in Produktgruppen, sogenannte Kontexte, unterteilt, z. B. MX500-Hardware. Eine Produktgruppe kann identisch sein mit dem vertrieblichen Begriff der Produktfamilie. Die einzelnen Produkte sind durch ihren Namen und die Zugehörigkeit zu einer Produktgruppe eindeutig gekennzeichnet. Für jede Produktgruppe gibt es eine eigene Beschreibung.

- Die Produkte sind außerdem durch charakterisierende Eigenschaften beschrieben. Diese Eigenschaften stellen in der Regel die Leistungsmerkmale der Produkte dar (Abb. 2).

- Zur Darstellung der Beziehungen zwischen den Produktgruppen dient eine Konfigurationsbeschreibung, aus der sich alle zulässigen Konfigurationen ableiten lassen. Diese Beschreibung ist unabhängig von der Bearbeitungsreihenfolge, die durch die Konfigurierungsstrategie festgelegt wird.

- Den Objekten (Produkte, Konfigurationen) liegt eine hierarchische Struktur zugrunde. Die Produktstruktur (Abb. 3) wird durch 'Vater'- und 'Kinder'-Relationen beschrieben, die Konfigurationsstruktur (Abb. 4) durch 'Bedient'- und 'Benötigt'-Relationen oder 'Stecker/Dosen'-Definitionen mit Restriktionen.

- Regeln führen PROoVER-Objekte auf technische Bestelleinheiten zurück. Um z. B. bei der MX300-30 einen Hauptspeicherausbau von 16 Mbyte zu konfigurieren, müssen eine Grundeinheit mit einer Größe von 8 Mbyte und zwei Erweiterungseinheiten zu je 4 Mbyte bestellt werden.

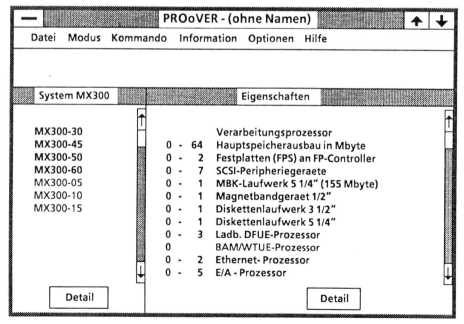

Abb.2: Eigenschaften einer Produktgruppe

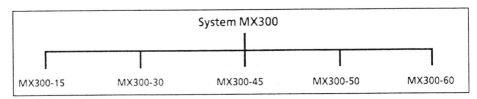

Abb.3: Produktstruktur der MX300-Familie

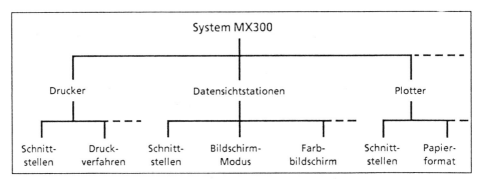

Abb.4: Konfigurationsstruktur der MX300-Familie

SW-Wissensbasis

In der SW-Wissensbasis sind die technischen SW-Produktinformationen und ihre HW-/SW-Abhängigkeiten zusammengefaßt. Sie sind in einer für die Konfigurierung adäquaten Form strukturiert. Die SW-Wissensbasis umfaßt derzeit folgende Produkte:

- alle SINIX Produkte,
- alle BS2000-Produkte,
- alle WS30-Produkte.

Das zu konfigurierende Produktspektrum ist in sogenannte Kontexte unterteilt: den BS2000-Kontext, den SINIX-Kontext und den WS30-Kontext. Jeder Kontext ist wiederum aufgeteilt in Produktgruppen, wobei die Betriebssysteme bei der Konfigurierung eine Sonderstellung einnehmen.

Die charakterisierenden Eigenschaften der SW-Produkte:

- Produktcharakter (wählbares Produkt, offenes bzw. geschlossenes Paket, Teil eines Paketes, indirekt wählbares Produkt),
- Produktname,
- Version,
- Ablauffähigkeit unter einer bestimmten Betriebssystemvariante,
- Ablauffähigkeit unter bestimmter Hardware,

- Beziehungen zu anderen SW-Produkten, die zum Ablaufen erforderlich sind.

Den SINIX-Produkten wird erst zum Zeitpunkt der Ergebnisaufbereitung über Regeln die eindeutige Produktbezeichnung bzw. Bestellnummer zugeordnet. Die Produktbezeichnung ist abhängig von der gewählten CPU, der Anzahl der Benutzerarbeitsplätze und der Sprachvariante. Bei BS2000-Produkten ist die Zuordnung nur von der gewählten CPU abhängig. Durch die Verwendung von Regeln bei der Zuordnung von Produkten zu Bestellnummern kann die Anzahl der Objekte in der Wissensbasis relativ klein gehalten werden bei nahezu gleichzeitiger Unbegrenztheit der zu verarbeitenden Bestellnummern.

2.2 Inferenzsystem

Das Inferenzsystem nimmt die Auswertung der in der Wissensbasis gespeicherten Informationen vor. Vor allem wird die Konfigurationsstrategie durch das Inferenzsystem bestimmt; es steuert den richtigen Weg durch den Konfigurationsbaum.

Die hierarchische Darstellung ('Bäume') der PROoVER-Wissensbasis läßt bei der HW-Konfigurierung innerhalb der logischen Ebenen (Wahl der Zentraleinheit und Wahl der Peripheriegeräte) die Konfigurationsstrategien Top-Down und Bottom-Up zu. Bei der Top-Down-Strategie wird der Konfigurationsbaum von oben nach unten durchlaufen; d. h. ausgehend von der Wahl der Zentraleinheit wird die Gesamtkonfiguration sukzessiv konkretisiert. Die Bottom-Up-Strategie führt dagegen über die Auswahl beliebiger Komponenten zur Gesamtkonfiguration. Der Konfigurationsbaum wird von unten nach oben durchlaufen. Innerhalb der Kontexte kann die Wahl eines Produktes durch die hierarchische Gliederung der Produkte direkt erfolgen oder über die Auswahl charakterisierender Eigenschaften, die zu einem oder zu mehreren Produkten führt. Beide Verfahren, Produktwahl und Eigenschaftswahl, werden vom Inferenzsystem berücksichtigt.

2.3 Wissensakquisitionskomponente

Die Wissensakquisition dient dem Aufbau, der Pflege und der Erweiterung der Wissensbasis. Da es nach wie vor keine Standard-Tools bzw. Standard-Shells zur Wissenserfassung gibt, wurde von der PRoVER-Entwicklungsmannschaft ein eigenes Werkzeug entwickelt, das ebenfalls unter MS-DOS/ WINDOWS läuft. Die Komponente der Wissensakquisition bietet maschinelle Unterstützung im Dialog bei folgenden Aktionen:

- Aufbau der Wissensbasis,
- Syntaxchecks,
- Konsistenzprüfungen,
- Visualisierung von Strukturen und Relationen.

Die PROoVER-Wissensbasis wird zentral von Fachexperten gepflegt.

3 Bedienerführung

Die Bedienerführung stellt eine fehlerfreie, konsistente und vollständige Konfigurierung sicher; auch wenn innerhalb einer Produktgruppe kein bestimmtes Produkt und keine Eigenschaft explizit gewählt wird, ist stets eine Konfiguration mit funktionsfähigem Minimalausbau und passenden Mengengerüsten gewährleistet.

3.1 Allgemeine Dialogprinzipien

Das gesamte PROoVER-System ist dialogorientiert und menügesteuert. Es werden die Standardverfahren benutzt, die MS-DOS/WINDOWS und SINIX/COLLAGE zur Verfügung stellen.

Fenster

Der PROoVER-Basis-Bildschirm ist senkrecht unterteilt in ein linkes und ein rechtes Fenster; Bedeutung und Inhalt dieser Fenster sind zustandsabhängig, z. B. von der Konfigurierungsstufe, von der gewählten Produktgruppe und von der Art der zu treffenden Auswahl.

In der Regel werden bei der HW-Wahl im linken Fenster die Namen bzw. Produktnummern der Produkte und der Produktgruppen ausgegeben. Im rechten Fenster werden bei Wahlvorgängen (Zentraleinheit, Peripheriegeräte) die produktspezifischen Charakteristika (Eigenschaft) oder eine Kurzbezeichnung dieser Produkte angezeigt.

Inhalt und Darstellung der Fenster beziehen sich aufeinander. Nicht hervorgehobene Zeilen (grau) sind für die hervorgehobenen Zeilen im anderen Fenster nicht gültig bzw. nicht mehr gültig, weil sie bereits im Laufe des Konfigurierungsprozesses explizit oder implizit gewählt wurden bzw. ausgefallen sind.

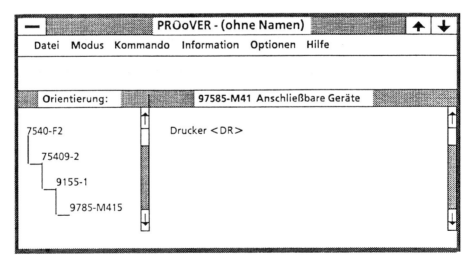

Abb.5: PROoVER-Bildschirm zur Orientierung

Orientierungsfenster

Das linke Fenster dient ebenfalls als Orientierungsfenster, in das eine Skizze der bereits konfigurierten Hardware eingeblendet wird (Abb. 5). Durch Markieren und Wählen der aufgeführten Produkte kann man die Wahl der Peripheriegeräte selbst steuern, dem System mitteilen, an welches Gerät weitere Geräte angeschlossen und an welchem Produkt beim Dearchivieren einer Konfiguration Änderungen vorgenommen werden sollen.

Die Positionierung der Bestellnummern erfolgt von oben nach unten. Die Anschlüsse werden durch senkrechte Striche und die Hierarchiestufen durch waagerechte Striche und Einrückungen markiert.

Während auf der linken Bildschirmseite das Orientierungsfenster erscheint, steht in der Titelzeile des rechten Fensters (Eigenschaftsfenster) die Produktnummer des Gerätes, an das beim aktuellen Konfigurationsstand Geräte angeschlossen werden können. Darunter werden die anschließbaren Produktgruppen aufgelistet.

Dialogboxen

In einigen Dialogsituationen, besonders bei der Wahl von gestaffelten Eigenschaften, wird ein zusätzliches Fenster, eine Dialogbox, geöffnet. Zur Fortsetzung des Dialogs mit der gewünschten Auswahl wird mit der linken Maustaste auf eine der Textzeilen in der Dialogbox oder auf einen der Aktionsknöpfe in der Box geklickt.

Rückmeldungen des Systems

Ergeben sich bei der Rücknahme von getroffenen Wahlentscheidungen Unverträglichkeiten oder Produktausschließungen innerhalb einer Konfigurierungsstufe, wird auf die Wählbarkeit des betreffenden Produktes (bzw. der Eigenschaft) verwiesen und darauf aufmerksam gemacht, welche Entscheidung rückgängig gemacht wird, wenn die Wahl revidiert werden soll.

Menüs der Menüleiste

Außer über Fenster und Dialogboxen erfolgt der Dialog mit dem System über Kommandos aus den Menüs der Menüleiste und mit Aktionsknöpfen (Buttons).

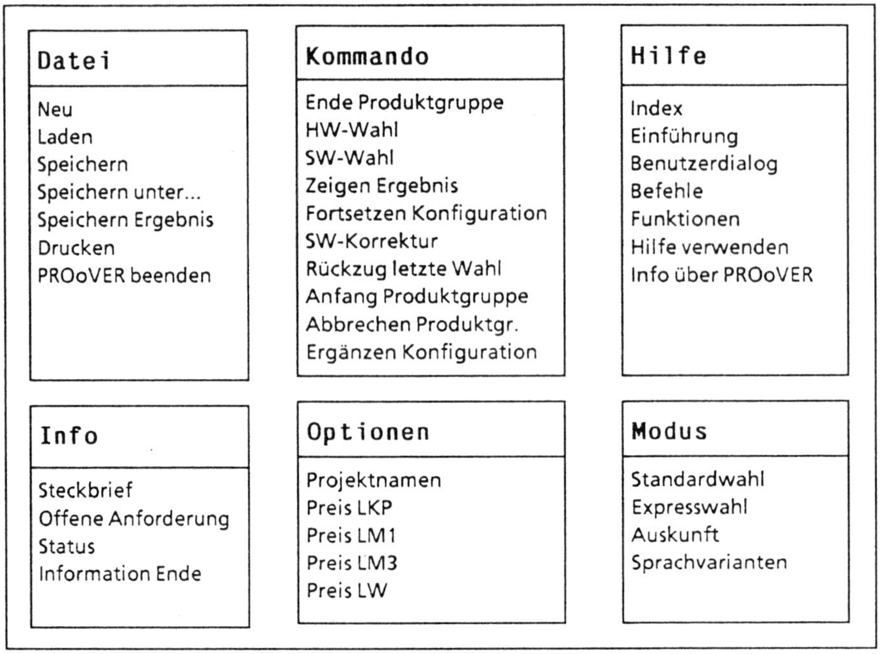

Datei	Kommando	Hilfe
Neu	Ende Produktgruppe	Index
Laden	HW-Wahl	Einführung
Speichern	SW-Wahl	Benutzerdialog
Speichern unter...	Zeigen Ergebnis	Befehle
Speichern Ergebnis	Fortsetzen Konfiguration	Funktionen
Drucken	SW-Korrektur	Hilfe verwenden
PROoVER beenden	Rückzug letzte Wahl	Info über PROoVER
	Anfang Produktgruppe	
	Abbrechen Produktgr.	
	Ergänzen Konfiguration	

Info	Optionen	Modus
Steckbrief	Projektnamen	Standardwahl
Offene Anforderung	Preis LKP	Expresswahl
Status	Preis LM1	Auskunft
Information Ende	Preis LM3	Sprachvarianten
	Preis LW	

Abb.6: Übersicht der PROoVER-Kommandos unter Windows

- Mit den Kommandos (Abb. 6) des Menüs **Datei** kann man
  - eine neue Konfiguration starten,
  - eine bereits erstellte Konfiguration laden und dann verändern bzw. ergänzen,
  - die erstellte Konfiguration speichern,
  - die Konfigurationsergebnisse ausdrucken und
  - PROoVER beenden.

- Im Menü **Modus** kann der Benutzer bei der Hardware- und Software-Wahl den Dialogprozeß während der Konfigurierung beeinflussen. Bei der HW-Wahl wird im Modus **Standardwahl** die Wahl vom System als Wahl registriert. Im Modus **Auskunft** werden vom System nur die Auswirkungen eines Konfigurationsschrittes angezeigt. Dabei werden die vorangegangenen Wahlschritte dieser Ebene nicht berücksichtigt. Auf diese Weise kann schnell festgestellt werden, welche Eigenschaftswerte ein bestimmtes Produkt besitzt bzw. welche Produkte den markierten Eigenschaftswert erfüllen.

Bei der Konfigurierung der Software werden im Modus **Standardwahl** alle möglichen Dialogschritte durchlaufen und alle Produkte zu einer SW-Gruppe auf dem Bildschirm gezeigt (markiert oder grau). Im Modus **Expresswahl** werden einige Dialogschritte unterdrückt und nicht mehr wählbare Produkte vom Bildschirm ausgeblendet. Es werden nur noch die Produkte und Produktoberbegriffe gezeigt, die noch wählbar sind.

- Mit den Kommandos des Menüs **Kommando**
  - legt der Benutzer seine eigene Konfigurationsstrategie fest,
  - bestimmt er das Ende der Wahl innerhalb einer Produktgruppe,
  - kann er bereits getroffene Wahlentscheidungen wieder zurücknehmen,
  - kann er sich Zwischenergebnisse zeigen lassen und anschließend
  - den Konfigurationsprozeß fortsetzen.
- Über das Menü **Information** wird Auskunft gegeben über Software-Produkte und über Entscheidungen des Konfigurationsprozesses.
- Im Menü **Optionen** sind verschiedene Voreinstellungen zur Definition der Sitzung und zur inhaltlichen Gestaltung der Druckausgabe zusammengefaßt.
- Über das Menü **Hilfe** erhält der Benutzer Auskunft über den aktuellen Leistungsumfang von PROoVER und INFoRMER (s. Kap.4).

3.2 Konfigurierungsstrategie

PROoVER führt in drei Stufen durch den Konfigurierungsprozeß

- In der ersten Stufe wird die Zentraleinheit gewählt.
- In der zweiten Stufe werden die Peripheriegeräte gewählt, die an die Zentraleinheit angeschlossen werden, und die Peripheriegeräte, an die weitere Geräte angeschlossen werden können. Derzeit sind bis zu vier Hierarchieebenen möglich.
- In der dritten Stufe wird das Betriebssystem definiert, die systemnahe Software und die Anwendungssoftware. (Abb. 7):

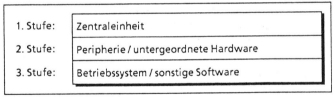

Abb.7: PROoVER-Konfigurierungsstufen

Der Benutzer kann allerdings die Reihenfolge der Stufen 2 und 3 selbst bestimmen. Die 2. Stufe, die Wahl der Peripheriegeräte, kann auch nach der Wahl der Software wieder aufgerufen werden. Die SW-Wahl kann z.Zt. nur einmal aufgerufen werden. Die wünschenswerte Flexibilität in der Bedienerführung ist dadurch etwas eingeschränkt.

Der jeweilige Konfigurationsstand kann beliebig oft ausgegeben und zwischengespeichert werden.

Abb.8: PROoVER-Eröffnungsbildschirm

Der Dialog mit dem System beginnt mit dem Eröffnungsbildschirm (Abb. 8). Er zeigt alle Hardware-Produktgruppen, die derzeit als Einstieg für die Konfigurierung in der PROoVER-Wissensbasis enthalten sind. Hier wird die erste Auswahl vorgenommen und hier werden die Produktfamilien bestimmt, aus denen eine spezifische Konfiguration erstellt werden soll.

3.3 Komponentenauswahl

Innerhalb einer jeden Konfigurierungsstufe kann die Reihenfolge für die Auswahl der einzelnen Komponenten durch den Benutzer selbst festgelegt werden; sie wird vom System nicht vorgegeben.

Die gewünschten Produkte bzw. Produktgruppen werden in den betreffenden Dialogfenstern durch Anklicken mit der Maus entweder direkt oder über gestaffelte, charakterisierende Eigenschaften indirekt ausgewählt (Abb. 9). Dabei kann beliebig zwischen Produkt- und Eigenschaftswahl gewechselt werden. Bei jeder Eigenschaftswahl werden die in der Wissensbasis definierten Abhängigkeiten zu anderen Eigenschaften berücksichtigt und mögliche Auswirkungen am Bildschirm durch Ausblenden (grau) bzw. Unterdrücken der nicht gültigen Eigenschaften und Eigenschaftswerte angezeigt.

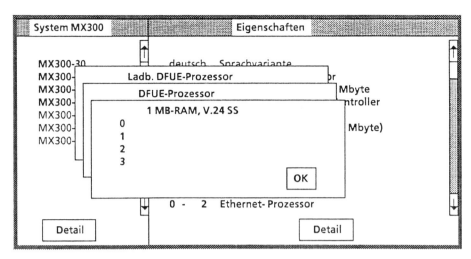

Abb.9: Beispiel einer gestaffelten Eigenschaftswahl

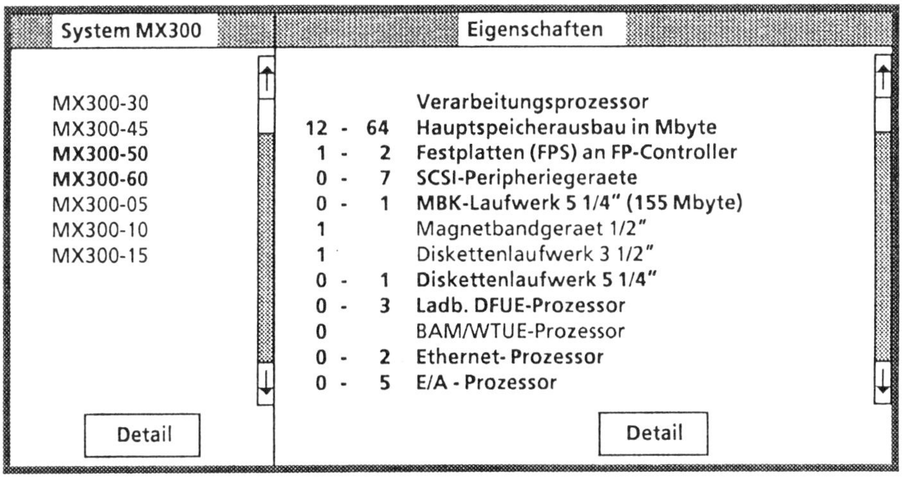

Abb.10: Implizite Darstellung des Wahlergebnisses

Durch die Wahl der gewünschten Produkte bzw. deren Eigenschaften wird die Konfiguration schrittweise konkretisiert. PROoVER überprüft die Benutzereingaben auf jeder Konfigurierungsstufe und ergänzt die Wahl über sein Regelsystem gegebenenfalls durch notwendige Bestandteile, die nicht explizit gewählt wurden (implizite Wahl).

Das Wahlergebnis wird durch Ausblenden (grau) der Produkte, die aufgrund der bis zu diesem Zeitpunkt gewählten Eigenschaften ausgefallen sind, dargestellt (Abb. 10, linkes Fenster). Die Wahl eines bestimmten Produktes führt zum Ausfall aller übrigen Produkte.

Im rechten Fenster wird eine Wahl dadurch angezeigt, daß die selektierte Ausprägung einer Eigenschaft schwarz vor die Eigenschaft geschrieben wird. Die Eigenschaft selbst wird erst dann grau, wenn alle Wahlmöglichkeiten zu dieser Eigenschaft ausgeschöpft sind.

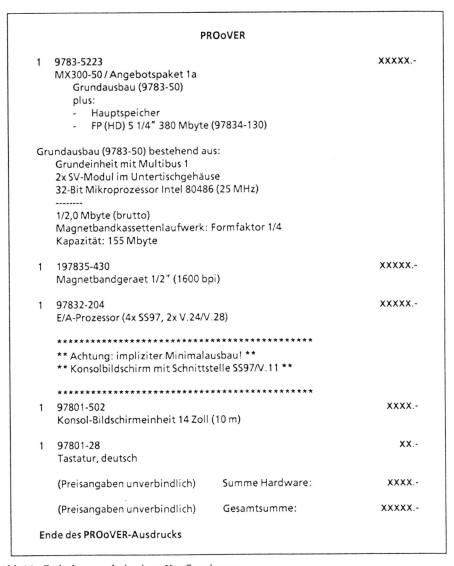

Abb.11: *Zwischenergebnis einer Konfigurierung*

Eine Konfigurationsstufe wird mit einem der Kommandos aus dem Menü **Kommando** beendet. Falls zu diesem Zeitpunkt noch kein Produkt explizit gewählt wurde, bzw. aufgrund der Eigenschaftswahl noch kein Produkt eindeutig definiert ist, erfolgt die Konkretisierung implizit mittels der in der Wissensbasis definierten Voreinstellungen. In der Regel wird dann als Ergebnis der Minimalausbau konfiguriert.

Das Resultat der Konfigurierung ist eine Konfigurationsliste (Abb. 11; auf dem Bild sind die Preisangaben auf X gesetzt). Sie beschreibt die Liefereinheiten und enthält die Anzahl, die Bestellnummern, die Produktbezeichnungen und ggf. weitere Erläuterungen oder

Empfehlungen. Zur weiteren Verarbeitung dieser Bestellangaben wird eine Datei für das SNI-interne Angebots- und Bestellverfahren ADVOKAD-AS angelegt.

3.4 Weitere Funktionen des Konfigurators PROoVER

Außer den genannten generellen Funktionen können mit dem Konfigurator folgende Aktionen durchgeführt werden:

- Rücknahme von Wahlschritten,
- Archivieren/Dearchivieren abgeschlossener Konfigurationen,
- Bearbeiten (ändern, erweitern) dearchivierter Konfigurationen,
- Einstellung unterschiedlicher Bearbeitungsmodi (Wahl, Auskunft, Expreß),
- Anlegen einer Skizze der bereits konfigurierten Hardware,
- Bereitstellung von Standardkonfigurationen über eine Archivierungskomponente,
- Ausgabe von Kurzinformationen zu Produkten,
- Ausgabe von offenen Anforderungen, wenn der Konfigurierungsprozeß noch nicht abgeschlossen ist, der Benutzer aber bereits wissen will, welche SW-Produkte von anderen SW-Produkten benötigt werden,
- Einsatzempfehlungen von Software-Produkten.

4 Wissensbasis als Auskunftsystem (INFoRMER)

4.1 Zielsetzung

Da die Implementierung und Lauffähigkeit von PROoVER beweist, daß es möglich ist, technische Produktinformationen so zu strukturieren, daß fehlerfreie Konfigurationen erstellt werden können, liegt der Umkehrschluß nahe, die in der Wissensbasis enthaltenen Informationen auch als Quelle eines Auskunftsystems für technische Produktinformationen zu nutzen.

Dabei wird vorerst kein umfassendes Informationssystem über alle SNI-Produkte angestrebt, sondern ein schneller Zugang zu den Daten des Breitengeschäfts, die ebenfalls Zielrichtung des Konfigurators sind:

- MX-Reihe mit den Modellen MX300 und MX500,
- Workstations WX200 und WS30,
- Bürocomputer C30 und C40, BS2000-Software,
- CSCM 100 Terminals.

Die Qualität der Information soll dabei höher sein als bei einer herkömmlichen Datenbankabfrage. Das Verfahren soll aber trotzdem einfach sein, so daß man gezielt nach Produktinformationen und Produktabhängigkeiten suchen kann, ohne eine Gesamtkonfiguration erstellen zu müssen.

Aufgrund der beiden Hauptkomponenten von PROoVER, der Wissensbasis und des Inferenzsystems, ist es möglich, nicht nur statische Produktinformationen über Grundeinheiten, Preise etc. zu erhalten, sondern auch die Abhängigkeiten und Auswirkungen zu zeigen, die die Wahl von bestimmten Leistungsmerkmalen auf Produkte und Produkterweiterungen bewirkt.

Da zur Beantwortung derartiger komplexer Fragestellungen Teilkonfigurationen durchgeführt werden müssen, wurde bei der Dialogführung und bei der Informationsausgabe auf die bei Datenbanken und Retrieval-Systemen übliche Form der Darstellung bewußt verzichtet und eine ähnliche Bedienoberfläche wie beim Konfigurator PROoVER realisiert. Volle Integration von Konfigurator und Auskunftsystem für spätere Versionen wird dabei ins Auge gefaßt.

Zielgruppen des Systems sind hauptsächlich Vertriebsbeauftragte und Mitarbeiter, die einen engen Kontakt zum Kunden haben und auf Kundenanfragen schnell reagieren müssen. Auch bei ausgesuchten Kunden oder SNI-Vertragspartnern soll das System zum Einsatz kommen.

4.2 Dialogführung

Grundprinzip bei der Gestaltung der Oberfläche zur Produktauskunft ist der schnelle und einfache Datenzugriff. Bedingt durch die andersartige Aufgabenstellung als beim Konfigurieren ergeben sich allerdings einige Unterschiede:

Bei der Wahl der Produktgruppen im Eröffnungsbildschirm des INFoRMER (vgl. Abb. 8) werden nicht nur die Zentraleinheiten angeboten, sondern alle Produktgruppen, zu denen Informationen vorhanden sind und über die Auskunft gegeben werden kann. Diese zusätzlichen Produktgruppen stellen im wesentlichen die an die Zentraleinheiten anschließbaren Peripheriegeräte dar: Datensichtgeräte, Drucker, Speicher, Steuerungen, Vorrechner, Plotter, Terminal-Fern-Anschlußsätze, Netzmedien.

Die Vorauswahl einer der Produktgruppen ist erforderlich, um über die statischen Informationen zu Produkten (Preise, Kurzbeschreibungen etc.) hinaus auch dynamische Informationen anzubieten. Der Benutzer kann zur Zeit zwar nicht, wie bei einem Datenbank- oder Informationssystem, mittels Schlagworten oder Produktbegriffen über alle Produktgruppen hinweg nach Informationen suchen. Er wird aber durch diese Vorauswahl in die Lage versetzt, Produktzusammenhänge zu erfragen und am Bildschirm dargestellt zu bekommen.

Mit wenigen Klicks erhält er Antwort zu folgenden Fragestellungen:

- Welche Grundeinheiten und welche Angebotspakete gibt es zum Produktspektrum der MX300, MX500, C30, C40, WS30, WX200 und CSC-100?

- Welche Installationserweiterungen (z.B. Arbeitsspeicher, Floppy-Laufwerke, E/A-Prozessoren) gibt es zu einer Produktfamilie?
- Welche Geräte können an welche Zentraleinheit angeschlossen werden? Welche Restriktionen gibt es?
- Welche Schnittstellen besitzen Zentraleinheiten bzw. Peripheriegeräte?

Nach der Wahl einer Produktgruppe erfolgen die weiteren Schritte über die Menüs in der Menüleiste, die ähnlich aufgebaut ist wie die PROoVER-Menüleiste.

4.3 Leistungsumfang

Entsprechend den Informationen, die in der Wissensbasis enthalten sind, und den Interpretationsmechanismen der Wissensbasis bietet INFoRMER zwei generelle Abfragemöglichkeiten:

- statische Einzelabfragen,
- dynamische Abfrage nach Beziehungen zwischen Produkten und Eigenschaften.

4.3.1 Statische Abfragen

Es können Fragen gestellt werden nach

- Grundeinheiten und Angebotspaketen,
- Erweiterungen,
- Preisen, Terminen, Produktstatus,
- Schnittstellen der Produkte,
- Ausbaumöglichkeiten.

Grundeinheiten

Wenn der Menüeintrag **Grundeinheiten** gewählt wird, erscheint der PROoVER-Basisbildschirm mit allen Produktnummern der vorher ausgewählten Produktgruppe (z.B. MX300). Schwarze Produktnummern sind Grundeinheiten, graue sind Pakete.

Durch Anklicken einer Produktnummer (schwarz oder grau) erhält man in Abhängigkeit der Voreinstellung (**Preise ..., Kurzbeschreibung**) im gleichen Menü entweder die Preisangaben zu diesem Produkt oder die Kurzbeschreibung.

Erweiterungen

Mit **Erweiterungen** werden alle konfigurierbaren Erweiterungen für die zuvor ausgewählte Produktgruppe ausgegeben.

Nach Wahl des Menüeintrags werden alle Produktnummern mit ihren Kurzbezeichnungen aufgelistet, die für die geladene Produktgruppe als Erweiterungen konfigurierbar sind. Die Produktnummern sind aufsteigend sortiert.

Durch Klicken auf eins der Produkte erhält man in Abhängigkeit der weiteren Einstellung im Menü **Information** entweder die Preisangaben zu diesem Produkt oder die Kurzbeschreibung.

Kurzbeschreibung

Bei der Wahl von **Paketen, Grundeinheiten** und **Erweiterungen** wird eine Kurzbeschreibung zur vorher gewählten Bestelleinheit (Abb. 12) ausgegeben.

```
                        INFoRMER

      Kurzbeschreibung zu 9783-3225

      9783-3225
      MX300-30 / Angebotspaket 3d
      Grundausbau MX300-30 (9783-305)
      Plus:
      -   Hauptspeicher 8 Mbyte (97832-306)-
      -   FP (HD) 5 1/4" 380 Mbyte (97832-306)
      -   E/A Prozessor 4x SS97, 2x V.24 (97832-204)

      Grundausbau bestehend aus:
      -   Grundeinheit mit Multibus I
      -   SV-Modul im Untertischgehaeuse
      -   32-Bit Mikroprozessor NS 32532 (25 MHz)
          inkl. MMU, FPU NS 32381
      -   FP-/FD-/MBK-Controller
      -   Diskettenlaufwerk 5 1/4",
      -   Magnetbandkassettenlaufwerk: Formfaktor 1/4
      -   Kapazitaet: 155 Mbyte

      Ende des INFORMER-Ausdurcks
```

Abb.12: Kurzbeschreibung eines Angebotspakets

Preise/Termine/Status

Bei der Wahl von **Paketen, Grundeinheiten** und **Erweiterungen** werden die Daten am Bildschirm oder über Drucker ausgegeben, die im SNI-internen Bestellverfahren ADVOKAD zu diesem Komplex verfügbar sind.

Schnittstellen

Nach Wahl von **Schnittstellen** erhält man zu einer Bestellnummer folgende Informationen:

- Anschließbare Geräte (Bedient)
- mögliche Schnittstellen (Ueber)
- Restriktionen

Beim Konfigurationssystem PROoVER werden diese Daten der Wissensbasis dazu benutzt, um eine fehlerfreie, konsistente Konfiguration zu erstellen. Beim IINFoRMER dienen sie dazu, generell über die Anschlußfähigkeit, die Schnittstellen und die Einschränkungen Auskunft zu geben.

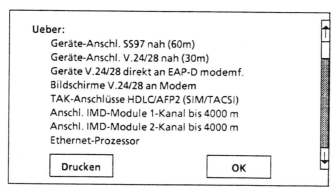

Abb.13: Schnittstellen

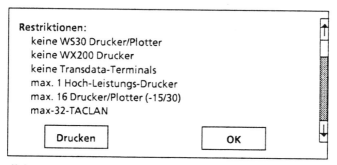

Abb.14: Restriktionen

Bedient:

Es werden alle Produktgruppen aufgelistet, aus denen mindestens ein Gerät an die gewählte Bestelleinheit angeschlossen werden kann.

Ueber:

Es werden alle Schnittstellen aufgeführt, die die gewählte Bestelleinheit bedient (Abb. 13). Diese Aussage gilt nur global. Sie sagt nichts aus über die konkrete Verbindungsmöglichkeit von Geräten, da zu einer derartigen Aussage detailliertere Angaben (z.B. Treiber, Betriebssystem etc.) berücksichtigt werden müssen. Einschränkungen werden unter 'Restriktionen' aufgeführt.

Restriktionen:

Die Einschränkungen beziehen sich auf die anschließbaren Gerätegruppen und die Schnittstellen (Abb. 14). Es können ganze Gerätegruppen oder nur die Anzahl bestimmter Geräte eingeschränkt werden.

Ausbaumöglichkeiten

Nach Wahl dieses Menüeintrags werden die Ausbaumöglichkeiten (technische Merkmale bzw. Eigenschaften) aufgelistet, um die das gewählte Paket bzw. die gewählte Grundeinheit generell erweitert werden kann.

4.3.2 Dynamische Abfragemöglichkeiten

Leistungsausprägung

Diese Funktion führt in den normalen PROoVER-Modus zum Wählen von Eigenschaften und/oder Produktnummern. Durch einzelne Wahlschritte kann man den Leistungsumfang eines Gerätes festlegen.

Im Unterschied zu PROoVER kann mit dieser Funktion allerdings keine Gesamtkonfiguration vorgenommen und keine Software gewählt werden, die auf der gewählten Hardware ablaufen soll. Es wird nur eine Teilkonfiguration eines Gerätes vorgenommen. Sowohl am Bildschirm als auch über Drucker wird folgendes Ergebnis ausgegeben:

- die den Eigenschaften entsprechende Grundeinheit einschließlich Kurzbeschreibung des Systems oder Geräts,
- die zur Minimalkonfiguration erforderlichen Bestelleinheiten,
- die Erweiterungen zur Grundeinheit, die aufgrund der gewählten Produkteigenschaften erforderlich sind,
- die Listenpreise der einzelnen Bestelleinheiten,
- die Gesamtsumme der Teilkonfiguration.

Zweck dieser Funktion ist es, durch Variieren der Auswahl von verwandten bzw. unterschiedlichen Produkteigenschaften und durch die Rücknahme bereits gewählter Eigenschaften schnell alternative Konfigurationen mit ihren Kurzbeschreibungen und Preisen zu erstellen.

Installationserweiterungen

Diese Funktion arbeitet ähnlich wie **Leistungsausprägung**. Im Unterschied dazu werden beim zweiten, dritten etc. Aufruf der Funktion nicht die gesamten Teilkonfigurationen aufgelistet, sondern nur die Deltas bzgl. des ersten Zwischenstandes.

5 Graphikkomponente

Aufgabe und Ziel der Graphik-Komponente ist es, aus der von PROoVER generierten HW-Konfiguration einen Konfigurationsplan für ein Angebot bzw. einen Vertrag zu generieren. Die notwendigen Konfigurationsdaten werden aus der vom Benutzer erstellten Konfigurationsdatei genommen. Die Graphikkomponente ist sowohl auf SINIX/COLLAGE-Maschinen als auch auf MS-DOS/WINDOWS-Maschinen einsetzbar. Allerdings unterscheiden sich die Varianten in ihrer Funktionalität, da für beide Zielsysteme unterschiedliche Editoren benutzt werden.

Die zur Zeit realisierte Darstellungsform des Konfigurationsplanes entspricht der 'symbolischen' bzw. 'vertrieblichen' Darstellung. Sie vermittelt einen allgemeinen Überblick über die Gerätekonfiguration ohne technische Details (Abb. 15).

Der Anwender kann die einzelnen Teile der Graphik-Komponente über die Benutzeroberfläche bzw. einen Graphik-Editor steuern und kontrollieren. Folgende Funktionen sind derzeit realisiert, um eine für den Kunden adäquate und übersichtliche Darstellung zu gewährleisten:

Steuerfunktionen

- Definition verschiedener Druckertreiber
- Variable Positionierung der Symbole. Es wird festgelegt, in welche Richtung, ausgehend von der Zentraleinheit, die an die Zentraleinheit angeschlossenen Geräte auf dem Bildschirm und im Ausdruck positioniert werden sollen (top - down, rechts - links, links - rechts, bottom - up)
- Festlegen unterschiedlicher Papierformate (DIN A1 - DIN A4)
- Speichern geänderter Konfigurationspläne
- Bildschirm- und Druckausgabe der symbolischen Darstellung entsprechend der definierten Druckereinstellung

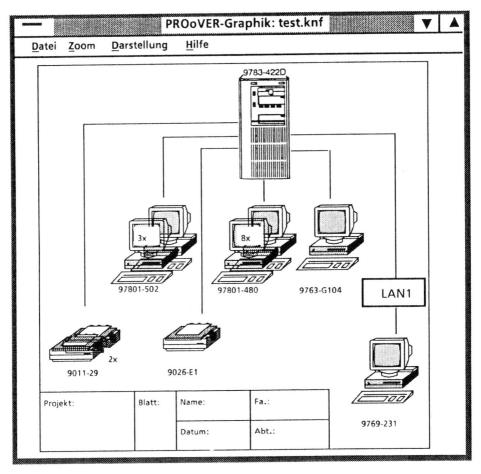

Abb.15: Konfiguration in Symboldarstellung

Editierfunktionen

- Vergrößern von Teilen des Konfigurationsplanes
- Verschieben von Symbolen, Texten und Bereichen
- Einfügen von Texten
- Neue Verbindungen herstellen
- Löschen von Texten
- Löschen von Verbindungen
- Löschen von Symbolen

6 Hilfe über Hypertext

Da PROoVER mit seinen Komponenten INFoRMER und GRAPHIK ein komplexes System ist, das sich trotz seiner menügeführten Bedienoberfläche und Verwendung von Standard-Tools nicht sofort in allen Einzelheiten jedem Benutzer als selbsterklärend darstellt, wird die Funktionalität des Gesamtsystem in einer detaillierten Dokumentation zusammengefaßt und als Papierversion an die Benutzer versandt. Eine inhaltlich gleiche Version (ausschließlich der Bilder und Graphiken) wird als online-Hilfesystem zur Verfügung gestellt.

Dabei wird ein weiteres auf dem Markt verfügbares System benutzt, nämlich das unter WINDOWS V3.0 angebotene Hypertextsystem WINHELP. Dieses System eignet sich u. E. besonders gut für die Dokumentation der implementierten Systemfunktionen und erforderlichen Bedienungsanweisungen, weil es auch für Nicht-DV-Spezialisten, der der Redakteur in der Regel ist, leicht zu erlernen und leicht zu handhaben ist. Auch die Bedienung der Hilfe-Funktion im Betrieb erfordert beim PROoVER-Benutzer keinerlei Systemkenntnisse und Einarbeitungszeit.

Mit seinen Funktionen wie

- Suchen, Blättern, Drucken,
- Springen zu verwandten Themen,
- Markieren von Einträgen und Benutzereingaben (Lesezeichen),
- Einblenden von Graphiken,
- lesegerechter Layoutgestaltung (Schriftarten, Schriftgrößen),
- Aufrufen von Hintergrundwissen (z.B. systemspezifische Definitionen),
- Übernahme von Texten und Graphiken in andere Anwendungen sowie
- der Fähigkeit, auch als stand-alone-System zu dienen,

stellt das Hilfesystem eine sinnvolle Ergänzung des Gesamtsystems dar, in dem sich Aufwand und Nutzen in einem äußerst günstigen Verhältnis präsentieren.

Bei der Erstellung und Nutzung des Hilfesystems wurde allerdings auch deutlich, daß die Problematik nicht in der technischen Komplexität der Handhabung liegt (sie ist im benutzten System eher simpel), sondern in der logischen Strukturierung des vorhandenen Dokumentationsmaterials. Letztlich hängt die Akzeptanz nicht von den technologischen Raffinessen, sondern von der Qualität der Redakteure des Hilfesystems ab.

Da nicht nur bei der Bedienung von PROoVER/INFoRMER online-Hilfe erforderlich ist, sondern zum Konfigurieren selbst weitere, über das in der Wissensbasis enthaltene Wissen hinausgehende, Produktinformationen (Markt, Mitbewerb etc.) als hilfreich erscheinen, bietet es sich an, das bei SNI im sog. Vertriebshandbuch dokumentierte Wissen über das aktuelle DV-Geschäft ebenfalls in Hypertextform anzubieten. Die recht guten Erfahrungen mit dem verwendeten Hilfesystem führten zu der Überlegung, Produktinformationen über die zu konfigurierenden Produkte ebenfalls über die gleichen Hypertextfunktionen in PROoVER zu integrieren. Die bisherigen Testergebnisse sind vorbehaltlich adäquaterer Tools, die noch zu testen sind, äußerst positiv.

7 Technische Daten

HW-/SW-Voraussetzungen:

Einsetzbar auf SINIX- und MS-DOS-Systemen

SINIX:	MX300/500, SINIX V5.21/5.22/5.23
	COLLAGE V3.0/4.0 mit Maus und Graphik-Bildschirm
	Umstellung auf Intel-Prozessoren mit SINIX V5.4 ist geplant
MS-DOS:	SNI PCD-2/3/4 und AT-kompatible PC (80286, 80386, 80486)
	MS-DOS V3.2/4.01/5.0, WINDOWS V3.0 mit Maus
Betriebsart:	Dialog
Implementierung:	C
Oberfläche:	deutsch, englisch

Speicherbedarf:

SINIX:	Ca. 4 MB (einschl. Wissensbasis) sowie je Konfiguration 10-20 KB
MS-DOS:	Unter WINDOWS V3.0 ca. 2 MB

HyperCAKE: Ein Wissensakquisitionssystem für hypermediabasierte Expertensysteme

Dipl.-Inf. Frank Maurer

Inhaltsverzeichnis

1 Einleitung und Überblick 87

2 Systemarchitektur 90

    2.1 Datenbank zur Objektverwaltung 92

    2.2 Die typisierte HAM 93

    2.3 Konsistenzüberwachung 94

    2.4 Spezifikation von Konzeptuellen Modellen 96

    2.5 Die integrierte Inferenzmaschine (HyperXPS) 96

    2.6 Schnittstelle zur Wissensbasis 97

3 Anwendungen von HyperXPS 99

    3.1 WisGIS 99

    3.2 HyDi 100

    3.3 IntPlan 102

4 Diskussion und offene Fragen 102

5 Stand der Realisierung 103

Literaturverzeichnis 105

1 Einleitung und Überblick

In diesem Papier beschreiben wir die Architektur eines Wissensakquisitionstools zur Erstellung von hypermediabasierten Expertensystemen. Ausgangspunkt bei der Entwicklung waren die im folgenden aufgezählten Annahmen über die kommende Softwaregeneration.

Kommende Softwaresysteme werden sich von den heutigen insbesondere in drei Aspekten unterscheiden:

- Erkenntnisse der Expertensystemforschung (oder allgemeiner: der KI) werden als integraler Bestandteil kommender Softwaregenerationen zu intelligenteren Anwendungen führen.
- Mit den neuen technischen Möglichkeiten wird die Mensch-Maschine-Schnittstelle durch die Integration von erweiterten Präsentationsformen verbessert werden. Multimediasysteme erhöhen die Bandbreite der Kommunikation zwischen Rechner und Mensch durch Audio, Video und Computeranimation.
- Die Komplexität der Software wird weiter steigen, so daß die Programmentwicklung immer mehr im Team erfolgen muß.

Die Übertragung dieser Thesen auf wissensbasierte Systeme führt auch zu erweiterten Anforderungen an eine künftige Expertensystemgeneration:

- Expertensysteme müssen *multimediale Aspekte integrieren*. Zum einen zur Verbesserung der Wissensakquisition, zum anderen als Erweiterung der Endbenutzerschnittstelle. Dabei muß die Integration über eine bloße Kopplung eines Expertensystems an ein Multi- bzw. Hypermediasystem als intelligente Hilfekomponente hinausgehen. (Dieser Weg wurde z.B. in Gaines/Linster 1990, Karbach/Linster 1990 und Angstmann 1991 beschritten.) Vielmehr muß durch eine enge Kopplung das Expertensystem in die Lage versetzt werden, über die Wissensstrukturen des Hypermediasystems zu argumentieren.
- Wissensbasierte Systeme werden in Zukunft verstärkt durch ganze Teams von Wissensingenieuren und Domänenexperten entwickelt. Dies ist durch eine Entwicklungsumgebung zu unterstützen, d.h. sie muß *Multi-User-fähig* sein. Die Entwicklungsumgebung muß die Konsistenz der Wissensbasis erhalten, die Kommunikation zwischen Experten und Knowledge Engineers fördern, den Entwicklungsprozeß von den Anfängen bis zur Wartung dokumentieren und vereinfachen sowie die Entwicklung von problemspezifischen Tools ermöglichen.
- Expertensysteme werden immer seltener als Stand-Alone-Lösungen entwickelt, sondern müssen zunehmend in herkömmliche EDV-Systeme integriert werden.

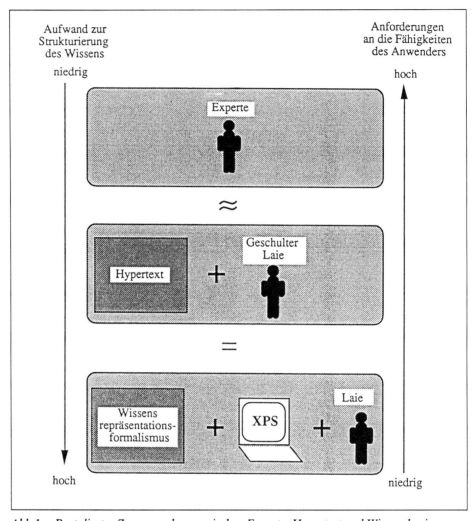

Abb.1: Postulierter Zusammenhang zwischen Experte, Hypertext und Wissensbasis

- Der Entwicklungsprozeß muß, aus ökonomischen Gründen, in mehrere Schritte aufgeteilt werden, die jeweils ein vom Kunden nutzbares Ergebnis aufweisen. Ein sinnvolles Ergebnis ist die Strukturierung und Dokumentation des Wissensgebietes in einer Form, so daß ein (geschulter) Benutzer mit Hilfe des Systems ein Problem, das bisher einem echten Experten vorbehalten war, lösen kann. Dieser Effekt ist oft schon durch einen Hypertext erreichbar, den wir deshalb als ersten Schritt in Richtung auf ein Expertensystem ansehen. Der Hypertext dient also als eine Art konzeptuelles Modell, wobei dieses durch die Inferenzmaschine *"geschulter Laie"* operationalisiert wird. Das Ersetzen des Menschen durch einen formalisierten Interpreter erfordert noch größeren Aufwand, führt aber letztlich zu einer weiteren Verringerung der Anforderungen an den Endbenutzer (vgl. Abb.1).

Die in Abbildung 1 formulierte These der Äquivalenz zwischen Hypertext/geschultem Laien und Expertensystem/Laie führt zu einer Erweiterung der KADS-Methodik (Wielinga/Schreiber/Breuker 1991): Der Entwicklungsprozeß führt bei uns über einen Hypertext zu einer formalen Repräsentation der Domäne.

Die oben beschriebenen Anforderungen zeigen mehrere methodische Defizite der heutigen Techniken auf:

Ein Hauptproblem heutiger Techniken ist die scharfe Grenze zwischen informellem Wissen, das nur im menschlichen Kontext (d.h. mit dem "gesunden Menschenverstand") zu interpretieren ist, und formaler Wissensrepräsentation, die durch ein formales System von Regeln ohne Kontextbezug zu verarbeiten ist. Unser Konzept versucht nun einen "sanften" Übergang zwischen kontextabhängigem und kontextunabhängigem Wissen durch die Integration von informeller und formaler Wissensrepräsentation zu unterstützen.

Die scharfe Grenze zwischen kontextabhängigem und kontextunabhängigem Wissen ist auch eine Ursache des aus der Literatur bekannten "Flaschenhalses Wissensakquisition". KADS versucht die resultierende methodische Lücke durch eine Erhöhung der Ausdrucksmächtigkeit der Sprachen (für Konzeptuelle Modelle) zu schließen. Wir versuchen die Lücke durch eine stärkere Strukturierung der informellen Ebene zu verkleinern

Neben dem Problem der Kontextabhängigkeit entstehen auch große Schwierigkeiten durch die Verwendung unterschiedlicher Medien zur Speicherung des informellen und formalen Wissens. Die Speicherung von kontextabhängigem Wissen erfolgt in Büchern, Zeitschriften, Datenbanken, Konstruktionszeichnungen etc. und neuerdings auch in Hypertexten. Formalisiertes Wissen wird in Expertensystemen gespeichert. Der Übergang von der einen zur anderen Ebene wird durch eine Integration der eingesetzten Werkzeuge erleichtert.

Ein weiteres Problem bei der Erstellung großer Wissensbasen ergibt sich aus der Menge der Daten. Große Wissensbasen können nur durch Teams entwickelt werden. Dadurch wird das Problem der Wahrung der logischen Konsistenz weiter verstärkt, da der einzelne Entwickler nicht notwendigerweise die Einträge seiner Kollegen kennt. Die Methodik der Konsistenzüberprüfung ist allerdings nur lückenhaft entwickelt, insbesondere im Hinblick auf ein integriertes System zur Darstellung von kontextabhängigem und -unabhängigem Wissen.

Kapitel 2 stellt die Architektur eines Tools vor, das auf Grund der oben beschriebenen Anforderungen, insbesondere den multimedialen Aspekten und der Multi-User-Fähigkeit, entwickelt wird. In Kapitel 3 stellen wir drei damit realisierte Anwendungen vor: WisGIS ist ein **Wis**sensbasiertes **G**eographisches **I**nformations **S**ystem zur Prognose der Bodenqualität; HyDi ist zugeschnitten auf die Diagnose technischer Systeme; IntPlan realisiert einen intelligenten Bebauungsplan. Die Bewertung unseres Ansatzes führen wir in Kapitel 4 durch. Im Kapitel 5 beschreiben wir den Stand der Realisierung.

Terminologie

In diesem Papier benutzen wir folgende Terminologie. *Wissensakquisition* besteht aus (initialer) Datensammlung, Modellbildung und Wissenserhebung.

Die *Datensammlung* baut auf Interviews, Fachbüchern, Zeichnungen etc. auf und liefert den Wissensingenieuren einen ersten Überblick über die Domäne. Dieser wird im *Datenmodell* dokumentiert. Die *Datenebene* befindet sich somit zwischen der *Ebene der verbalen Daten (M1)* und dem *Konzeptuellen Modell (M2)* in KADS.

Die Modellbildung beschreiben wir mit der KADS-Terminologie.

Die Phase der Wissenserhebung füllt die im Konzeptuellen Modell definierten Strukturen mit konkretem Anwendungswissen. Sie liefert operationales Wissen.

Die angegebenen Phasen sind nicht streng sequentiell wie in einem Wasserfallmodell, sondern enthalten Schleifen und Rückkopplungen. HyperCAKE wird insbesondere mit der Intention entwickelt, Rapid Prototyping mit der modellbasierten Wissensakquisition zu koppeln.

2 Systemarchitektur

Hier geben wir einen Überblick über die Gesamtarchitektur des Wissensakquisitionstools HyperCAKE. Die einzelnen Module sind in Unterabschnitten dieses Kapitels näher erläutert.

Zur Verwaltung der Objekte der Wissensbasis setzt HyperCAKE die objektorientierte Datenbank GemStone[1] ein. Diese gewährleistet die Integrität der Wissensbasis in einer Multi-User-Umgebung basierend auf einem Transaktionskonzept.

---

[1] GemStone ist ein eingetragenes Warenzeichen von Servio Corporation, USA.

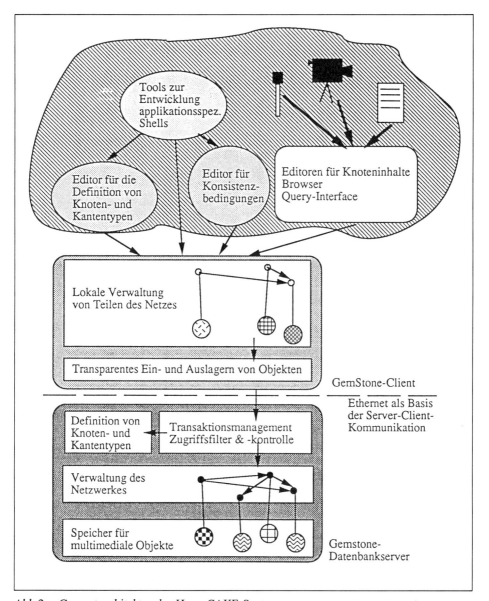

Abb.2: *Gesamtarchitektur des HyperCAKE-Systems*

Aufbauend auf der Objektverwaltung wurde den Ideen von (Campbell/Goodmann 1988) folgend eine Hypertext Abstract Machine (HAM) entwickelt, mit deren Hilfe Wissensbasen strukturiert werden können.

Die realisierte HAM verwaltet das Hypermedianetzwerk. Sie ermöglicht das Einfügen und Löschen neuer Knoten (= Objekte) und Kanten (= Relationen zwischen Objekten). Zur statischen Strukturierung der Wissensbasis stellt die HAM Kontexte zur Verfügung. Dynamisch können verschiedene Sichten auf das Netzwerk mittels eines Filtermechanismus erzeugt werden, der eine netzorientierte Anfragesprache zur Verfügung stellt.

Basierend auf der HAM wurde das Tool HyperXPS zur Definition von applikationsspezifischen Shells entwickelt. Dieses erlaubt die Definition von typisierten Knoten und Kanten. Durch diese Typisierung können applikationsspezifische Objektklassen mit spezieller Semantik entwickelt werden. HyperXPS stellt einen Regelinterpreter zur Verfügung.

2.1 Datenbank zur Objektverwaltung

Ein Wissensakquisitionstool soll ein Team von Mitarbeitern bei der Entwicklung von wissensbasierten Anwendungen unterstützen. Wir gehen davon aus, daß die technische Basis für das Wissensakquisitionstool ein Netz von Workstations ist. Bei der kooperativen Entwicklung einer wissensbasierten Anwendung muß von den einzelnen Mitarbeitern auf eine gemeinsame Wissensbank, bestehend aus einer Menge von Objekten, auf denen Relationen definiert werden können, zugegriffen werden. Als "Wissensbanksystem" verwenden wir das objektorientierte Datenbanksystem GemStone.

Multimediale Objekte

HyperCAKE ermöglicht die Verwaltung von multimedialen Informationen: Text, Bilder, Audio, Graphik und Video. Des weiteren können auch strukturierte Daten wie Tabellen und Konzeptbeschreibungen gespeichert werden. D. h. HyperCAKE integriert informelle Formen der Wissensspeicherung mit Möglichkeiten zur formalen Wissensrepräsentation. Durch diese enge Kopplung wird die Dokumentation des Wissensakquisitionsprozesses erst ermöglicht, da alle im Rahmen der Systementwicklung erhobenen Daten, vom Datenmodell (Maurer 1991a) über das Konzeptuelle Modell bis zum Implementierungsmodell, in *einer* Wissensbasis verwaltet werden.

Zugriffsberechtigungen und Transaktionskonzept

Für Objekte der Wissensbank können Berechtigungen für den lesenden und schreibenden Zugriff eingetragen werden. Dabei wird jeweils zwischen dem Eigentümer eines Objektes, Gruppen von Benutzern und allen Benutzern (der Welt) unterschieden. Durch diesen Mechanismus kann der einzelne Benutzer auch private Daten halten und somit das System auch zur Dokumentation von "unausgegorenen" Ideen heranziehen, ohne die Befürchtung haben zu müssen, daß er dadurch Nachteile hat.

Zur Sicherung der Integrität der Datenbank stellt GemStone ein Transaktionskonzept zur Verfügung. Darauf aufbauend stellt HyperCAKE sicher, daß die Änderung einer Information nur dann in die Wissensbank übernommen wird, falls nicht andere Benutzer dieselbe Information gerade verwenden.

Mit Hilfe des in Kapitel 2.3 beschriebenen Konsistenzcheckers wird zusätzlich noch ein Mechanismus zur Überprüfung von logischer Konsistenz bereitgestellt, dessen Funktionalität über ein reines Transaktionsmanagement hinausgeht.

2.2 Die typisierte HAM

Die Frage, wie an Informationen eine Semantik gekettet werden kann, führte zu einer Erweiterung der HAM um ein (objektorientiertes) Typkonzept[2]. Dieses ermöglicht die Kopplung der Daten an die darauf definierten Operationen. Durch den Polymorphismus der verwendeten Programmiersprache können dann die generischen Methoden (wie z.B. show, edit, followLink, getSuccessors, getPredecessors, set: etc.) für spezielle Informationsklassen mit einer erweiterten Semantik versehen werden.

Knoten

Knoten speichern atomare Informationseinheiten wie Texte, Graphiken, Tabellen, Konzeptbeschreibungen, Knowledge Sources etc. Sie stellen das universelle Mittel der HAM zur Repräsentation und Verwaltung von Wissen dar. Einen Ausschnitt aus der vorhandenen Klassenbibliothek für Knoten stellt Tab. 1 dar.

HAMNode	
TextNode	# Texte
Gesetz	# Paragraph des Baugesetzbuchs
GraphicNode	# Graphiken
SoundNode	# Audiodaten
VideoNode	# Videodaten
Context	# Mengen von Objekten
Schlüsselwort	# Suchbegriff
Klasse	
Instanz	
Attribute	# Meßgröße für Diagnose

Tab.1: Knotenklassen der HAM

Kanten

Zur Darstellung der Verknüpfungen und Assoziationen zwischen einzelnen Informationen werden Kanten (Links) benutzt. In der augenblicklichen Version der HAM sind diese Relationen binär und gerichtet. Der Ausgangspunkt eines Links ist ein (Teil eines) Knoten(s). Ziel ist in der aktuellen Implementierung immer ein ganzer Knoten. Zur Realisierung der verschiedenen Kantensemantiken stellt die Implementierung verschiedene Kantenklassen

---

[2] Typen im Sinne von abstrakten Datentypen, bei denen Daten mit den darauf operierenden Funktionen gekoppelt sind.

zur Verfügung. Einen Ausschnitt aus der vorhandenen Klassenbibliothek für Kanten stellt Tab. 2 dar.

```
HAMLink
    ContextLink
    IsALink
    PartOfLink
```

Tab.2: Kantenklassen der HAM

Kanten beschreiben statische Verknüpfungen zwischen Informationsknoten. Sie sind in der Speicherstruktur explizit repräsentiert. Zusätzlich ermöglicht die implementierte HAM die Definition von dynamischen Kanten, die erst bei Bedarf berechnet werden. Grundlage dabei ist die aktuelle Netzstruktur. Dynamische Links repräsentieren Assoziationen zwischen Knoten, die keine direkten Nachbarn sind. Im WisGIS-System (s.u.) werden dynamische Links eingesetzt, um die Beziehungen zwischen Eingabe- und Ausgabeattributen zur Laufzeit zu berechnen und dem Benutzer anzuzeigen.

Modularisierung der Wissensbasis

Eine Basisannahme bei der Entwicklung von HyperCAKE war, daß die in einem Expertensystemprojekt zu verwaltende Informationsmenge groß ist. Dies führte zum einen zu der Benutzung einer Datenbank, zum anderen war klar, daß Mittel zur Modularisierung der Wissensbasis vorzusehen sind. Die Definition der HAM nach (Campbell/Goodmann 1988) sieht zur Strukturierung das Konzept der *Kontexte* vor. Eine andere Möglichkeit ist die Strukturierung eines Netzes durch spezielle Knoten, sogenannter *Composites* (Halasz 1988), und Kanten. Der letztere Weg wurde in unserer Implementierung beschritten: wir definieren eine Knotenklasse *Context* und eine Relation *ContextLink*, deren Instanzen zur Modularisierung herangezogen werden.

Semantisches Netz

Die implementierte HAM ermöglicht die Repräsentation von Wissen in einem semantischen Netz. Dabei können die Knoten multimedialen Charakter haben. Die Semantik des Netzes wird über die Definition der Operationen für die verschiedenen Knoten und Kantenklassen realisiert.

2.3 Konsistenzüberwachung

Ein Problem bei der Entwicklung großer Wissensbasen ist die Überprüfung der Konsistenz. Dies tritt noch stärker in einer Multi-User-Umgebung hervor, da der einzelne Entwickler in der Regel nur unzureichendes Wissen über den Stand der Arbeit seiner Kollegen hat. Aus dieser Erkenntnis leitet sich dann die Forderung nach einer Unterstützung der Konsistenzüberwachung durch das eingesetzte Tool, in unserem Fall HyperCAKE, ab. Dabei ist klar, daß jedes System nur die Strukturen überprüfen kann, die ihm *bekannt* und *verständlich* sind, d.h. ein Konsistenzchecker arbeitet immer mit einer Art Closed-World-Assumption, und er kann den Inhalt von Texten, Bildern etc. nicht in seinen Inferenzprozeß einbeziehen (Dies wäre erst durch Methoden des Text- bzw. Bildverstehens möglich, die weit über den heutigen Stand der Kunst hinausgehen). Im Falle von HyperCAKE bedeutet diese Erkenntnis, daß nur die Überprüfung

1) der Konsistenz der Graphstruktur und
2) des formalisierten Wissens

unterstützt wird. Dabei setzen wir auf die in (Maurer 1991b) beschriebenen Ideen zur Konsistenzüberwachung der Basisstrukturen der MOLTKE-Werkbank auf.

Definition von Konsistenzbedingungen

Konsistenzbedingungen werden in HyperCAKE mittels einer Graphgrammatik spezifiziert. Eine Konsistenzbedingung beschreibt ein Teilnetz. Sie besteht aus einer Menge von Knoten- und Pfadspezifikationen, zusammen mit einer Aktion. Die Bedingung wird gegen das aktuelle Netz gematcht. Ist sie erfüllt, wird die Aktion ausgeführt. Mögliche Aktionen sind:

- Warnung an den Benutzer,
- Löschen des Teilnetzes,
- Zurückweisen des neu eingetragenen Knotens bzw. der neu eingetragenen Kante,
- Eintragen fehlender Knoten/Kanten in eine Agenda (s.u.).

Zur Effizienzsteigerung des Graphmatchings wird eine Art Rete-Netz (Forgy 1982) eingesetzt.

Agendaverwaltung für noch zu erhebende Teilgraphen

Ein bedienungsfreundlicher Wissenseditor muß die Eingabe des Wissens in einer beliebigen Reihenfolge ermöglichen. Dies ist insbesondere bei einer netzwerkbasierten Repräsentation notwendig, wo letztlich die Abbildung der Netzstruktur auf eine Sequenz von Einfügeoperationen nur heuristischen Charakter hat (d.h. eine bestimmte Eingabereihenfolge ist nicht zwingend vorgegeben). Trotzdem muß die Konsistenz der Wissensbasis gewährleistet werden. Das HyperCAKE-System ermöglicht aus diesem Grund das Eintragen von inkonsistenten Teilgraphen in eine Agenda. Die eingetragenen Knoten und Kanten werden im Inferenzprozeß nicht benutzt. HyperCAKE checkt bei jedem Einfügen eines Knotens bzw. einer Kante, ob diese in einem der Graphen in der Agenda benötigt wird. Falls ja, wird geprüft, ob dieser Graph nun in einem konsistenten Zustand ist und gegebenenfalls wird der Agendaeintrag gelöscht.

2.4 Spezifikation von Konzeptuellen Modellen

Die Spezifikation eines Konzeptuellen Modells läßt sich problemlos auf die Strukturen der HAM abbilden. Dies ist schon aus den üblichen graphischen Veranschaulichungen ersichtlich, die ein Konzeptuelles Modell als Netz von Knoten und Kanten darstellen[3].

HyperCAKE bietet zusätzlich noch die Vorteile einer Multi-User-Umgebung und die Möglichkeit zur Definition von Konsistenzbedingungen. Dadurch kann z.B. formuliert werden, daß die Benutzung von Knowledge-Source-1 nicht zusammen mit Knowledge-Source-2 erfolgen kann.

2.5 Die integrierte Inferenzmaschine (HyperXPS)

Das HyperCAKE-System dient der Wissensakquisition für hypermediabasierte Expertensysteme (im folgenden: HyperXPS). Diese unterscheiden sich u. E. von herkömmlichen Expertensystemen durch die Integration von multimedialen Aspekten, von üblichen Hypertextsystemen durch die Integration von Inferenzmechanismen.

Symbolischen Repräsentationen (wie z.B. Konzeptbeschreibungen oder Attributwerte) können, außer der üblichen textuellen Beschreibung, noch eine Graphik oder ein Tonsignal zugeordnet werden. Diese werden dann in der Kommunikation mit dem Anwender des Expertensystems benutzt, was insbesondere dann unabdingbar ist, wenn dies die übliche Repräsentation von Wissen in der Domäne ist (z.B. Architektur, Stadt- und Raumplanung, Konstruktion im Maschinenbau).

Konzepthierarchien

Zur Entwicklung von applikationsspezifischen Shells stellt HyperXPS ein Objektsystem (Framesystem) zur Verfügung. Dieses umfaßt:

- die Definition von Klassen mit verschiedenen Slots,
- Slottypen, Defaultwerte,
- Vererbung,
- Erzeugen von Instanzen,
- die Definition von Methoden (Dämonen).

Das Objektsystem wird mit Hilfe der HAM realisiert.

---

[3] Etwas problematischer ist die Integration operationaler Sprachen für Konzeptuelle Modelle, da dann auch der entsprechende Interpreter in unsere Umgebung integriert werden muß.

Regelinterpreter

Zur Verarbeitung des Wissens wurde ein (Standard-)Regelinterpreter entwickelt. Dieser erlaubt in der gegenwärtigen Version nur die Vorwärtspropagierung und die Belegung von Slots mit aktuellen Werten. Eine Regel wird als logische Implikation angesehen: Wenn die Vorbedingung von 'true' nach 'false' wechselt, wird der Slot wieder zurückgesetzt.

Die Beschränkung auf diesen einfachen Regelinterpreter ergab sich aus den Anforderungen der realisierten Anwendungen (s. u.).

2.6 Schnittstelle zur Wissensbasis

Die Ebene über dem Wissensverwaltungssystem bildet die Benutzerschnittstelle von HyperCAKE. Diese ist für jeden Benutzer konfigurierbar.

Editoren für Multimediaobjekte

Das HyperCAKE-System umfaßt einen Editor für Texte mit der üblichen Funktionalität zum Erstellen und Formatieren. Graphiken werden mit Hilfe von Standardsoftware der verschiedenen Plattformen erstellt und über die Zwischenablage, einen Pufferspeicher des jeweiligen Betriebssystems, in die Wissensbasis übernommen. Für Audio-Daten stehen Aufnahme, Wiedergabe und Schneidemöglichkeiten zur Verfügung. Der Editor für Videoaufnahmen ist noch nicht realisiert.

Neben den geschilderten Editoren für die Datenebene werden maskenorientierte Schnittstellen für die Eingabe der formaleren Ebenen (wie Regeln, Frames und Attributen) geschaffen.

Der Editor für Konzeptuelle Modelle erlaubt das Erstellen und Verändern der Beschreibung der Struktur des Expertensystems. Hervorzuheben ist dabei, daß es leicht möglich ist, eine operationale Sprache für Konzeptuelle Modelle (Wetter 1990; Angele et al. 1991; Karbach et al. 1991) in HyperCAKE zu integrieren. D. h. die Verwaltung des Modells wird von HyperCAKE übernommen, wohingegen als Inferenzmaschine die entsprechenden Interpreter herangezogen werden.

Graphischer Editor für Konsistenzbedingungen

Eine Konsistenzbedingung wird mittels eines Netzeditors eingegeben. Dieser erlaubt das Eintragen von Knoten und Kanten. Für jeden Knoten kann dann eine Klasse und eine Bedingung an seinen Inhalt spezifiziert werden. Kanten in dem Konsistenznetz stehen für Kanten einer Klasse in dem Hypermedianetzwerk. Es wird spezifiziert, wieviele Kanten zwischen zwei Knoten liegen dürfen, um die Bedingung noch zu matchen. Schließlich wird noch angegeben, welche Aktion ausgeführt werden soll, wenn die Bedingung in dem Hypermedianetzwerk gematcht wird.

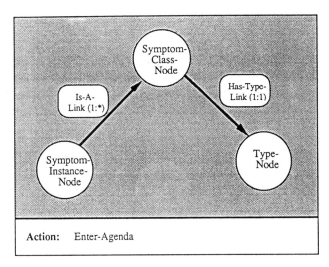

Abb.3: Eine Konsistenzbedingung

Abb.3 zeigt ein Beispiel mit drei Knoten und zwei Kanten. Die linke Kante fordert, daß es eine Verbindung zwischen einer Symptom-Instanz und ihrer Klasse gibt. Diese Verbindung muß aus einer oder mehreren 'Is-A'-Kanten bestehen. Die rechte Kante fordert eine direkte Verbindung zwischen Klasse und Typ. Falls ein Teilnetz diese Bedingung verletzt, so wird es in die Agenda eingetragen.

Realisierung von Benutzersichten

In der Regel ist die in einem Netzwerk gespeicherte Information zu umfangreich, als daß sie jedem Benutzer uneingeschränkt zur Verfügung gestellt werden kann bzw. soll. Deshalb erlaubt HyperCAKE die Definition von Benutzersichten basierend auf einem einfachen Benutzermodell. Das Benutzermodell umfaßt den Benutzernamen, seine Zugriffsberechtigungen, seine Fähigkeiten (ein Wissensingenieur benötigt einen anderen Zugang zur Wissensbasis als der Gebietsexperte oder der Endbenutzer), eine Filterfunktion und ein Layout. Die Filterfunktion beschreibt, welche Informationen gesehen werden, die Zugriffsberechtigung definiert die erlaubten Operationen und das Layout gibt an, wie die Information präsentiert wird.

Generisches Interface für das Domain Layer zur Wissenserhebung

Ein Konzeptuelles Modell der Anwendung beschreibt im Domain Layer Konzepte und Relationen der Anwendung. Die definierten Strukturen müssen mit dem Anwendungswissen gefüllt werden. Diese Aufgabe wird sinnvollerweise vom Experten übernommen. Nur er kann letztlich überprüfen, ob die vom Expertensystem getroffenen Entscheidungen mit seinen Vorstellungen übereinstimmen. Da ein Gebietsexperte in der Regel aber EDV-Laie sein wird, muß ein Wissensakquisitionstool die Möglichkeit bieten, ohne großen Aufwand ein auf ihn zugeschnittenes Interface zu entwickeln.

HyperCAKE enthält ein generisches Interface zur Akquisition von Instanzen. Falls dies nicht ausreicht, kann die Benutzerschnittstelle mit Hilfe generischer Bauteile erweitert werden. Der Baukasten enthält:

- Maskengeneratoren,
- Netzwerkbrowser,
- Texteditoren,
- Views für Graphiken und (in einer späteren Ausbaustufe) Video,
- Möglichkeiten zur Definition von anwendungsspezifischen Menüs.

Der Aufwand zur Erzeugung der Wissenserhebungsschnittstelle sollte klein gehalten werden, um ein Prototyping zu unterstützen.

Hypermediabasierte Endbenutzerschnittstelle

Der oben beschriebene Baukasten ermöglicht auch die Realisierung von Endbenutzerschnittstellen. Diese können zur Wissenskommunikation, für die Übermittlung des Wissens an den Benutzer, auch auf multimediale Informationen zurückgreifen. Insbesondere in der Anwendung "Intelligenter Bebauungsplan" (s. u.) ist die wichtigste Anforderung, daß der Plan graphisch präsentiert wird.

3 Anwendungen von HyperXPS

Zur Überprüfung der dargestellten Konzepte entwickeln wir im Moment mehrere anwendungsspezifische Shells, die als Schnittstelle für den Expertensystementwickler jeweils die Grundbegriffe der zugrunde liegenden Domäne bereitstellen.

3.1 WisGIS

WisGIS (**Wi**ssensbasiertes **G**eographisches **I**nformations **S**ystem) ist eine applikationsspezifische Shell für die Simulation ökologischer Zusammenhänge und wurde in Kooperation mit dem Lehrstuhl für Wasserwirtschaft von Prof. Jacobitz an der Universität Kaiserslautern entwickelt. Ziel war die Entwicklung einer Simulationsumgebung für die Vorhersage der Bodenqualität nach einem Schadstoffeintrag.

Das System erhält als Eingabe eine topologische Karte. Für jede Fläche dieser Karte sind einige Attribute gespeichert (z.B. Säurepufferkapazität, Niederschlagsmenge, Hangneigung, Hauptwindrichtung). Von diesen reellwertigen Attributen soll abstrahiert werden. Die so gewonnenen qualitativen Daten sind über mehrere Stufen zu verknüpfen. Ausgabe ist eine Karte mit den resultierenden Daten (unter anderem die Qualitätsvorhersage). Die Art der Verknüpfung wird durch eine Menge von Regeln spezifiziert.

Da die ökologischen Zusammenhänge noch nicht genau bekannt sind, muß das Regelwerk einfach zu editieren sein. Dadurch wird ermöglicht, verschiedene Verknüpfungen durchzurechnen und dann anhand der in der Realität gemessenen Daten zu bewerten.

Die Eingabe-Karten sind in dem (kommerziellen) geographischen Informationssystem ArcINFO gespeichert. Die Ausgabe-Karten werden ebenfalls dort abgelegt werden. Dies ermöglicht den Zugriff auf die ausgefeilten Visualisierungsmöglichkeiten von ArcINFO.

WisGIS ist vollständig implementiert und wird im Moment dokumentiert (Hemker 1992; Jäckel 1992). WisGIS zeigte, daß die Entwicklung von applikationsspezifischen Shells basierend auf HyperXPS mit vertretbarem Aufwand zu realisieren ist.

3.2 HyDi

HyDi ist eine mit HyperXPS realisierte Anwendungsshell für die Diagnose technischer Systeme. Mit ihr soll demonstriert werden, daß selbst in einer typischen Expertensystemanwendung die Integration eines Hypermediasystems wesentliche, insbesondere auch kommerzielle, Vorteile bietet. Abbildung 4 zeigt die Systemarchitektur.

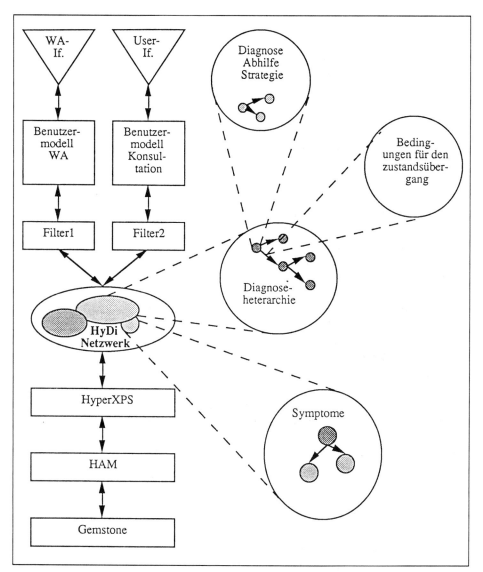

Abb.4: Systemarchitektur von HyDi

Die Inferenzmaschine von HyDi folgt dem MOLTKE-Basissystem (Richter 1992). HyDi umfaßt die folgenden Repräsentationsprimitive:

- **Symptom**: Ein Symptom ordnet einem Namen einen Wertebereich, Kommentare und Tests zu. Die einzelnen Werte können mehrere (multimediale) Darstellungsformen besitzen, die zur Interaktion mit dem Anwender eingesetzt werden.

- **Diagnosegraph**: Ein gerichteter, azyklischer Graph beschreibt die Diagnosehierarchie. Knoten entsprechen Diagnosen, Kanten beschreiben den Übergang von einer zu der nachfolgenden Diagnose durch eine logische Bedingung. An jede Diagnose kann eine Abhilfemaßnahme gekoppelt werden.
- **Strategie**: Die Diagnosestrategie wird durch eine Regelmenge, die die Reihenfolge der Untersuchungen bestimmt, lokal zu einer Diagnose beschrieben.

Für HyDi werden mittels des Filtermechanismus der HAM mehrere Benutzersichten auf das Hypermedianetzwerk implementiert.

3.3 IntPlan

Im Projekt IntPlan soll in Zusammenarbeit mit dem Lehrstuhl von Prof. Streich (Fachbereich Architektur, Raum- und Umweltplanung, Bauingenieurwesen der Universität Kaiserslautern) ein intelligenter Bebauungsplan entwickelt werden. Dabei wird die Hypothese aus Abb.1 über den Zusammenhang zwischen Experte, Hypertext und Wissensbasis überprüft. Die Entwicklung des Systems erfolgt in zwei Stufen:

Stufe 1 liefert als Ergebnis ein Hypermediasystem, das seinem Benutzer Informationen zur Beantwortung der Frage: "Darf ich mein Bauvorhaben an der geplanten Stelle realisieren?" liefert. Das System zeigt seinem Benutzer den Bebauungsplan und ermöglicht den Zugriff auf die für sein Bauvorhaben relevanten Gesetze und Vorschriften. Des weiteren werden die einzelnen Teile der Zeichnung erläutert.

Stufe 2 geht von dem in Stufe 1 erstellten Hypermediasystem aus und erweitert dieses um Expertensystemkonzepte. Dies resultiert in einer aktiven Systemunterstützung: das System leitet den Benutzer zu der für ihn relevanten Information, stellt Fragen und reagiert in Abhängigkeit von den Antworten. Dies erweitert die Stufe 1 wesentlich, wo nur der Benutzer aktiv war und die entsprechenden Informationen angefordert hat.

4 Diskussion und offene Fragen

Die Integration von Expertensystemen mit Hypermediatechniken (HyperXPS) ermöglicht die Erstellung von Systemen, die ansonsten noch nicht möglich waren, da keine der beiden Basistechnologien (Hypermedia & Expertensysteme) allein allen Anforderungen genügt. Die geschaffene Integration geht über die bloße Kopplung eines Hypertextsystems an ein wissensbasiertes System hinaus, da nun erstmals das Expertensystem über die Hypertextstrukturen Inferenzen ziehen kann. Das Expertensystem "kennt" die Hypertextstruktur und kann sie in den Inferenzprozeß einbeziehen. Eine offene Frage ist, inwieweit die "Guided Tours" ähnliche Problemstellungen angehen.

Die realisierte Kopplung eines Hypertextes mit einem semantischen Netz verwischt die Grenze zwischen informellem und formalem Wissen. Dadurch wird ein erster Schritt in Richtung auf die Lösung des in Kapitel 1 formulierten methodischen Defizits gemacht.

Ein integriertes HyperXPS stellt erweiterte Anforderungen an eine Wissensakquisitionsumgebung: Die Einbindung multimedialer Informationen erforderte entsprechende Editoren, die in HyperCAKE zur Verfügung stehen. Die Einbindung verändert auch die Beschreibungssprache für das Model of Cooperation: Das gleichzeitige Ablaufen von Video und Ton muß ausdrückbar werden. Die zeitliche Dimension muß berücksichtigt werden. Die notwendigen Erweiterungen sind von uns allerdings erst angedacht. Es ist allerdings abzusehen, daß das Model of Cooperation stärker in den Vordergrund rücken muß und wird.

HyperCAKE ist ein Schritt in Richtung auf eine Multi-User-Wissensakquisitionsumgebung. Die zugrundeliegende Datenbank unterstützt die Arbeit mehrerer Benutzer an einer gemeinsamen Wissensbasis durch ein Transaktionskonzept und durch die Definition von Zugriffsberechtigungen.

Ein wichtiger Punkt bei der Weiterentwicklung einer Methodik der Wissensakquisition scheint uns die Integration von modellbasierten Ansätzen mit dem Rapid Prototyping. Erstere versprechen ein wartbares System, wohingegen letztere stärker die Möglichkeit betonen, durch verstärkte Integration des Kunden ein System für dessen Bedürfnisse zu entwickeln. Schritte in Richtung auf eine Integration sind die entwickelten operationalen Sprachen für Konzeptuelle Modelle (z.B. Wetter 1990; Angele et al. 1991; Karbach et al. 1991). Diese Entwicklung wird von uns aufgegriffen. Offen bleibt die Frage, ob man nicht auch eine "objektorientierte" Sprache für Konzeptuelle Modelle als Alternative zu den logikorientierten entwickeln kann. Dadurch würde sich das Knowledge Engineering einfacher in den herkömmlichen Softwareentwicklungsprozeß einfügen lassen.

5 Stand der Realisierung

Die typisierte HAM mit integriertem Regelinterpreter (d.h. HyperXPS) ist als Stand-Alone-System bereits implementiert. Die Abbildung der HAM auf das objektorientierte Datenbanksystem GemStone wird bis Mitte 1992 abgeschlossen sein. Editoren für Text- und Audioknoten sind fertiggestellt, für Bilder und Graphiken hat die Implementierung begonnen. Erste applikationsangepaßte Browser und Suchmechanismen sind vorhanden. Die Entwicklung eines Editors für KADS-Modelle hat gerade begonnen.

Die Entwicklung der HyDi-Shell werden wir im Frühjahr 1992 beenden. Das WisGIS-System ist vollständig implementiert und an das GIS ArcInfo angekoppelt. Die Arbeit an Int-Plan befindet sich noch in der Konzeptionsphase.

Die Implementierungssprache ist Smalltalk-80 Release 4.0. Von daher ist das System, mit Ausnahme der rechnerabhängigen Audio/Videoschnittstelle, auf Unix-Plattformen (Sun, HP/Apollo, IBM RS 6000 etc.), Apple MacIntosh und 80386-PC unter Windows ablauffähig.

Danksagung

Mein Dank gilt vor allem Prof. M. M. Richter, der mich durch wichtige Anregungen und viele Ratschläge bei dieser Arbeit unterstützt hat. Dank schulde ich auch meinen Kollegen K. D. Althoff, J. Paulokat und S. Wess, die ihre Zeit für die Korrektur dieser Arbeit opferten und so zur Verbesserung der syntaktischen wie auch der inhaltlichen Qualität beigetragen haben.

Literaturverzeichnis

Angele, J. et al. (1991), KARL: An Executable Language for the Conceptual Model, in: Proceedings of the 6th Knowledge Akquisition for Knowledge-Based Systems Workshop, 6.-11. Oktober, Banff, Canada, S. 1.1-1.20.

Angstmann, R. (1991), Multi-Media als Benutzerschnittstelle zu wissensbasierten Anwendungen, in: Maurer, H. (Hrsg.), Proc. Hypertext/Hypermedia '91, Berlin u.a., S. 18-24.

Campbell, B. und Goodman, J. M. (1988), HAM: A General Purpose Hypertext Abstract Machine, in: Communications of the ACM 31, No. 7, S. 856-861.

Forgy, C. L. (1982), Rete: A Fast Algorithm for the Many Pattern/Many Object Pattern Match Problem, in: Artificial Intelligence 19, S. 17-37.

Gaines, B. und Linster, M. (1990), Development of Second Generation Knowledge Acquisition Systems, in: Wielinga, B. et al. (Hrsg.), Current Trends in Knowledge Acquisition, Amsterdam, S. 143-160.

Halasz, F. G. (1988), Reflections on Notecards: Seven Issues for the Next Generation of Hypermedia Systems, in: Communications of the ACM 31, No. 7, S. 836-852.

Hemker, H. (1992), Erweiterung eines geographischen Informationssystems durch eine wissensbasierte Inferenzmaschine, Diplomarbeit Universität Kaiserslautern 1992 (in Vorbereitung).

Jäckel, Th. (1992), Entwicklung einer Shell zur Erstellung eines Expertensystems zur Vorhersage der Bodenqualität, Diplomarbeit Universität Kaiserslautern 1991 (in Vorbereitung).

Karbach, W. et al. (1991), MODEL-K: Prototyping at the Knowledge Level, Arbeitspapiere der GMD 566, August 1991.

Karbach, W. und Linster, M. (1990), Wissensakquisition für Expertensysteme. Techniken, Modelle und Softwarewerkzeuge, München, Wien.

Maurer, F. (1991a), CAKE: Computer Aided Knowledge Engineering, Proc. Workshop "Software Engineering for Knowledge Based Systems" IJCAI 91, Sydney, S. 127-137.

Maurer, F. (1991b), Knowledge Base Maintenance and Consistency Checking in MOLTKE/HyDi, in: Wetter, Th. et al. (Hrsg.), Current Developments in Knowledge Acquisition - EKAW '92. 6th European Knowledge Acquisition Workshop Heidelberg and Kaiserslautern, Germany, May 1992, Proceedings, Berlin u.a., S. 337-352.

Richter, M. M. (1992), MOLTKE - Methoden zur Fehlerdiagnose technischer Systeme, Berlin u.a. (in Vorbereitung).

Wetter, Th. (1990), First Order Logic Foundations of the KADS Conceptual Model, in: Wielinga, B. et al. (Hrsg.), Current Trends in Knowledge Acquisition, Amsterdam., S. 356-375.

Wielinga, B., Schreiber, A. Th. und Breuker, J. (1991), KADS: A Modelling Approach to Knowledge Engineering, KADS-II/T1.1/PP/UvA/008/1.0, Esprit Project P 5248 KADS-II.

Einsatz von Hypermedia im Bereich der modellbasierten Wissensakquisition

Dipl.-Inf. Susanne Neubert

Inhaltsverzeichnis

1 Einführung 109

2 Grundprinzipien von KADS 110

3 Verfeinerung der Analysephase: Einführung einer Zwischenrepräsentation 112

    3.1 Einführung einer Zwischenrepräsentation 112

    3.2 Verfeinerung der Analysephase im KEEP Modell 114

4 Das Hypermodell der Zwischenrepräsentation 116

    4.1 Grundprinzipien von Hypermedia 116

    4.2 Das Hypermodell 117

        4.2.1 Modellierungsprimitive 117

        4.2.2 Unterstrukturen des Hypermodells 117

        4.2.3 Semantik der Hypermodell-Unterstrukturen 118

    4.3 Entwicklung des Hypermodells 120

    4.4 Das Hypermodell bei der modellbasierten Wissensakquisition 121

5 Entwicklung eines Hypermodells - Ausschnitte aus einem Beispiel 123

    5.1 Vorgehensweise und Ausschnitte aus dem Hypermodell 123

    5.2 Die Zusammenarbeit mit der Expertin 126

6 Vergleich mit ähnlichen Ansätzen 126

7 Zusammenfassung und Ausblick 127

Literaturverzeichnis 128

1 Einführung

Im Rahmen der Entwicklung von Wissensbasierten Systemen stellt die Phase der Wissensakquisition nach wie vor den Flaschenhals dar. In den letzten Jahren wurden verschiedene Methoden und Tools entwickelt, um diese Phase besonders zu unterstützen. Ein interessanter Ansatz ist hierbei die modellbasierte Wissensakquisition, deren Idee es ist, zunächst eine abstrakte Beschreibung der Expertise zu entwickeln, ähnlich wie im Bereich des Software Engineerings zunächst eine Spezifikation erstellt wird.

Eine dieser modellbasierten Ansätze zur Wissensakquisition ist die Knowledge Engineering Methodologie KADS (Breuker et al. 1987, Wielinga/Schreiber/Breuker 1991, Hickman et al. 1989), die vorschlägt, in einer ersten Analysephase ein sogenanntes konzeptuelles Modell zu erstellen und erst in einem späteren Schritt das Design und die Implementierung der Wissensbasis vorzunehmen. Ein zweiter Grundsatz von KADS zur Vereinfachung der Wissensakquisition ist die Verwendung einer problembereichsunabhängigen Modellbibliothek bzw. deren sog. Interpretationsmodelle, die generische Problemlösungsmethoden beschreiben und damit wiederverwendbar sind. Der Knowledge Engineer wählt ein für sein Problem geeignetes Modell aus, verwendet es für die top-down Wissensakquisition und füllt es mit problembereichsabhängigem Wissen.

Trotz dieser vielversprechenden Methodologie fehlen jedoch Hinweise, wie die Grundprinzipien von KADS durch den Knowledge Engineer auch tatsächlich realisiert werden können. Es existieren nur sehr vage Anhaltspunkte über einzelne Schritte z.B. zur Entwicklung des konzeptuellen Modells. Viele Fragen sind noch offen, z.B. wie die Auswahl eines passenden generischen Modells durchzuführen ist oder wie ein gewähltes Modell auf den gegebenen Anwendungsbereich angepaßt wird.

Zur Unterstützung des Knowledge Engineers wurde ein Vorgehensmodell entwickelt, das sog. KEEP Modell (Knowledge EnginEering Process Model), (siehe Neubert 1991, Neubert/Studer 1991), das insbesondere die Analysephase des Lebenszyklusmodells und ihre einzelnen Teilaufgaben im Detail beschreibt. Der erste Schritt der Analysephase ist die Strukturierung der aus der Wissenserhebung resultierenden Wissensprotokolle. Diese Strukturierung sieht die Entwicklung einer Zwischenrepräsentationsebene vor, auf der das Wissen zunächst in einer informalen, später auch in einer semiformalen Form dargestellt wird, bevor das formale konzeptuelle Modell entwickelt wird. Die informale Darstellung der Expertise ermöglicht die Mitarbeit des Experten bei der Entwicklung dieser Zwischenrepräsentation, so daß der Knowledge Engineer maßgeblich bei seiner Arbeit unterstützt wird. Diese Phase der ersten Strukturierung der Wissensprotokolle wird in diesem Beitrag im einzelnen beschrieben. Es werden das Wissensmodell der zu entwickelnden Zwischenrepräsentation vorgestellt und seine Vorteile für die nachfolgende Entwicklung des konzeptuellen Modells aufgezeigt.

Im zweiten Kapitel werden kurz die grundlegenden Prinzipien der modellbasierten Wissensakquisition bzw. die von KADS dargestellt.

Kapitel drei behandelt die einzelnen Schritte der Analysephase im KEEP Modell. Des weiteren werden die Vorteile der Entwicklung einer informalen bzw. semiformalen Zwischenrepräsentation verdeutlicht.

Das vierte Kapitel beinhaltet einen kurzen Überblick zu Hypermedia, um zu zeigen, daß sich insbesondere eine Realisierung einer informalen bzw. semiformalen Zwischenrepräsentation durch Hypermedia anbietet. Mit dem Wissensmodell, dem sogenannten Hypermodell, werden geeignete Strukturen für eine hypermediabasierten Zwischenrepräsentation vorgestellt. Im fünften Kapitel werden die Vorteile der Entwicklung eines Hypermodells anhand eines Beispiels verdeutlicht. Das sechste Kapitel vergleicht existierende Ansätze zur Integration von Hypermedia und Knowledge Engineering, bevor im siebten Kapitel auf aktuelle Forschungsarbeiten eingegangen wird.

2 Grundprinzipien von KADS

Bei der Charakterisierung der modellbasierten Wissenserwerbsmethodologie KADS kann man fünf zetrale Punkte anführen:

Punkt 1: Verwendung des Lebenszyklusmodells

Das Lebenszyklusmodell aus dem Software Engineering wurde dahingehend in den Bereich des Knowledge Engineering übertragen, daß vier Phasen zur Entwicklung eines Wissensbasierten Systems unterschieden werden, nämlich die Wissenserhebung, die Analyse, das Design und die Implementierung (siehe Abb. 1). In der ersten Phase wird das Wissen vom Experten oder aus Büchern gesammelt und in den Wissensprotokollen abgelegt. In der Analysephase wird das Wissen auf einer abstrakten Ebene strukturiert. Die resultierende Spezifikation der Expertise, das sog. konzeptuelle Modell, wird in der Designphase in das Designmodell transformiert, das wiederum Basis für die endgültige Implementierung der Wissensbasis ist.

Punkt 2: Die Trennung zwischen *knowledge level* und *symbol level* (Newell 1982)

Newell führte 1982 eine Unterscheidung zwischen dem knowledge level, der auf einer abstrakten Ebene beschreibt, was das System leisten soll, und dem symbol level, der darstellt, mit welchen Techniken dies realisiert wird (Wissensrepräsentation, Inferenztechnik), ein. In KADS dient das konzeptuelle Modell als abstrakte Beschreibung, im Designmodell und in der Wissensbasis selbst wird dies realisiert.

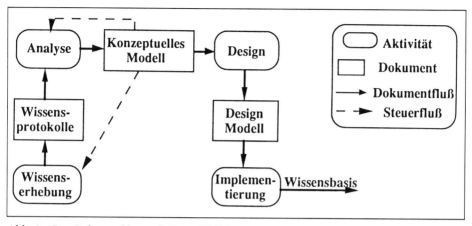

Abb. 1: Das Lebenszyklusmodell von KADS

Punkt 3: Das vier Ebenen Modell

KADS unterscheidet vier verschiedene Kategorien von Wissen (Hickman et al. 1989, Wielinga/Schreiber 1990, Wielinga/Schreiber/Breuker 1991):

Die Gegenstandbereichsebene (domain layer) enthält anwendungsspezifisches Wissen über Konzepte, außerdem deren Eigenschaften und Relationen zwischen diesen Konzepten. Hier werden die Objekte des Anwendungsbereichs dargestellt.

Die Inferenzebene (inference layer) enthält Wissen über die Problemlösungsmethode. Die Inferenzebene legt fest, welche Rolle das Bereichswissen während des Inferenzprozesses spielt. Sie verwendet zwei Arten von Elementen: Metaklassen und Knowledge Sources. Knowledge Sources sind Aktivitäten, die Datenelemente bearbeiten (Inputdaten) und neue Datenelemente produzieren (Outputdaten). Diese Datenelemente heißen Metaklassen und sind Platzhalter für Konzepte aus dem Gegenstandsbereich. Die gesamte Inferenzstruktur ist ein Netzwerk, das die Abhängigkeiten zwischen Metaklassen und Knowledge Sources beschreibt.

Die Aufgabenebene (task layer) stellt den Kontrollfluß einer Problemlösungsmethode dar, d.h. hier werden Aussagen getroffen, wann welche Inferenz gezogen wird.

Die Stategiebene (strategic layer) ist noch nicht klar definiert.

Punkt 4: Das Baukastenprinzip

Unter dem Baukastenprinzip versteht man die Unterstützung der Konzeptualisierung durch vorgefertigte Teile. Durch die Unabhängigkeit dieser vorgefertigten Teile vom Gegenstandsbereich ist ihre Wiederverwendbarkeit möglich. Die generischen Modelle sind in einer Modellbibliothek abgelegt, aus der sie vom Knowledge Engineer ausgewählt

(Modellauswahl) und entsprechend der Anwendung angepaßt werden (Modellmodifikation). So unterscheidet man zwei Phasen des Wissenserwerbs: In einer ersten Phase wird das sogenannte *process knowledge* (Musen 1989) erworben, das die Auswahl eines bzw. mehrerer generischer Modelle aus der Bibliothek ermöglicht. In einer zweiten Phase kann dann unter Verwendung dieser Modelle das sogenannte *content knowledge* erhoben werden.

Punkt 5: Der top-down Wissenserwerb

Wie bereits in Punkt vier beschrieben wurde, dienen die in der Bibliothek abgelegten Interpretationsmodelle zur Unterstützung der Wissenserhebung. Das gewählte Interpretationsmodell dient dem Knowledge Engineer als Muster für die folgenden Phasen des Wissenerwerbs und fungiert somit als Anhaltspunkt für die Expertenbefragung.

3 Verfeinerung der Analysephase: Einführung einer Zwischenrepräsentation

3.1 Einführung einer Zwischenrepräsentation

Um den Prozeß der Entwicklung einer Wissensbasis im einzelnen zu beschreiben, ist es nicht ausreichend, nur vier Phasen, d.h. vier Aufgaben für den Knowledge Engineer zu unterscheiden. Es ist notwendig, diese Phasen des Wissenserwerbs weiter zu verfeinern und in Teilaufgaben zu zerlegen. Im folgenden wird die Analysephase, die mit der Entwicklung des konzeptuellen Modells endet, in Teilaufgaben zerlegt, da gerade diese Phase der Wissensakquisition nach wie vor ein zentrales Problem bei der Entwicklung Wissensbasierter Systeme darstellt. Sieht man, wie in unserem Projekt MIKE (Modellbasiertes und Inkrementelles Knowledge Engineering), die Formalisierung des konzeptuellen Modells in einer Spezifikationssprache (wie z.B. KARL, siehe Angele et al. 1991) vor[1], ist es wichtig, die Wissensprotokolle zunächst informal und wenn möglich semiformal zu strukturieren. Die Entwicklung einer formalen Darstellung des Wissens kann damit schrittweise aus den Wissensprotokollen erfolgen. Idee ist es also, die Analysephase in zunächst zwei Teile zu zerlegen und in einer ersten Phase eine noch informale bzw. semiformale Strukturierung des Wissens vorzunehmen (siehe Abb. 2, Strukturierung der Wissensprotokolle).

Ausgehend von dieser Zwischenrepräsentation kann der Knowledge Engineer dann das formale konzeptuelle Modell entwickeln (Formalisierung des Wissens). Es ist möglich, mehrere Iterationen einzelner Aktivitäten zu durchlaufen. So kann z.B. mehrfach Wissen erhoben und strukturiert werden, bevor die Formalisierung des Wissens beginnt. Auch nach der Konzeptualisierung (Formalisierung) des Wissens kann erneut fehlendes Wissen

---

[1] Im Gegensatz zu anderen Ansätzen, die keine formale Beschreibung des konzeptuellen Modells entwickeln.

erhoben werden d.h. die Phase der Wissenserhebung wiederholt beginnen[2]. Wenn in einem solchen Fall eine "frühere" Aktivität noch einmal durchgeführt wird, dann orientiert man sich im Phasenablauf an den bereits gewonnenen Daten, z.B. an dem erhobenen, bzw. strukturierten oder formalisierten Wissen (siehe Steuerfluß in Abb. 2). Die Wiederholung mehrerer Zyklen der Phasen Wissenserhebung, Wissensstrukturierung und Wissensformalisierung beschreibt eine inkrementelle Vorgehensweise, die besonders sinnvoll ist, um so das Wissen Schritt für Schritt zu ordnen und formal darzustellen.

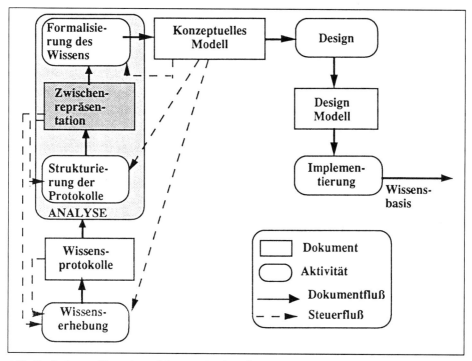

Abb. 2: *Lebenszyklus mit verfeinerter Analysephase*

Die Einführung einer informalen bzw. semiformalen Zwischenrepräsentation hätte folgende Vorteile (siehe auch Ford/Canas/Adams-Webber 1991):

- Der Experte kann den Wissenserwerb unterstützen und bei der Stukturierung der Wissensprotokolle mitwirken.

- Der Experte kann ein informales oder semiformales Modell der Expertise auswerten und auf seine Richtigkeit hin überprüfen.

- Die strukturierte informale Darstellung der Expertise, die mit Hilfe des Experten erstellt wurde, ermöglicht ein besseres Verständnis des Wissens für den Knowledge Engineer.

---

[2] Man beachte, daß die Reihenfolge der Aufgaben, also der Kontrollfluß, im Diagramm nicht dargestellt ist.

- Im Bereich der modellbasierten Wissensakquisition, bei der das Baukastenprinzip zum Einsatz kommt, ist es zentrale Aufgabe für den Knowledge Engineer, aus der gegebenen Modellbibliothek passende Modelle auszuwählen. Hierbei wird er durch eine gut strukturierte Zwischenrepräsentation unterstützt. Werden mehrere Interpretationsmodelle ausgewählt und wird damit eine Modellkombination erforderlich, gibt die Zwischenrepräsentation Anhaltspunkte, da sie das gesamte Wissen darstellt.

- Ebenso wie die Modellauswahl wird auch die Modellmodifikation, d.h. die Anpassung des generischen Modells auf das aktuelle Problem, durch eine gegebene Zwischenrepräsentation geleitet.

- Für Probleme, deren Problemlösungsmethode noch nicht durch ein generisches Modell der Bibliothek beschrieben ist, muß ein neues, problembereichsunabhängiges Modell entwickelt werden, das die Inferenz- und die Aufgabenebene beschreibt. Hierfür ist es möglich, die Problemlösungsstrukturen, die in einer Zwischenrepräsentation dargestellt sind, zu verallgemeinern und damit unter Umständen generisch und wiederverwendbar[3] zu machen.

- Ebenso wie für die Entwicklung und Anpassung der problembereichsunhabhängigen Teile des konzeptuellen Modells kann auch die Gegenstandsbereichsebene mit Hilfe der bereits in der Zwischenrepräsentation dargestellten Strukturen entwickelt werden.

- Durch die informalen Zwischenrepräsentation wird nicht nur die Wissensakquisition unterstützt. Die Zwischenrepräsentation dient außerdem als Basis für die Entwicklung einer Dokumentation. Verbindet man die informalen Dokumente mit den entsprechenden formalen des konzeptuellen Modells, existiert damit ein Verweis auf eine informale Beschreibung.

- Auf Basis einer informalen Zwischenrepräsentation mit flexiblen Strukturen kann eine anforderungsgerechte Erklärungskomponente entwickelt werden (Workshop 1991).

Im Vorgehensmodell, dem KEEP Modell (Neubert 1991, Neubert/Studer 1991), wurde die Analysephase wie sie in Abb. 2 vorgestellt wurde, in mehrere Teilaktivitäten zerlegt und auf verschiedenen Abstraktionsebenen dargestellt. Die einzelnen Teilaktivitäten sind im folgenden Abschnitt kurz beschrieben.

3.2 Verfeinerung der Analysephase im KEEP Modell

Im KEEP Modell wird nicht nur die Trennung zweier Teilaktivitäten innerhalb der Analysephase vorgesehen (siehe Abb. 2), die Aufgaben des Knowledge Engineers sind dort weiter verfeinert. Für nähere Informationen siehe (Neubert/Studer 1991).

Im KEEP Modell wird zwischen der Akquirierung des statischen Wissens (*content knowledge*) (*Knowledge Collection*), der Akquirierung des Wissensum die Problemlösungsmethode (*process knowledge*) (*Knowledge Elicitation*) und der Evaluierung des konzeptuellen Modells unterschieden.

---

[3] Falls ein neues Modell auch für andere Probleme einsetzbar ist.

Man kann diese beiden Phasen jeweils in drei Einzelschritte unterteilen:

Wissenserhebung,

Wissensinterpretation und

Wissensformalisierung.

Die *Wissenserhebung* hier entspricht dabei der ersten Phase aus dem Lebenszyklusmodell von KADS, der Wissenserhebung (siehe Abb. 1). Die *Wissensinterpretation* und *-formalisierung,* die Bestandteile der Analysephase von KADS (Abb. 1) sind, resultieren im formalen konzeptuellen Modell[4]. Im Rahmen des *Knowledge Elicitation* werden hierfür die anwendungsbereichsunabhängigen Teile des konzeptuellen Modells spezifiziert, *Knowledge Collection* beschäftigt sich hingegen mit der formalen Konstruktion der Gegenstandbereichsebene.

Betrachtet man die beiden Phasen der *Wissensinterpretation* im einzelnen, so kann man folgende Teilaktivitäten unterscheiden[5]:

Für den domainunabhängigen Fall (Knowledge Elicitation):

- *Strukturierung der Wissensprotokolle* (siehe Abb. 2): Die Strukturierung der Wissensprotokolle wird in Kapitel 4.3 im einzelnen beschrieben.
- *Modellauswahl*: Aus der Modellbibliothek werden in Abhäbgigkeit des strukturierten Wissens ein oder mehrere, die Problemlösungsmethode des aktuellen Problems beschreibende, Interpretationsmodelle ausgewählt, die dann als Hilfestellung für die weitere Wissenserhebung und als Grundgerüst für das konzeptuelle Modell dienen.
- *Modellmodifikation*: Wurden ein oder mehrere passende Interpretationsmodelle gefunden, werden diese an das Problem angepaßt, d.h. Teile werden ergänzt oder entfernt.
- *Modellkreation*: Fehlen Modelle für einzelne Teilprobleme oder für das ganze Problem, müssen neue Modelle entwickelt werden.
- *Modellkombination*: Wurden mehrere Modelle für verschiedene Teilprobleme ausgewählt, werden diese zusammengesetzt, um eine Gerüst für das gesamte Problem darzustellen.

---

[4] Die Trennung zwischen Erhebung und Analyse findet im KEEP Modell somit erst auf einer tieferen Ebene statt, d.h. nachdem zwischen Knowledge Elicitation und Knowledge Collection unterschieden wurde.

[5] Keine Angaben über die Reihenfolge.

Für den domainabhängigen Fall (Knowledge Collection):

- *Strukturierung der Wissensprotokolle*: Konzepte, Beziehungen und Strukturen der Gegenstandsbereichsebene werden zunächst informal bzw. semiformal beschrieben, bevor sie in der folgenden Phase, der Formalisierung des Wissens, formal dargestellt werden.

4 Das Hypermodell der Zwischenrepräsentation

In diesem Kapitel wird das Wissensmodell für die Zwischenrepräsentation - das sogenannte Hypermodell - vorgestellt. Die Grundideen von Hypermedia sollen deshalb im ersten Abschnitt dieses Kapitels kurz skizziert werden, bevor im zweiten Teil das Hypermodell behandelt wird. Der dritte Teil des Kapitels beschreibt natürlichsprachlich die Entwicklung des Hypermodells, bevor im letzten Abschnitt die Integration des Hypermodells in die späteren Teilaktivitäten der Analyse, d.h. der Entwicklung des konzeptuellen Modells, kurz dargestellt wird.

4.1 Grundprinzipien von Hypermedia

Als Hypermedia wird die nichtlineare Darstellung von Information, d.h. von Text, Graphik, Ton usw. bezeichnet (Shneiderman/Kearsley 1989). Informationen können in beliebiger Weise miteinander verbunden werden und damit in beliebiger Reihenfolge ausgewählt und betrachtet werden. Eine Informationseinheit wird als Knoten bezeichnet. Knoten sind über sogenannte Links miteinander verbunden.

Es ist offensichtlich, daß gerade Hypermedianetzwerke geeignet sind, um als Zwischenrepräsentation im Sinne von Kapitel 3 eingesetzt zu werden. So können die natürlichsprachlichen Wissensprotokolle, die auch Bilder oder Tonbandaufnahmen usw. beinhalten, auf informale Weise strukturiert werden, ohne daß Informationen verloren gehen.

4.2 Das Hypermodell

Als Hypermodell wird das anwendungsbereichabhängige Wissensmodell für informale bzw. semiformale Hypermedia-Daten bezeichnet.

4.2.1 Modellierungsprimitive

Das Hypermodell besteht aus

a) Knoten:

Ein Knoten besteht aus einem Knotentyp, einem Knotennamen und einem beliebig langen Informationsfeld[6]. Es gibt Knoten dreierlei Typs: vom Typ A: die Aktivitäten-Hyperdokumente (A-Doks), vom Typ B: die Begriffs-Hyperdokumente (B-Doks) und vom Typ P: die Protokoll-Hyperdokumente (P-Doks).

b) Links:

Es existieren folgende Linktypen: der Reihenfolgelink zwischen zwei A-Doks, der Inferenzlink zwischen einem A-Dok und einem B-Dok, der Verfeinerungslink zwischen einem A-Dok und einem Aktivitäten-Hypermodell (s.u.), der Beschreibungslink zwischen Teilen aus einem A-Dok und einem B-Dok, der Protokollink zwischen einem gesamten Struktur-Hypermodell (s.u.) und einem P-Dok, und der is_a-Link, der besteht_aus-Link, der verursacht-Link, der abhängig_von-Link und beliebige selbstdefinierbare Links, die alle zwischen zwei B-Doks bestehen.

4.2.2 Unterstrukturen des Hypermodells

a) Das Protokoll-Hypermodell (PHM)

Das Protokoll-Hypermodell besteht aus Protokoll-Hyperdokumenten (P-Doks).

b) Das Begriffs-und Beziehungs-Hypermodell (BHM)

Das Begriffs-und Beziehungs-Hypermodell enthält Begriffs-Hyperdokumente (B-Doks), desweiteren is_a-Links, besteht_aus-Links, abhängig_von-Links und verursacht-Links. Außerdem können vom Ersteller des BHMs beliebige Linktypen eingeführt werden.

c) Aktivitäten-Hypermodelle (AHMs)

Ein Aktivitäten-Hypermodell besteht aus A-Doks und aus Reihenfolgelinks zwischen zwei A-Doks. Es können mehrere AHMs innerhalb des Hypermodells existieren.

---

[6] - belegbar mit Hypermedia -

d) Struktur-Hypermodelle (SHMs)

Ein Struktur-Hypermodell besteht aus einem oder mehreren AHMs und dem BHM und verfügt damit über A-Doks und B-Doks. Folgende Linktypen existieren in einem SHM:

- Zwischen einem verwendeten Begriff innerhalb eines A-Doks eines AHMs und einem B-Dok eines BHMs kann ein Beschreibungslink bestehen.
- Zwischen einem A-Dok eines AHMs und einem B-Dok eines BHMs existieren Inferenzlinks.
- Ein einzelnes A-Dok eines AHMs kann über einen Verfeinerungslink mit einem detailierteren AHM verbunden sein.
- Innerhalb eines AHMs existieren Reihenfolgelinks.

Ebenso wie mehrere AHMs innerhalb des Hypermodells möglich sind, können auch mehrere SHMs existieren. Ein ausgezeichnetes SHM besteht aus dem groben AHM, das den gesamten Problemlösungsprozeß beschreibt, und dem BHM. Alle übrigen AHMs, die eine Verfeinerung eines A-Doks darstellen, bildet wiederum zusammen mit dem BHM ein SHM.

e) Das Hypermodell (HM)

Das gesamte Hypermodell besteht aus mehreren Struktur-Hypermodellen (SHMs) und aus einem Protokoll-Hypermodell (PHM). Ein P-Dok innerhalb des PHMs ist mit allen SHMs über Protokolllinks verbunden, die den Inhalt des P-Doks darstellen.

4.2.3 Semantik der Hypermodell-Unterstrukturen

a) Protokoll-Hypermodell

Das PHM ist dafür vorgesehen, das erhobene Wissen, die Wissensprotokolle, darin abzulegen. Für jede Wissenserhebung wird ein P-Dok angelegt und das in dieser Phase akquirierte Wissen in seinem Informationsfeld eingetragen.

b) Begriffs- und Beziehungs-Hypermodell

Begriffe des Anwendungsbereichs werden innerhalb des BHMs durch B-Doks beschrieben. Um Beziehungen zwischen Begriffen darzustellen, können frei wählbare Linktypen zwischen zwei B-Doks definiert werden. Desweiteren werden vordefinierte Linktypen zur Verfügung gestellt[7] (siehe 4.2.2 b). Beziehungen zu anderen Teilstrukturen des Hypermodells werden in d) beschrieben.

---

[7] Deren Semantik wird als bekannt vorausgesetzt.

c) Die Aktivitäten-Hypermodelle

Im Aktivitäten-Hypermodell (AHM) werden die Aufgaben des Experten zur Durchführung der Problemlösung beschrieben. Die einzelnen Aktivitäten werden in A-Doks dargestellt. A-Doks werden durch Reihenfolgelinks miteinander verbunden, um die zeitliche Abfolge der einzelnen Aufgaben des Experten darzustellen.

d) Die Struktur-Hypermodelle

Ein oder mehrere AHMs und das BHM werden zu einem Stuktur-Hypermodell zusammengefaßt. Mit einem Stuktur-Hypermodell wird die gesamte Problemlösungsmethode oder ein Ausschnitt daraus beschrieben, wie sie in einem P-Dok abgelegt ist.

Dazu gehört zum einen die Reihenfolge der einzelnen Teilaktivitäten des Experten. Sie ist bereits innerhalb des(r) AHMs beschrieben.

Zwischen AHMs und dem BHM bestehen verschiedene Arten von Verbindungen:

Um einzelne Begriffe, die innerhalb eines A-Doks verwendet werden, näher zu beschreiben, existieren entsprechende B-Doks innerhalb des BHMs, die über Beschreibungslinks von einem A-Dok aus erreichbar sind.

Zur Darstellung des Input/Outputverhaltens zwischen einer Aktivität und Begriffen existieren die Inferenzlinks. Ein A-Dok wird mit den B-Doks verbunden, die Eingabedaten für ihre Ausführung beschreiben, ebenso mit B-Doks, die die sich durch die Ausführung ergebenden Daten erläutern.

Desweiteren ist es möglich, verschiedene Abstraktionsstufen der Beschreibung von Aktivitäten zu unterscheiden. Es ist sinnvoll, die einzelnen Aufgaben des Experten zunächst sehr grob darzustellen und diese Schritt für Schritt weiter zu verfeinern. Eine abstrakte Aktivität wird mit dem sie verfeinernden AHM durch einen Verfeinerungslink verbunden.

Durch verschiedene Gruppierungen von AHMs und des BHMs (das Begriffe aller Abstraktionsebenen beschreibt) entstehen verschiedene SHMs. So sind zum einen verschiedene Abstraktionsebenen der Problemlösung darstellbar, zum anderen können Ausschnitte aus dem gesamten Problemlösungsprozeß zu einem SHM zusammengefaßt werden. Wofür dies notwendig ist, wird später beschrieben.

e) Das Hypermodell

Jedes SHM wird mittels eines Protokolllinks mit dem Protokoll-Hyperdokument verbunden, aus dem es entstanden ist. Hierdurch besteht ein Verweis auf die ursprünglichen Protokolle, die aus der Phase der Wissenserhebung hervorgegangen sind, so daß diese nicht verloren gehen. Das gesamte Modell aus allen SHMs und dem PHM wird als Hypermodell bezeichnet.

Die Zusammenhänge innerhalb des Hypermodells sind in Abb. 3 graphisch dargestellt.

4.3 Entwicklung des Hypermodells

Die Entwicklung des Hypermodells wird in zwei verschiedenen Phasen innerhalb des Vorgehensmodells durchgeführt: Zum einen sieht die Strukturierung der Wissensprotokolle (siehe Kapitel 3.2) innerhalb des *Knowledge Elicitation* die Entwicklung von Teilen des Protokoll-, des Aktivitäten- und des Begriffs-Hypermodells vor. Zum anderen werden innerhalb des *Knowledge Collection* bei der Strukturierung der Wissensprotokolle ebenso sowohl Teile des Protokoll-, des Aktivitäten- als auch des Begriffshypermodells entwickelt.

Bei beiden Phasen der Strukturierung der Wissensprotokolle, die im folgenden im einzelnen betrachtet werden sollen, wird dabei jeweils analog verfahren.

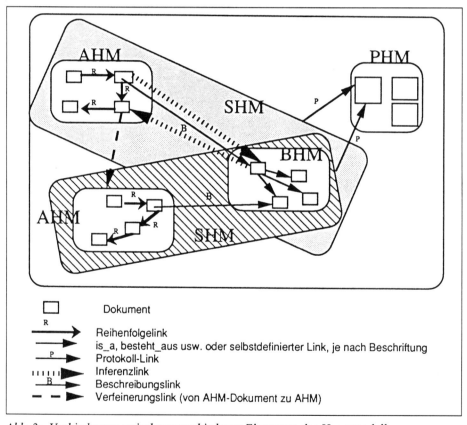

Abb. 3: *Verbindungen zwischen verschiedenen Elementen des Hypermodells*

Strukturierung der Wissensprotokolle[8]:

- Erstellung oder Erweiterung (falls schon vorhanden) eines Protokoll-Hypermodells. Anlegen eines P-Doks, in das die gesammelten Wissensprotokolle der vorangehenden Erhebungsphase eingetragen werden.
- Markierung von Aktivitäten und relevanten Begriffen innerhalb des Protokoll-Hypermodells.
- Erstellung und Benennung von A-Doks und B-Doks. Die entsprechende beschreibende Information aus dem P-Dok wird eingetragen.

Die Dokumente werden miteinander verbunden:

- Ordnen aller A-Doks. A-Doks gleicher Abstraktionsebene werden durch Reihenfolgelinks verbunden, wodurch ein AHM entsteht.
- Einführen von Verfeinerungslinks: AHMs unterschiedlicher Abstraktionsebene (falls vorhanden) werden verbunden.
- Einführung von Inferenzlinks und Beschreibungslinks zwischen A-Doks und B-Doks.
- Verbinden von B-Doks untereinander, wahlweise durch vordefinierte und selbstdefinierte Links. Das BHM umfaßt alle B-Doks und Links zwischen solchen.
- Entwicklung von SHMs: Das AHM, das den gesamten Problemlösungsprozeß beschreibt, wird ausgewählt und die Phase "Definition eines SHMs" begonnen.
- Definition eines SHMs: Das ausgewählte AHM und das BHM ergeben ein SHM. Es werden alle von A-Doks des aktuellen AHM über Verfeinerungslinks erreichbaren AHMs bestimmt (falls vorhanden). Für jedes dieser AHMs (falls vorhanden) wird die Phase "Definition eines SHMs" wiederholt.
- Jedes SHM wird mit dem PHM verbunden.

Durch die inkrementelle Vorgehensweise (siehe Abb. 2) können mehrere Protokoll-Dokumente entstehen (siehe Abb. 3). Das entstehende Hypermodell, das über domainabhängige und domainunabhängige Ebenen der Beschreibung verfügen kann, unterstützt die Formalisierung des konzeptuellen Modells. Wie und warum dies möglich ist, wird im nächsten Abschnitt dargestellt.

4.4 Das Hypermodell bei der modellbasierten Wissensakquisition

Um die Wissensakquisition zu unterstützen, ist die Entwicklung eines Hypermodells besonders sinnvoll, da es als Basis für die Formalisierung des Wissens dient. Betrachtet man den Bereich des modellbasierten Knowledge Engineering unter Verwendung von KADS im Sinne von MIKE[9], so unterstützt das Hypermodell den Prozeß der Formalisierung des konzeptuellen Modells, wobei wesentlicher Bestandteil dabei die Aufgaben Modellauswahl, Modellmodifikation, Modellkombination, Modellkreation und die Forma-

---

[8] Wichtig ist, daß die Ordnung der beschriebenen Aktivitäten nicht (notwendigerweise) mit der Reihenfolge der Aktivitäten übereinstimmt. Der Kontrollfluß ist hier nicht dargestellt.

lisierung des Gegenstandsbereichs sind. Wie die Unterstützung des Hypermodells bei der jeweiligen Aufgabe des Knowledge Engineers im einzelnen aussieht, wird im folgenden beschrieben:

Modellauswahl

Die AHMs wurden so angelegt, daß sie Ähnlichkeiten in der Struktur mit den generischen Interpretationsmodellen aufweisen. So lassen sich Parallelen zwischen der Aufgabenebene und einem AHM erkennen, die beide die Reihenfolge der Aktivitäten beschreiben. Desweiteren beschreibt das SHM Inferenzen (Inferenzlinks), wie es auch die Inferenzebene der Interpretationsmodelle tut. Hierbei kann jedoch ein rein syntaktisches Matching nicht genügen, ein Interpretationsmodell auszuwählen. Wichtige Kriterien für die Modellauswahl sind hier nicht beschrieben.

Modellmodifikation:

Zur Anpassung des(r) ausgewählten generischen Modells(e) auf das Problem, ist ein SHM als Vorlage sinnvoll und gibt Aufschluß über Teile des Interpretationsmodells, die zu entfernen sind bzw. welche Abschnitte erweitert werden müssen.

Modellkreation:

Besonders geeignet ist die Entwicklung des Hypermodells für den Fall, daß kein geeignetes Interpretationsmodell gefunden werden konnte. Dann ist es notwendig, ein neues Modell zu entwickeln. Dies ist möglich, indem der Knowledge Engineer das entsprechende SHM verallgemeinert und möglicherweise auch generisch d.h. wiederverwendbar macht.

Modellkombination

Bei der Modellkombination ist es Aufgabe des Knowledge Engineers, die verschiedenen, ausgewählten Interpretationsmodelle, die jeweils einen Teil des gesamten Problemlösungsprozesses beschreiben, miteinander zu verbinden, um so die gesamte, komplexe Problemlösungsmethode zu modellieren. Schnittstellen zwischen Modellen müssen definiert werden. Hierfür kann der Knowledge Engineer das gesamte Hypermodell zu Hilfe nehmen, indem er die Schnittstellen zwischen Teilproblemen innerhalb des den gesamten Problemlösungsprozeß beschreibenden SHMs betrachtet.

Entwicklung der Gegenstandbereichsebene

Die Gegenstandsbereichsebene, die Konzepte, Relationen und Strukturen der Expertise beschreibt, wird mit Hilfe des BHMs entwickelt. Das BHM ist ebenso wie die Gegen-

---

9   d.h. Ausführbarkeit des formalen konzeptuellen Modells

standbereichsebene problembereichsabhängig und beschreibt Begriffe, d.h. Konzepte, ebenso wie Relationen zwischen diesen Konzepten. Somit besteht Hilfestellung für die Definition der Konzepte und Relationen des Gegenstandsbereichs.

5 Entwicklung eines Hypermodells - Ausschnitte aus einem Beispiel

5.1 Vorgehensweise und Ausschnitte aus dem Hypermodell

Im folgenden soll anhand eines konkreten Beispiels die Entwicklung eines Hypermodells beschrieben werden. In Zusammenarbeit mit einer Diätassistentin wurde zu dem Anwendungsbereich "Erstellung eines Diätplanes für einen Übergewichtigen" ein Hypermodell entwickelt. Ausschnitte daraus werden in diesem Kapitel vorgestellt.

In einer ersten Phase wird versucht, Wissen über die Problemlösungsmethode zu sammeln (Wissenserhebung innerhalb der *Knowledge Elicitation*), um Hinweise auf geeignete generische Modelle aus der Modellbibliothek zu erhalten. So wird die Expertin zunächst angehalten, grob ihre Aufgaben zu beschreiben. Für die gesamten Ergebnisse dieser Expertinnenbefragung wird zunächst ein Protokoll-Hypermodell und ein P-Dok erstellt (siehe 1. Kapitel 4.3, keine Abbildung). In diesem P-Dok werden Aktivitäten der Expertin markiert und für jede Aktivität wird ein A-Dok erstellt. Parallel hierzu werden wichtige Begriffe markiert und in B-Doks eingetragen. Es entsteht eine Sammlung von nicht zusammenhängenden Dokumenten.

Anschließend werden Verbindung zwischen diesen erstellten Dokumenten eingeführt. Zum einen werden die Aktivitäten der Expertin in eine Reihenfolge gebracht. Durch Ergänzung von Reihenfolgelinks werden A-Doks gleicher Abstraktionsebene miteinander verbunden. Zu einer groben Beschreibung über wichtige Schritte der Diätplanerstellung entsteht so zunächst ein AHM. Begriffe innerhalb der A-Doks werden mit beschreibenden B-Doks verbunden, wodurch das erste SHM entsteht. Ein Ausschnitt aus dem hier beschriebenen Teil des SHMs ist in Abb. 4 dargestellt.

In einer zweiten Phase der Expertinnenbefragung werden einige Begriffe näher erläutert und die einzelnen Aktivitäten der Problemlösung weiter verfeinert. Die Verfeinerung der Aktivität "Diätplan erstellen" ist in Abblildung 5 skizziert.

Desweiteren wird das Input/Output-Verhalten von Aktivitäten beschrieben. Die benötigten Inputdaten ebenso wie die sich ergebenden Outputdaten zu einer Aktivität werden angegeben, die in Form eines B-Doks im BHM repräsentiert sind und über Inferenzlinks mit der Aktivität verbunden werden. Begriffsdokumente werden untereinander über vordefinierte oder selbstdefinierte Links verbunden.

Abb. 6 zeigt die Inferenzlinks des SHMs unseres Beispiels, außerdem einzelne Links zwischen B-Doks (es wurden vordefinierte Links verwendet).

Die AHMs der verschiedenen Abstraktionsebenen werden durch Verfeinerungslinks miteinander verbunden. AHMs verschiedener Abstraktionsebenen wurden in Abb. 4 und 5 dargestellt. Diese werden miteinander verbunden, wie Abb. 7 zeigt.

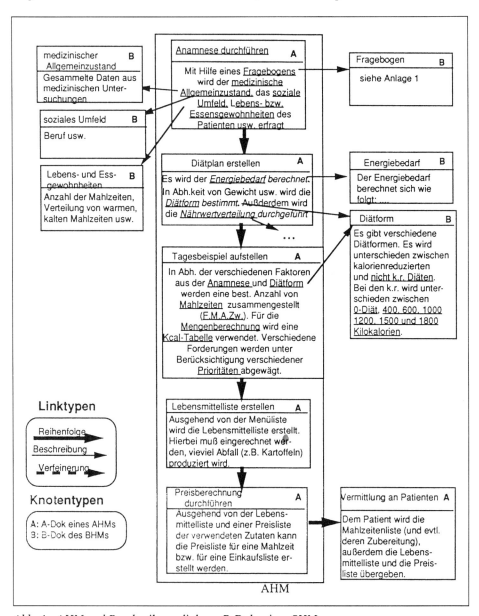

Abb. 4: *AHM und Beschreibungslinks zu B-Doks eines SHMs*

Einsatz von Hypermedia im Bereich der modellbasierten Wissensakquisition

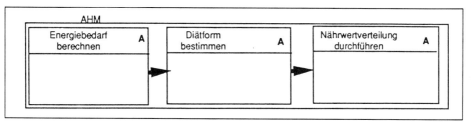

Abb. 5: AHM: Verfeinerung der Aktivität "Diätplan erstellen"

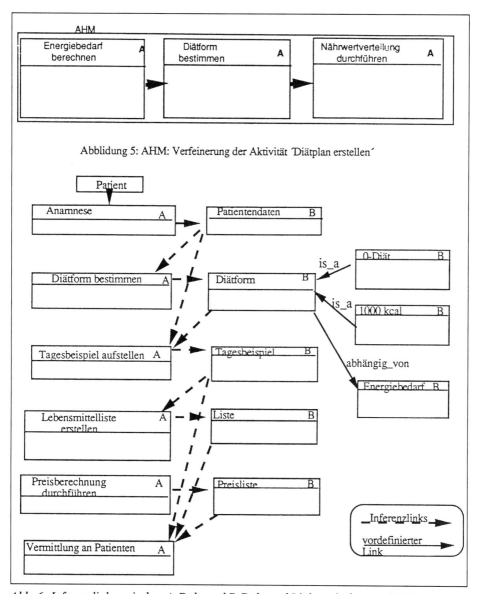

Abb. 6: Inferenzlinks zwischen A-Doks und B-Doks und Links zwischen zwei B-Doks

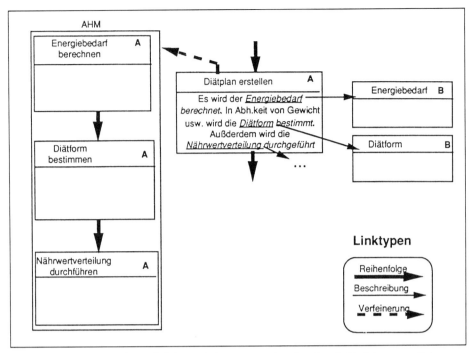

Abb. 7: Verfeinerung eines Aktivitätendokuments verbunden durch Verfeinerungslink

5.2 Die Zusammenarbeit mit der Expertin

Die Strukturierung der Wissensprotokolle erfolgte maßgeblich durch die Expertin. Sowohl die Markierung von Aktivitäten und wichtigen Begriffen als auch das Einfügen von Links wurde weitgehend selbständig von der Expertin durchgeführt.

Die Abstraktionsebene des Aktivitäten-Hypermodells wurde bei der Expertinnenbefragung vorgegeben und damit vom Knowledge Engineer festgelegt. Details wurden so erst in einer späteren Phase erfragt und damit auch strukturiert. Die Verfeinerungslinks wurden ohne Schwierigkeiten vom Knowledge Engineer angelegt.

6 Vergleich mit ähnlichen Ansätzen

Es existieren verschiedene Ansätze zur Einbindung von Hypermedia in die Wissensakquisition (Workshop 1991, Maurer 1991, Hofmann/Schreiweis/Langendörfer 1990). Dabei dient die hier als Zwischenrepräsentation bezeichnete Ebene jeweils als Zwischenstufe auf dem Weg hin zu einer endgültigen Wissensbasis. Die Idee, die Hypermediakonzepte in die modellbasierte Wissensakquisition zu integrieren, wie es in dem hier vorgestellten Ansatz der Fall ist, ist auch von CAKE (Maurer 1991) bekannt. Dort wird zunächst ein informales Modell erstellt, bevor in einem nächsten Schritt ein semiformales konzeptuelles Modell entsteht. In MIKE resultiert aus der frühen Wissensstrukturierung ein semiformales

Modell, bevor ein vollständiges, formales und ausführbares konzeptuelles Modell entwickelt wird. Das Wissensmodell in MIKE, das Hypermodell, wurde speziell auf die benötigten Anforderungen bei der Entwicklung eines formalen konzeptuellen Modell mit Hilfe gegebener Interpretationsmodelle zugeschnitten und unterscheidet sich somit von Modellen anderer Ansätze (siehe Schütt/Streitz 1990, Workshop 1991, Hofmann/ Schreiweis/Langendörfer 1990). Z.B. die Einführung des Inferenzlinks ist speziell für den Vergleich mit der Inferenzebene der Interpretationsmodelle vorgesehen. Der Reihenfolgelink wird eingeführt, um Ähnlichkeiten mit dem Interpretationsmodell, beschrieben auf der Aufgabenebene, zu erkennen. Ebenso ist die Unterscheidung der beiden Dokumenttypen Aktivität und Begriff basierend auf den Elementen Knowledge Source und Metaklasse aus den Interpretationsmodellen eingeführt worden.

Existierende Ansätze, wie z.B. das System CONCORDE (Hofmann/Schreiweis/ Langendörfer 1990) oder HyperBase (Schütt/Streitz 1990) sehen eher allgemeingültige und somit breit einsetzbare Modelle vor. Der Einsatz eines dieser Systeme für die Entwicklung des Hypermodells ist deshalb sicherlich möglich.

7 Zusammenfassung und Ausblick

Mit dem Lebenszyklusmodell von KADS wurde eine Zerlegung des Prozesses des modellbasierten Knowledge Engineering in vier Phasen eingeführt. Diese Einteilung wurde im KEEP Modell noch weiter verfeinert, um dem Knowledge Engineer tatsächlich eine Hilfestellung bei seinen Aufgaben anzubieten. Dabei kann man grob zwei Phasen innerhalb der Analysephase unterscheiden: In einem ersten Schritt wird eine Zwischenrepräsentation entwickelt, die mit Hilfe des Experten erstellt werden kann, da sie informal bzw. semiformal ist. In einem zweiten Schritt wird dann ausgehend von dieser strukturierten Darstellung der Expertise das Wissen im konzeptuellen Modell formalisiert. In diesem Beitrag wurde die erste Phase - die Strukturierung der Wissensprotokolle - herausgegriffen und im einzelnen beschrieben. Hierfür war es zunächst notwendig, ein Wissensmodell für die Zwischenrepräsentation zu entwickeln. Dieses beruht auf Hypermedia und unterscheidet verschiedene Typen von Dokumenten und von Links zwischen diesen Dokumenten. Wie diese einzelnen Teile des Hypermodells im Rahmen des Gesamtprozesses entwickelt werden, wurde hier kurz informal beschrieben.

Augenblicklich wird die Strukturierung der Wissensprotokolle und damit die Entwicklung des Hypermodells in das formale KEEP Modell integriert, d.h. das Datenflußdiagramm ebenso wie das Kontrollflußdiagramm zur Darstellung der Reihenfolge der Aktivitäten wird weiter verfeinert. Das gleiche gilt für die Phasen Modellauswahl, Modellmodifikation, Modellkreation und für die Entwicklung der Gegenstandsbereichsebene.

Literaturverzeichnis

Angele, J. et al. (1991), KARL: An Executable Language for the Conceptual Model, in: Proceedings of the 6th Knowledge Acquisition for Knowledge-Based Sytems Workshop, 6.-11. Oktober, Banff, Canada, S. 1.1-1.20.

Breuker, J. und Wielinga, B. (1989), Models of expertise in knowledge acquisition, in: Guida, G. and Tasso, C. (eds.), Topics in Expert Systems Design, Amsterdam, S. 265-295.

Breuker, J. et al. (1987), Model-driven Knowledge Acquisition: Interpretation Models. Esprit Project P1098, University of Amsterdam (The Netherlands).

Clancey, W. J. (1985): Heuristic classification, in: Artificial Intelligence 27, S. 289-350.

Ford, K., Canas, A. und Adams-Webber, J. (1991), Explanation as a Knowledge Acquisition Issue, in: Workshop Notes from the Ninth National Conference on Artificial Intelligence (AAAI-91). Knowledge Akquisition: From Science to Technology to Tools. July, 15, 1991, Anaheim (California).

Hickman, F. R. et al. (1989), Analysis for Knowledge-Based Systems: a practical guide to the KADS methodology, Chichester, GB.

Hofmann, M., Schreiweis, U. und Langendörfer, H. (1990), An Integrated Approach of Knowledge Acquisition by the Hypertext System CONCORDE, in: Rizk, A., Streitz, N., André, J. (eds.), Hypertext: Concepts, Systems and Applications, Proc. of the First European Conference on Hypertext, INRIA, France, November 1990, S. 166-179.

Maurer, F. (1991), CAKE: Computer-aided Knowledge Engineering, in: Workshop "Software Engineering for KBS", IJCAI 1991, Sydney, S. 127-137.

Musen, M. (1989), Automated Generation of Model-Based Knowledge-Acquisition Tools, London.

Neubert, S. (1991), A Knowledge Engineering Process (KEEP) Model for Constructing the Conceptual Model, in: Forschungsberichte des Instituts für Angewandte Informatik und Formale Beschreibungsverfahren, Universität Karlsruhe, Nummer 229, August 1991, S. 1-36.

Neubert, S. und Studer, R. (1991), The KEEP Model, a Knowledge Engineering Process Model, in: Wetter, Th. et al. (eds.), Current Developments in Knowledge Acquisition - EKAW '92. 6th European Knowledge Acquisition Workshop Heidelberg and Kaiserslautern, May 1992, Procceedings, Berlin u.a., S. 230-249.

Newell, A. (1982), The knowledge level, in: Artificial Intelligence 18, S. 87-127.

Schütt, H. und Streitz, N. (1990), HyperBase: A Hypermedia Engine based on a Relational Database Management System. Arbeitspapiere der GMD Nr. 469, St. Augustin.

Shneiderman, B. und Kearsley, G. (1989), Hypertext Hands-on! An Introduction to a New Way of Organizing and Accessing Information, Reading (Massachusetts).

Wielinga, B. und Schreiber, G. (1990), KADS: model based KBS development, in: Marburger, H. (ed.), Proceedings of the 14th German Workshop on Artificial Intelligence GWAI-90, Eringerfeld, September 10-14, S. 322-333.

Workshop Expertensysteme und Hypermedia, Kaiserslautern, 7.11.91.

Wielinga, B., Schreiber, A. und Breuker, J. (1991), KADS: A modelling approach to knowledge engineering. ESPRIT Project P5248, Technical report KADS-II/T1.1/PP/UvA/008/1.0, University of Amsterdam.

Wielinga, B., Schreiber, G. und de Greef, P. (1989), Synthesis Report. Esprit Project P1098, UvA-Y3-PR-001, University of Amsterdam.

What Local Contexts Can Do for Open Hypermedia Systems

Dr. Martin Hofmann, Dipl.-Inf. Hauke Peyn

Content

1 Motivation 133

2 Structures, Objects, and Tools for Dedicated User Support 134

3 A Hypertext System with Local Contexts 137

4 Access and Manipulation of Objects in a System Implementing Local Contexts . . 140

5 Related Work 145

6 Concluding Remarks 146

References 148

1 Motivation

"Karen Smith, the manager-in-charge of the travel agency "TravelAround" is sitting in her office. In front of her a multimedia terminal is located with a screen as large as an old-fashioned desk. A customer enters the shop and wants to make a reservation. He still does not know where to go; he has in mind a coastal region with beaches but with a moderate climate; as he wants to travel by plane, an airport should be nearby. Karen utters a brief request to her terminal for a query window and creates a query. The query module enables her not only to search for keywords, strings, or attributes but also to make use of the structural organization of the contents of the world-wide hypermedia database her agency is based on.

As a result of the query, a big map of the Americas is shown in a separate window with certain regions highlighted. The customer selects regions either by calling their names or by pointing to them by a special device. For each region information is presented which on request expands to more details. For instance a price list is presented; each entry of the list is linked to hotels on a particular map of the region in concern. By traversing a link a video clip of the selected hotel is offered. Furthermore a link exists to get a direct line to the local weather station to receive relevant temperature and humidity information. The moment the customer chooses a hotel, a room is booked for him and a voucher is handed to him by Karen.

Briefly after the customer has left the agency, a bell rings and a window of a video communication line pops up on the screen. It is Walter Smith, Karen's husband. This morning, he was with their 8-year old daughter to the paediatrician's since she had had a cold throughout the winter and has not gained the weight average for children of her age. Walter tells Karen that the doctor has proposed a journey to the mountains because the child needs just a bit of sunny and dry weather and clean air. Karen immediately selects a collection of guest houses and browses through her private notes on these houses. She looks for a place suitable for the family. She is able to use the information in the database she regularly uses for her business as well as private additional information invisible to her colleagues. Before their 3-year old son was born, they had already been to the mountains several times, and she has stored some individual data about hotels, places, and service. Again the information is displayed on the screen. Karen shows this via video communication to her husband. After a short discussion, they select a place and a fax is sent for reservation."

This could be a scene of our world in the next future. Even today, the facility of enforced communication between partners located at arbitrary places is one main reason for the ongoing access of computer-based technology. Besides communication, hypertext systems have gained attention of users of information systems for their interactive style of accessing information. In this paper, we will look at the problems which have to be solved to make hypertext systems useful tools in a society communicating over networks and accessing information not locally available.

When we compare the scenario with current hypertext systems, the following differences are remarkable:

1. The users in our scenario work in an *open environment*. It is possible for them not only to access data stored on other systems but also to place links to objects of these systems. Today wide-spread hypertext systems usually are single-user environments since most of the systems have been developed for isolated PC-applications (e.g. HyperCard). That means that an interchange of information items is only made possible between systems of the same kind. Approaches to overcome this limitation by defining standards for hypertext interchange have been discussed in (NIST 1990). Pearl describes an open hypertext system that makes linking between objects of various applications possible, among them non-hypertext applications (Pearl 1989).

2. The variety of media has grown. While average hypertext systems of today supply text, graphics, and raster image, future *multimedia environments* have additionally to support animation, video data as well as audio cues (Hara/Kaneko 1988; Cordes et al. 1989; Fox 1989; Gaver/Smith/O'Shea 1991).

3. The *interaction modi* have become more varied according to the existing data types but are also better integrated (i.e. more natural) than today. Voice input has become positively common in application-specific areas and for functions concerning the operating system. Searching, navigating, and selecting sets of objects can be easily managed by voice or a pointing device. Using information settled by the user the system itself inferences, and so enables the user to gain a more flexible communication and a more rapid access to information items (Brand 1987).

4. Though in no case isolated, the user can hide personal data, store additional information, and create private views. We call this the creation of a local context (Hofmann/Langendörfer 1990).

For the rest of this paper we focus on the last issue. We look on local contexts in detail and discuss what objects, tools, and structures will be existent in systems having local contexts (section 2). We describe a prototypical hypertext system called CONCORDE which implements such local contexts (section 3). We use this system as a basis for a detailed discussion of three critical operations in open hypermedia systems: navigation, associative access, and manipulation of data (section 4). We close the paper by a review of related approaches (section 5) and an outlook for the work that has to be done to make situations and actions possible as described in the scenario (section 6).

2 Structures, Objects, and Tools for Dedicated User Support

In this section, we are going to analyze the structures, tools, and objects that open hypermedia systems of the future will have to offer. In hypertext systems of the current generation, usually no difference is made between access to common accessible data and access to private data. Most oftenly, such a differentiation is not necessary since the underlying systems themselves are isolated. In existing multi-user systems as e.g. KMS (Akscyn/Yoder/McCracken 1988), only common accessible hypertext exists, which is a situation similar to databases. It is the aim of this paper to discuss structures that support the *individual work* of a user in a *mainly common accessible hypertext*.

The need for such structures will become evident when *open hypermedia systems* become the regular basis of work in various fields of application. The ability to manage large sets of information and to link various items of these sets has to be combined with a flexibility to express individual relationships. Otherwise the advantages of the navigational and incremental access of information in hypertext systems would diminish and applications similar to today's database applications would only be incremented by a hypertext-like user interface which not necessarily adds to the usability of these systems.

In section 1, we have already identified important issues for future hypermedia systems: They will be open, support multimedia data types, and their highly interactive user interface will hopefully be tailored to the user's cognitive needs. The user is enabled to work in an individual environment. The technical surrounding such systems will be based on are: typed nodes and links, aggregates, individual nodes and links, tailored access rights, the ability to define working sets, inferencing tools, browser tools for navigation, and tools for associative access (i.e. powerful query modules). While some of these issues are already part of currently developed hypertext systems (e.g. typed nodes and links as well as aggregates (Halasz 1988, Conklin/Begeman 1988)), others have to be improved or introduced, especially individual nodes and links.

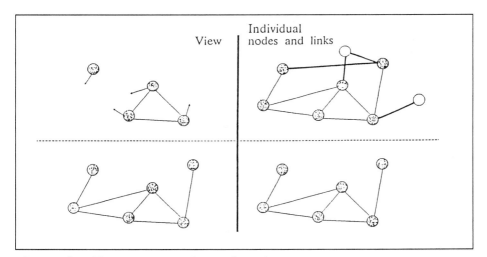

Fig.1:   The Difference Between Views and Local Contexts

Individual nodes and links are objects that belong to a user and are only visible to him or her. Individual nodes contain private information. Individual links add private structures to a hypertext. Such objects enrich existing hypertext structures, which differentiates them from database views which always are kind of filters (see fig.1). Individual objects allow the definition of private information to the hypertext. In open hypermedia systems, especially this issue is of great importance because otherwise any user of the system could approach each object added to the hypertext; privacy would become impossible, as it is in database systems today. This would exclude brief and unformal annotations from being added to the system without causing severe problems to other users. We see the following advantages in the approach of adding individual objects:

1. The storage of information unknown to users of the overall hypertext system becomes possible by individual nodes. Privacy of information is guaranteed.
2. Individual link structures are created besides the "official" structures in the common accessible hypertext.
3. Disorientation effects in the common accessible hypertext caused by unimportant nodes and links decrease. Information not relevant to other users can be expressed using individual nodes and links. In current hypertext systems, the user has to express any relation by an explicit link visible to all other users of the system and has to store any information in common accessible chunks, even when he or she knows that the information will not be relevant to others.
4. More information than in current systems can be stored by the combination of individual and common accessible objects.
5. If types and constraints define specific syntactical restrictions of the common accessible hypertext, individual objects loosen these restrictions. For instance, if the system forbids the placing of a link between nodes of the types A and B, the user can be allowed to place an individual link between these objects.

Individual objects have carefully to be implemented to prevent dangling links. Following restrictions have to be noticed:

a) Between individual nodes only individual links may be placed. Otherwise a query of other users could match the link whose source and destination nodes are not visible to these users.
b) An individual node and a common accessible node must be related by an individual link or may not be related at all. Otherwise links related to individual objects would point to "nowhere" when they are used for navigation by other users.
c) Individual objects may be parts of aggregates only if the structure of the aggregate is managed individually. This means that the structure of the aggregate exists just for the user who has created this composite but for no one else.

Operations in hypermedia systems with local contexts will become more complex than for today's hypertext systems. In an isolated current system the deletion of a node just means that all links pointing to this node should either be marked as dangling or should automatically be deleted. In systems with local contexts a deletion of a node may have consequences on individual objects not visible to the user who triggered the deletion. In this case, an *advanced object and transaction management* becomes necessary. Related issues have to be considered for search processes. Also, open hypermedia systems with their large amount of data and their local contexts need special browsers for navigation. Browsers implementing a spatial metaphor (Walker 1990) by offering global maps will fail to give the user enough orientation. In section 4, we will discuss the matters concerning these operations based on the example of the hypertext system CONCORDE which we introduce in the next section.

3 A Hypertext System with Local Contexts

This section describes software-architecture and data model of the hypertext system CONCORDE, a research prototype suited for active hypertext applications (Hofmann/ Schreiweis/Langendörfer 1990). Its user interface is discussed in the following section in combination with access and manipulation operations. A prototype of CONCORDE is implemented in Smalltalk-80 (Objectworks) on a SUN-3/60, was presented at the first German Conference on Hypertext (Darmstadt, April 1990), and has been further developed since then.

Two parts of the system need to be differentiated: a so-called global hypertext and its local contexts. The *global hypertext* contains the information that is common to *all users* of the system. Any information item of the global hypertext is accessible to any user (we guarantee read access on this level). The information items are stored in a global database and managed by a global object manager.

A *local context* contains a subset of information items copied from theglobal hypertext, a set of tools manipulating these items (e.g. the browser), a local object manager to handle the information, and a local storage. Information items can be created, deleted, updated, and presented in local contexts only but not in the global hypertext. The user is enabled to create private information items and also private relationships in his or her local context. Any local context belongs to a special user, a special group of users, or a dedicated application. So any local context is able to support individual user environments.

This distinction between global hypertext and local context is also supported by the *client-server-configuration* of CONCORDE. While the global hypertext is stored at the server, any user environment is placed at the client (see fig.2).

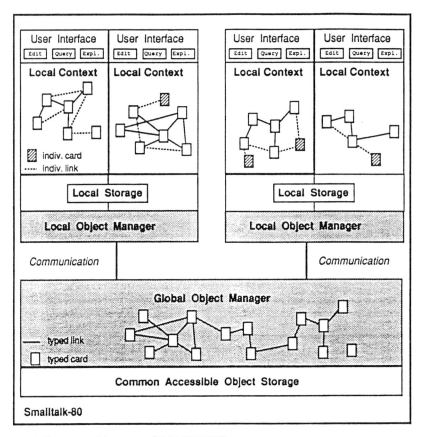

Fig.2: Software-architecture of CONCORDE

Basic object of CONCORDE's hypertext is the *card*. A card is made of a unique surrogate, a content of datatype text, graphics or bitmap, a list of system attributes, and a list of application attributes. System attributes are properties independent of an application. Examples for such attributes are the access rights to a card (write, delete, change_properties, etc.), the mode (cards can be archived or editable), the class of the card, the icon symbolizing the card in the browser, etc. Other attributes are application-dependent. Their presentation differs from the presentation of the system attributes. There exist two kinds of cards: cards belonging to various card classes defined in the global hypertext, and cards belonging to the class "private note". Every instance of the latter implements an individual node and belongs to a specific local context. Private cards are not visible in other local contexts than in the one where they have been created. To the creator of such private notes, more cards are visible than exist in the global hypertext.

A *link*, instantiating a relation between two cards, is the second basic structure of CONCORDE. According to our approach of differentiating between a common accessible hypertext and local contexts, we distinguish two categories of links: individual links and typed links. In our object-oriented approach, links are not attributes of a card but they themselves are independent objects.

Typed links are defined in the global hypertext (see fig.2). Typing means that structure and operations of a link are well-defined. So the system is able to control the placing of these links. Every link owns a key serving as a system-wide *internal identity*. The type of the links serves as a name (visible to the user) and should therefore express some semantics of the application.

Links may arise from a card as well as from a *region* of a card. The destination of a link always has to be a card. While region-to-card links mostly serve as *annotations*, the card-to-card links own a special attribute ("info"), which contains an explanation of their semantics. Region-to-card links are presented by underlining the concerning region in a text, while card-to-card links are listed in a special window (see fig.3).

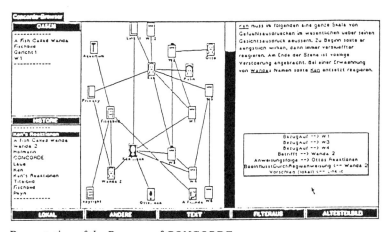

Fig.3: *Presentation of the Browser of CONCORDE*

For any link type, two sets of card classes are defined. One set contains the classes whose instances are valid link sources, the other set contains the classes whose instances are valid to be link destinations. These sets of card classes serve as *inherent constraints*. In addition, *explicit constraints* of the link types are defined as a set of predicates concerning operations such as adding a link, deleting a link, and renaming a link.

Individual links are untyped. They may be named (tagged) but cannot be controlled. Links of this category are unconstrained. In contrast to typed links of the global hypertext and analogous to private notes, they exist in local contexts only. They are used to add private link structures to the hypertext. They are kept in a local storage (see fig.2), even if the cards they relate to are written back to the global hypertext ("check_in").

Besides individual links and private notes, local contexts show additional structures of information. Cards can be aggregated to form *complex objects (aggregates, composites)*. Still, all links of the separate parts can be made visible in complex objects constructed by these cards. Links of cards which are not part of the complex object may point either to the complex object itself or to a card being part of it. For cards as well as links, *access rights* can be defined.

4 Access and Manipulation of Objects in a System Implementing Local Contexts

In this section we take a look of operations crucial to the usability of hypermedia systems. Since hypermedia systems are *interactive systems*, exploration by *navigation* is one of the most important activities to support. The designers of many current research systems have been attracted by the spatial metaphor (see e.g. NoteCards (Halasz/Moran/Trigg 1987), gIBIS (Conklin/Begeman 1988), and CONCORDE itself (Hofmann et al. 1991)), and various global and local views have been implemented.

For an open hypermedia system, the presentation of a global map of all nodes and their dependencies is nearly impossible. A discussion of reasons can be found in (Foss 1988). Even for large hypertexts of current systems, the computation and visualization of global maps proved to be unefficient, as shown taking Intermedia as example by (Utting/Yankelovich 1989). The very opposite to global maps are the "one-card-views" as implemented in HyperCard or KMS. These views show just one object, the current focus of interest, together with regions inside of this object as anchors of links of possible destinations.

We have implemented something in between of these two contrasting approaches: We show a focus of interest and its neighborhood up to a user-selected distance; every card from where a linked path leads to this focus belongs to the neighborhood. This approach is similar to the fish-eye--approach described in (Furnas 1986). We have, however, separated the filtering of the presentation by priority or other properties of the nodes and links from the visualization of the neighborhood. In CONCORDE, the two functions can be used independently.

Using local views one has the problem to present informations to the user about where he or she is, where he or she has come from, where he or she may go to, and what else information exists in the system (Nievergelt/Weydert 1980). Briefly, the user has to know about his or her semantic and temporal context. In CONCORDE, we support the user with information of that kind by various functions described below, by a system-driven graph-layout, and by information of relationships of the objects presented to other not visible nodes. *We visualize only objects of the local context of the user.* So individual objects of other users' contexts always stay invisible.

The main working window of CONCORDE (see fig.3) is made of three major parts: The center of the working window is made up by the *graphical browser* of CONCORDE. The left part contains two small windows that realize various *browsing functions*. The right window shows the contents of the card selected by the user in the graphical browser.

According to the underlying Smalltalk-philosophy, various working windows may be open at the same time.

The *content window* enables the user to edit the contents of a card, and to link from regions of this content to other cards. In text, such region-to-card links are shown by underlining the text of the anchor (see text in fig.3). The user creates a link by selecting a menu function, specifying the anchor region, and then defining the destination of the link. The latter is done by a selection of the destination's icon in an open graphical browser.

The *browser window* shows the neighborhood of the focus of interest. The distance a still presented card may have from the focus of interest can be selected by the user; for instance, fig.3 shows all neighbors which are three links or less away from it. The graph-layout is computed by a system-driven graph-layout algorithm. This means less cognitive overhead for a user since he or she needs not to care about layouting him- or herself. More details on our selection of a fitting graph-layout algorithm can be found in (Hofmann et al. 1991). In the browser, all cards are represented by rectangular icons. If one or more links exist between a pair of cards, their icons are connected by a straight line. If the user selects this line by a mouse-click, a window opens and shows detailed information about number, type, direction, and properties of the links symbolized by that line.

The user navigates through the hypertext either by selecting links from anchors in cards (underlined text in the content window) or by selecting a card of the browser window as new focus of interest. The user is able to bind icons of cards already visible with the old focus to their places; so the layout-algorithm will let them stay in place.

The presentation of individual objects and objects from the global hypertext is nearly the same, only that icons of individual nodes bear a large "L" (see fig.3). Since we present only objects of the user's local context, links might exist between a card of the context and a card of the global hypertext not copied to this context. Such links are marked by a bubble on top of a card's icon (see fig.3, upper right part of the browser). By selecting the bubble the user is able to see the links hiding behind it and to choose one of the links for navigation. The destination card of that link will be added to the local context. The left part of the working window is divided into two panes with the following functions:

classes/cards: The upper pane shows all classes of the application while the lower pane lists all cards belonging to a selected class. The selected class is inverted. The user can select a card from the lower pane; this card will be the new focus of interest in the browser window.

link types/cards: Analogous to the function mentioned first. The upper pane shows all link types defined for the global hypertext, the lower pane all cards which are the source of a link of a selected type.

browser types/history: The upper pane shows all types of links presented in the browser at a given moment. If the user selects a type, its links in the browser are highlighted. The lower pane shows a history list of cards in the sequential order of their reading respectively manipulation. The name of the card manipulated last is on top of the list. The user may select a card of the history which then becomes the new focus of interest.

oases/history: The lower pane's function is described above; the upper pane shows a set of cards the user has selected for a possible return after a long navigation. These oases serve as "bookmarks".

pools/cards: The upper pane lists all existing pools. Pools are working sets of cards which have been defined and named by a user. The cards of a selected pool are presented in the lower pane.

At every presentation, *filtering* is possible. The user can decide to filter all instances belonging to special card classes, or to filter all links belonging to specific link types, or both. Also every card and link own a priority (an integer value) that can be used for filtering. Furthermore, individual objects can be filtered (see fig.4). In contrast to the method described in (Furnas 1986), we have separated local view and filtering by priority, which was combined there to create the so-called "fish-eye" view. This allows the user to turn filters on and off, and to select his or her individual view. The lower edge of the working window is made up of five *switches*. They are offered to allow the user to determine the state of various windows.

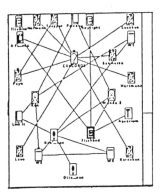 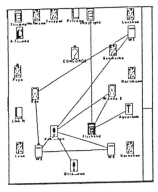

Fig.4: *Presentation of a Unfiltered Hypertext Network (left) and its Counterpart (right) with Filtered Individual Links*

The major drawbacks of global views as described in (Utting/Yankelovich 1989) led us to our approach to implement a visualization centered around a user-selected focus of interest. The existence of individual objects makes it necessary just to present objects of the local context of the particular user. Yet cards of the global hypertext but not of the local context are made accessible; navigation as a stepwise approach of exploring the hypertext is made possible without any reduction of its power.

Associative access by queries has recently become a research direction of great importance (see e.g. (Frisse/Cousins 1989; Croft/Turtle 1989; Consens/Mendelzon 1989)). It is necessary to make associative access possible for hypertext systems, especially in open hypermedia environments. In a system with local contexts, a query may relate to various sets of objects respectively various layers of the hypermedia system:

a) The query relates to the whole database, i.e. *all objects of the common hypertext plus the objects of the user's local context*. For a computation of a query of this kind it must be guaranteed that no individual object of other local contexts than the context of the user in concern is among the matches of the query.

b) The query relates to the *local context* of the user. It must be ensured that the context is updated by the transaction management.

c) The query relates to *working sets* of the local context.

In CONCORDE, we allow queries concerning the *structure* of the hypertext as well as the *contents* of the cards and links. We enable the user to give a description of the structural surrounding the card to be searched is part of. This description is made by a visual graphical language offered by a dedicated query editor. A related approach to structure search in hypertexts is the GraphLog Query Language described by (Consens/ Mendelzon 1989). Furthermore, every object of the given structure can be specified in more detail by defining values of attributes (the usage of logical operators is possible) and patterns of its contents (string search). A query in CONCORDE looks as presented in fig.5. In the central window of the *query editor* the user creates the structure to be searched for. It is necessary at least to create one icon of a card, the icon of the card to be searched for. In richer structures, the card to be matched is the card presented inverted. All other cards serve as constraints by structure and contents. The circular ordering was chosen because here it is rather easy for the user to connect icons by links. The contents of the card whose icon is presented inverted is specified in more detail in the right window of the query editor.

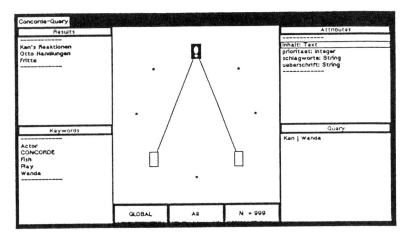

Fig.5: *Presentation of the Query Editor of CONCORDE. The center shows the structure to be searched for; the class of the searched card has been specified. The window at the lower left shows some keywords defined by the user for the selected card. At the upper right window some attributes are presented; the selected property is specified in the lower right window (string search). The results of the last query are presented at the upper left window.*

A problem arises when the structure of a query contains an *individual card or link*, and the query relates to the whole database. This may happen either explicitly or implicitly when the user is not able to exactly define the type of an object ("wildcards" are allowed). In this case, the object manager of the local context has to preprocess the query and to transmit all individual objects which are possible matches of the query to the object manager of the global hypertext. This object manager's task is on the one hand to guarantee that no other user can gain access to the transmitted local information, on the other hand to compute the query (*query server*). The results of the query are sent to the local object manager which visualizes the matches to the user. If the layer of the search is only the local context itself or a particular working set, the local object manager has to process the query. All matches are defined as a special working set; so further more restrictive queries on the result of an earlier query are made possible. Further, the user is able to manipulate the working set by typical CONCORDE-operations (e.g. filtering).

Transmission in Client-Server environments is a problem of efficiency. But a computation of the query concerning just objects of the global hypertext would mean that all individual objects are not accessible by queries, only by navigation. It also would mean that just queries concerning the structure without "wildcards" are allowed. Such restrictions disturb the user and force him or her to avoid the usage of individual structures. Therefore we have decided to make a search for individual as well as common accessible objects possible.

Another operation triggering the communication between clients and server is the *deletion of an object*. This operation has drastic consequences. Some facts have to be noticed. First of all since we have a client-server-configuration when a user deletes a common accessible card, the global as well as the concerned local object manager have to update their data. Furthermore many local contexts can exist that need to be informed since they might contain individual objects related to the object just deleted. The actions triggered by a deletion are as follows.

Deletion of a card or a link is invoked by the user. He or she selects an object, let us assume a card, and chooses the deletion-operation. Now there are two cases: Either the card is an individual one only available in this specific local context or it is a common accessible card. There are different consequences in handling these cases. If it is an individual card just the local object manager is responsible for the deletion of the card. Other users respectively the object managers of the users' local contexts are not concerned. Even the global object manager is not concerned.

In the other case, the local object manager of the user deleting a common accessible card sends a message to the global object manager concerning the planned deletion of the card. The global object manager tests if any constraints exist. The result of the test is returned to the local object manager. If no constraints have been violated the local object manager deletes all concerned objects of the local context, i.e. the copy of the card and all individual links related to that card. The global object manager deletes all concerned objects of the global hypertext, i.e. the card, its links, and all other typed links which point from other cards to this card. At last the global object manager sends a message to all other local contexts which contain copies of the common accessible objects just deleted to inform them about this fact. If these local managers are not active at the moment the message is sent, it is queued in a message list; when the object manager is activated, it first reads all messages of this list and is able to update its local context. This is necessary to avoid inconsistencies between the common accessible hypertext and local contexts.

Deletion of a card by an object manager happens as described now: Firstly the system has to remove the links from or to the card. Otherwise dangling links could exist, i.e. links whose source cards or whose destination cards have already been removed from the system. Although links are first class objects they must not exist without a card they are connected to. The local object manager can remove the card itself, after having deleted the links of the card. So the deletion of an object in CONCORDE triggers various communication processes to avoid dangling links and to keep all local contexts updated.

5 Related Work

So far we have described structures that allow the creation of local contexts for common accessible hypermedia systems, introduced a prototypical system realizing such contexts, and discussed various issues concerning navigation, searching, and manipulation. Now we want to take a look at related approaches. Firstly we want to point out that our use of the term "local context" is different from the use made of it in (Utting/Yankelovich 1989). There a local context describes just a node and its immediate neighbors (what we call in CONCORDE a direct neighborhood). In our case, a local context is the semantic context, the working environment of a user.

Nevertheless Intermedia is one of the few systems which make the management of private information possible. Intermedia webs are made of blocks of a dedicated application and the links between the blocks. For a given set of documents various webs may exist (Yankelovich et al. 1988). These webs could form the basic structure for local contexts if every user has his or her own web. Intermedia lacks the implementation of individual nodes; the effects of the dynamic update of the hypertext is not discussed in detail. At the moment, only one web may be opened (Utting/Yankelovich 1989).

Another system supporting the notion of privacy is Neptune. Nodes and links of Neptune are grouped to so-called "contexts" which themselves are disjoint parts of a complex object called "graph" (Delisle/Schwartz 1987). Cross-context links make the relation of objects between different contexts possible. This way Neptune realizes something similar to file systems; a cooperation of people working in a shared common accessible hypertext which also makes the manangement of private information possible cannot take place.

Systems based on the idea to support various cognitive processes of the users by "rooms" or "spaces", as e.g. described by (Smith/Weiss/Ferguson 1987), and (Schuler/Smith 1990), can be seen as a step to implement private user environments, when the users' spaces can individually be manipulated for every single user.

6 Concluding Remarks

In this paper we have introduced innovative individual structures that help to form private environments called *local contexts*. Local contexts offer the advantage to enable the user to add private structures and information to a yet commonly accessible hypertext. For open hypermedia systems such local contexts are important because otherwise their very large set of data and relations enforces the loss of orientation and of semantic context.

To show a realization of local contexts we have discussed the CONCORDE system. CONCORDE is not an open hypertext system as defined in (Pearl 1989). But it implements features typical also for open systems as the management of links independent from the management of nodes. Further, CONCORDE has some advanced features as typed nodes and links, complex objects, and a flexible browser for exploration as well as a query module for associative access. The users of CONCORDE read and manage the hypertext commonly accessible that we call "global hypertext" by copying the objects of interest into their local contexts. There they may also add individual links and nodes. These structures are not known to other users of the global hypertext.

We have discussed various consequences of the introduction of local contexts and individual objects on the design and the actions of hypermedia systems. We have demonstrated them by three important operations: navigation, querying, and deletion of objects. The two latter operations require complex and detailed communications between object managers. For navigation, the existence of local contexts implies that global maps are not adequate; flexible local views have to be offered to avoid disorientation. For queries, we guarantee that all objects of the user's hypertext can be matched, not only common accessible objects. This is especially important for structure-based queries. For operations having important consequences (as e.g. deletion), the interaction of the various object managers has been discussed. We showed that common accessible objects can be deleted without resulting inconsistencies.

Acknowledgements

So far as the implementation of CONCORDE is concerned, the work was done at the TU Braunschweig while both authors were affiliated there and members of the hypertext research team.

We like to thank Ralf Cordes (Telenorma GmbH) for his cooperation and the time he spent in lively discussions with us. Further, we are indebted to Stefan Schmezko (TU Braunschweig) for his effort to implement the query module of CONCORDE. Bettina Hofmann again did her best to brush up our English.

References

Akscyn R., Yoder, E. and McCracken, D. (1988), The Data Model is the Heart of Interface Design, Proc. CHI'88, Washington, S. 115-120.

Brand, S. (1987), The Media Lab - Inventing the Future at MIT, New York.

Cordes, R. et al. (1989), The Use of Decomposition in an Object-oriented Approach to Present and Represent Multimedia Documents, Proc. HICSS-22, Kailua Kona, Hawaii, Multimedia Software Track, January 1989, S. 820-828.

Conklin, J. and Begeman, M. (1988), gIBIS: A Hypertext Tool for Exploratory Policy Discussion, in: ACM ToOIS, Vol.6, No.4, 1988, S. 303-331.

Consens, M. P. and Mendelzon, A. O. (1989), Expressing Structural Hypertext Queries in GraphLog, in: Proc. Hypertext '89, Pittsburgh, November 1989, S. 269-292.

Croft, W. B. and Turtle, H. (1989), A Retrieval Model for Incorporating Hypertext Links, in: Proc. Hypertext '89, Pittsburgh, November 1989, S. 213-224.

Delisle, N. M. and Schwartz, M. (1987), Contexts - A Partitioning Concept for Hypertext, in: ACM ToOIS, Vol.5, No.2, 1987, S. 168-186.

Foss, C. L. (1988), Effective Browsing in Hypertext Systems, Proc. RIAO'88, M.I.T. Cambridge, March 1988, S. 82-98.

Fox, E. (ed.) (1989), ACM Special Issue on Digital Interactive Video, CACM, Vol.32, No.7.

Frisse, M. and Cousins, S. (1989), Information Retrieval from Hypertext: Update on the Dynamic Medical Handbook Project, in: Proc. Hypertext '89, Pittsburgh, November 1989, S. 199-212.

Furnas, G. W. (1986), Generalized Fisheye Views, in: Proc. CHI '86, Boston, April 1986, S. 16-23.

Gaver, W. W., Smith, R. B. and O'Shea, T. (1991), Effective Sounds in Complex Systems: The ARKola System, in: Proc. CHI '91, New Orleans, April 1991, S. 85-90.

Hara, Y. and Kaneko, A. (1988), A New Multimedia Electronic Book and its Functional Capabilities, in: Proc. RIAO '88, M.I.T. Cambridge, March 1988, S. 114-123.

Halasz, F. G. (1988), Reflections on NoteCards: Seven Issues for the Next Generation of Hypermedia Systems, in: CACM, Vol.31, No.7, S. 836-852.

Hofmann, M. et al. (1991), The Principle of Locality Used for Hypertext Presentation: Navigation and Browsing in CONCORDE, in: Proc. BCS-HCI '91, Edinburgh, August 1991, S. 419-436.

Halasz, F. G., Moran, T. P. and Trigg, R. N. (1987), NoteCards in a Nutshell, in: Proc. ACM Conference CHI/GI '87, Toronto, 1987, S. 45-52.

Hofmann, M. and Langendörfer, H. (1990), User Support by Typed Links and Local Contexts in a Hypertext System, in: Proc. Intelligent Integrated Information Systems (III '90), Tuczno Castle, September 1990, S. 106-124.

Hofmann, M., Schreiweis, U. and Langendörfer, H. (1990), An Integrated Approach of Knowledge Acquisition by the Hypertext System CONCORDE, in: Proc. ECHT '90, Versailles, November 1990, S. 166-179.

NIST (National Institute of Standards and Technology) (1990), Hypertext Standardization Workshop, Workshop Documents, Gaithersburg, January 1990.

Nievergelt, J. and Weydert, J. (1980), Sites, Modes, and Trails: Telling the User of an Interactive System Where he is, What he can do, and How to get to places, in: Guedj, R., ten Hagen, P. J., Hopgood, F., Tucker, H. A., Duce, D. A. (eds.), Methodology of Interaction, 1980.

Pearl, A. (1989), Sun's Link Service: A Protocol for Open Linking, in: Proc. Hypertext '89, Pittsburgh, November 1989, S. 137-146.

Schuler, W. and Smith, J. (1990), Author's Argumentation Assistant (AAA): A hypertext-based authoring tool for argumentative texts, in: Proc. ECHT '90, Versailles, November 1990, S. 137-151.

Smith, J. B., Weiss, S. F. and Ferguson, G. J. (1987), A Hypertext Environment and its Cognitive Basis, in: Proc. Hypertext '87, Chapel Hill, 1987, S. 195-214.

Utting, K. and Yankelovich, N. (1989), Context and Orientation in Hypermedia Networks, in: ACM ToIS, Vol.7, No.1, S. 58-84.

Walker, J. (1990), User Interface Metaphors in Hypertext, Tutorial 7, ECHT '90, Versailles, November 1990.

Yankelovich, N. et al. (1988), Intermedia: The Concept of a Seamless Information Environment, in: IEEE Computer, Vol.21, No.1, S. 81-96.

Tutorielle Nutzung von Expertensystemen zur Qualifikation von Mitarbeitern

Martin Tins, Karsten Poeck

Inhaltsverzeichnis

1 Einleitung 153

2 Die wissensvermittelnden Komponenten von D3 155

    2.1 Das Hypertextsystem HyperXPert 156

    2.2 Die Erklärungskomponente 158

    2.3 Der Tutormodus 159

    2.4 Die Kritikfunktion 162

3 Bewertung des existierenden Systems und notwendige Erweiterungen 164

4 Zusammenfassung und Bezug zu anderen Entwicklungen 167

Literatur 169

1 Einleitung

Im Rahmen des Einsatzes von Expertensystemen ergeben sich unter anderem Probleme bei der Wartung der Wissensbasis, die für die Güte der Lösungen entscheidend ist sowie bei der Akzeptanz durch Anwender. Die Ursachen der Probleme unterscheiden sich nach der Einsatzart der Expertensysteme. Zu differenzieren sind hier (Östberg 1988)

- anwenderunterstützter Betrieb: Die vom Expertensystem benötigten Daten werden von einem Anwender in einem Dialog eingegeben, vom Expertensystem ausgewertet und die Ergebnisse dem Anwender mitgeteilt. Dies ist die bisher geläufigste Betriebsart und führt zu einer Reihe von Problemen (Herrmann/Busch/Geenen 1991a):

  - kompetente Anwender fühlen sich unterfordert: Die Anwender haben in vielen Fällen selbst ein gewisses Kompetenzniveau (z.B. Diagnosetechniker), das sie in dieser Betriebsart nicht mehr nutzbringend einsetzen können. Dann sind sie für die Bedienung des Expertensystems jedoch überqualifiziert. Das kann zu einem Gefühl der Unterforderung und damit zur Unzufriedenheit mit der Arbeit führen.

    Aus ökonomischer Perspektive wird meist folgende Konsequenz gesehen: Wenn das Wissen nicht mehr benötigt wird, sollte es auch nicht mehr bezahlt werden. Die Betroffenen werden also überflüssig oder an anderer Stelle eingesetzt. Damit geht dem Unternehmen allerdings auch ihr Wissen verloren.

    Diese befürchteten Konsequenzen führen bei Anwendern schon im Vorfeld des Einsatzes zu großen Akzeptanzproblemen.

  - schleichender Wissensverlust der Anwender: Kompetente Anwender gewinnen kein neues Wissen hinzu, wenn sie nur das Expertensystem bedienen. Ihr Wissen veraltet und das Kompetenzniveau sinkt.

  - keine Qualifikation unerfahrener Anwender: Sind die Anwender Laien, führt die Bedienung des Expertensystems nicht zu einer Erweiterung des Wissens. Damit können solche Anwender auch nicht mehr den zulässigen Einsatzbereich des Expertensystems abschätzen und fehlerhafte Lösungen nicht erkennen. Außerdem wird der Aufwand für das Wartungsteam der Wissensbasis größer, da von den Anwendern bei beobachtetem Fehlverhalten keine Hinweise auf vermutete Fehlerursachen kommen können.

- vollautomatischer Betrieb zur Überwachung von Prozessen (z.B. Produktionsprozesse oder Patientenüberwachung): In dieser Betriebsart wird die Datenerfassung vollautomatisch und rechnergestützt durchgeführt. Die erfaßten Daten werden vom Expertensystem ausgewertet und bei diagnostizierten Fehlern Gegenmaßnahmen eingeleitet.

  Hier ergeben sich keine Akzeptanzprobleme, wenn die Prozesse, die meist zeitkritisch sind, schon vor dem Einsatz eines Expertensystems rechnergestützt überwacht wurden. Ansonsten gilt für die Befürchtungen der Anwender und den Wissensverlust das oben gesagte.

Ein von der Betriebsart unabhängiges Problem ist die Konzentration des Wissens auf wenige Experten. Wenn diese nicht mehr zur Verfügung stehen, ist die Wissensbasis nur noch schlecht zu warten.

Eine Lösung der aufgezeigten Probleme besteht darin, das Wissen der Anwender zu erhalten und zu erweitern. Der Wissenstransfer des Expertenwissens zu den Anwendern kann durch zusätzliche Komponenten des Expertensystems erreicht werden:

- **Erklärungskomponente:** Eine gute Erklärungskomponente ist zum Testen der Wissensbasis notwendig. Sie kann aber auch zur Wissensvermittlung eingesetzt werden, wenn sie Anwendern mit unterschiedlichen Kompetenzniveaus adäquate Unterstützung bieten kann.

  Für das Testen ist eine anschauliche Darstellung der Lösungsherleitung durch das Expertensystem notwendig, die recht umfassend sein kann und z.B. auch eine Begründung liefern können sollte, warum nicht eine bestimmte andere Lösung bevorzugt wurde. Für den Wissenstransfer ist eine Darstellung der Lösungsfindung in verschiedenen Abstraktionsgraden und eine Anbindung an eine Komponente zur Darstellung von Allgemeinwissen sinnvoll. Dieses Allgemeinwissen kann bspw. zur Begründung einer Regel verwendet werden. Es sollte nach Möglichkeit hypermedial dargestellt werden können, um eine realitätsnahe Präsentation, z.B. mit Geräuschen, zu ermöglichen.

  Ein Laie kann so besser mit der Aufgabenstellung, dem System und dessen Arbeitsweise vertraut gemacht werden. Einem kompetenten Anwender erlaubt es, abweichende Lösungen des Systems nachzuvollziehen und auf ihre Richtigkeit abzuschätzen.

- **Kritikkomponente:** Sie unterstützt den Anwender bei der Problemlösung, d.h. sie zieht Schlußfolgerungen aus den bisher bekannten Fakten und teilt dem Anwender auf Nachfrage mit, welche Aktion sie als nächste ausführen würde. Der Anwender kann somit eigenverantwortlich arbeiten und sich in schwierigen Fällen vom Expertensystem beraten lassen. Die Erklärungskomponente kann benutzt werden, um bei Nachfragen die Entscheidungen des Systems zu begründen. Je besser diese Begründung an vermutete Schwierigkeiten des Anwenders angepaßt werden kann, desto hilfreicher ist sie für diesen.

  Diese Anwendungsart trifft bei den Anwendern auf deutlich niedrigere Akzeptanzprobleme, da sie keine Ersetzung durch das System befürchten müssen.

- **Tutorkomponente:** Sie dient der direkten Vermittlung des Wissens aus der Wissensbasis. Dies kann anhand von vordefinierten Beispielfällen geschehen, deren Lösungen dem System bekannt sind. Die Tutorkomponente kann dann aus den Angaben des Anwenders (Lerners) Rückschlüsse über dessen Wissen ziehen. Hier werden auch völlig verschiedene Ansätze verfolgt: Die Wissensvermittlung kann durch Simulation (Williams/Hollan/Stevens 1981), in einer Spielsituation (Burton/Brown 1979) oder durch einen sokratischen Dialog (Collins/Stevens 1982; Woolf/McDonald 1984) erfolgen, in dem der Lerner seine Entscheidungen begründen muß und durch geschicktes Nachfragen auf einen Widerspruch mit eigenen Aussagen oder mit Fakten aus der Wissensbasis hingeführt wird.

Der Tutor sollte "Entdeckendes Lernen" anbieten. Dies kann z.B. dadurch erreicht werden, daß ein Problem inkrementell verändert und dabei das Lösungsverhalten des Expertensystems beobachtet werden kann.

Sind Defizite erkannt, werden diese durch Präsentation geeigneter Wissenseinheiten auf einem adäquaten Abstraktionsniveau beseitigt. Dies kann durch Präsentation von Allgemeinwissen, spezifischem Expertenwissen aus der Wissensbasis oder durch ein Gegenbeispiel erfolgen.

Je "intelligenter" die Fehleranalyse und die Auswahl der Reaktion auf einen Fehler ist, je besser die Lösungsfindung abbildbar und je größer die Auswahl an Präsentationsmöglichkeiten für das zu vermittelnde Wissen sind, desto effizienter ist der Wissenstransfer.

Die einzelnen Komponenten werden durch das Verwenden unterschiedlicher Problemlösungsmodelle unterstützt. Diese sind für uns die heuristische, funktionale, überdeckende und die fallvergleichende Klassifikation. Eine detaillierte Beschreibung dieser Modelle findet sich in (Puppe 1990). Durch die Verwendung unterschiedlicher Modelle, insbesondere aber durch das Einbeziehen des funktionalen Modells, läßt sich die Begründungsqualität einer Lösung wesentlich steigern.

Unsere These ist, daß durch diese drei Komponenten die Anwender die Möglichkeit bekommen, sich weiter zu qualifizieren. Außerdem kann das Expertensystem eine unterstützende Funktion einnehmen, die den Anwendern die Lösung von Problemen erlaubt, die sie vorher nicht hätten lösen können. Das Expertensystem sollte von ihnen also als sinnvolles Werkzeug begriffen werden, das einerseits die eigene Qualifikation steigert und andererseits die Arbeit erleichtert. Aus der Anwendersicht bringt der Einsatz eines Expertensystems also nur Vorteile, so daß keine Akzeptanzprobleme mehr auftreten sollten.

Auf der anderen Seite steigt das allgemeine Wissen der Anwender und damit die Güte ihrer Lösungen; dann erhöht sich auch die Unterstützung des Wartungsteams der Wissensbasis. Insgesamt erhält das Unternehmen eine größere Zahl qualifizierter Mitarbeiter und ist weniger von Einzelpersonen abhängig.

Im Weiteren werden zuerst die von uns realisierten Systemkomponenten und anschließend die noch geplanten Erweiterungen vorgestellt.

2 Die wissensvermittelnden Komponenten von D3

D3 (Bamberger et al. 1991; Puppe et al. 1991a) ist ein problemspezifisches Werkzeug zur Erstellung von Diagnostik-Expertensystemen. Gegenüber anderen Expertensystemshells unterscheidet sich D3 vor allen in folgenden Punkten:

- Der Wissenserwerb (Gappa 1989) kann vollständig graphisch mit Hilfe von Hierarchien, Tabellen und Formularen erfolgen, so daß es dem Bereichsexperten nach einer kurzen Einarbeitungszeit möglich ist, sein Wissen selbständig ohne die sehr fehleranfällige Vermittlung durch einen Wissensingenieur einzugeben und insbesondere das Expertensystem selber zu warten.

- D3 ist nicht auf eine Problemlösungsmethode beschränkt, sondern bietet die Möglichkeit zur Verarbeitung von heuristischem und fallvergleichendem Wissen. An einer Integration von modellbasiertem Wissen zur kausalen und überdeckenden Diagnostik wird momentan gearbeitet.

- D3 bietet zur Wissensnutzung eine Beratungsfunktion, mit der der Benutzer sein Diagnoseproblem lösen lassen kann. Außerdem beinhaltet D3 Handbuchfunktionen zur Darstellung sowie Tutor- und Kritikfunktionen (Puppe et al. 1991b) zur Vermittlung von Wissen. Diese neuartigen Komponenten werden im folgenden näher beschrieben.

2.1 Das Hypertextsystem HyperXPert

HyperXPert ist ein Hypertextsystem (Meinl 1990), das von D3 dazu verwendet wird, Zusatzwissen darzustellen und die Erklärungskomponente zu unterstützen. Auf diese Weise kann allgemeines Wissen sehr gut mit fallspezifischem verknüpft werden.

Der Einstieg in das Netz von Fenstern ist dem Benutzer durch vom Entwickler definierbare Menüs der Menüzeile und durch Anklicken von Begriffen in Fenstern der Erklärungskomponente möglich.

Zur Darstellung allgemeinen Wissens können beliebige Hintergrundbilder ausgewählt und durch editierbare Textfelder überlagert werden. Zusätzlich können Verweismöglichkeiten auf andere HyperXPert-Fenster definiert werden. Dazu stehen über sensitive Bereiche des Fensters sowohl anklickbare Symbole als auch Pop-up-Menüs zur Verfügung. Der Entwickler kann so ohne großen Aufwand ein On-line-Handbuch erstellen.

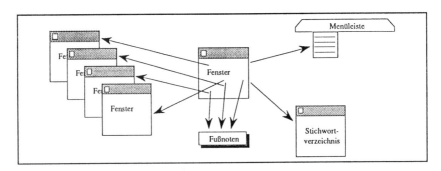

Abb.1: Allgemeine Struktur eines elektronischen Handbuchs

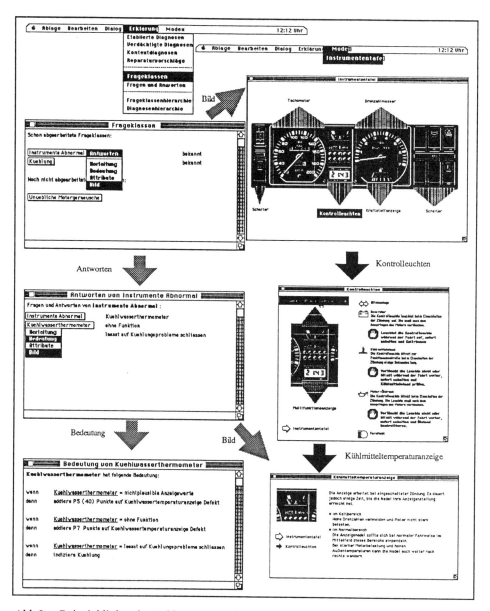

Abb.2: Beispieldialog der Erklärungs- und Handbuchkomponente

Durch eine Schnittstelle zu D3 können auch Verbindungen zu Fenstern der Erklärungskomponente, die fallspezifisches Wissen enthalten können, erzeugt werden. Ein solches Fenster kann bspw. die Herleitung einer etablierten Diagnose beinhalten.

Außerdem können Verbindungen zwischen HyperXPert-Fenstern und Objekten der Wissensbasis hergestellt werden.

Verbindungen durch allgemeines Wissen sind durch schwarze, Verbindungen durch fallspezifisches Wissen sind durch graue Pfeile markiert.

2.2 Die Erklärungskomponente

Während und nach einem Beratungsdialog kann sich der Benutzer jederzeit den aktuellen Stand der Problemlösung erläutern lassen. Als Startpunkt für die Erklärungskomponente dient normalerweise das Menü "Erklärung" in Abb.3. Die Fensterinhalte bieten Informationen über den aktuellen Stand der Problemlösung sowie über die Strukturierung der Wissensbasis.

```
Erklärung
  Etablierte Diagnosen
  Verdächtigte Diagnosen
  Kontextdiagnosen
  Lösungsvorschläge
  
  Frageklassen
  Fragen und Antworten
  
  Frageklassenhierarchie
  Diagnosehierarchie
  
  Begründungsgraph
```

Abb.3: Menü der Erklärungskomponente

Innerhalb der Fenster existieren ähnliche Verzweigungsmöglichkeiten wie im Hypertextsystem: Durch Selektieren eines Begriffes erscheint ein Pop-up-Menü, das die möglichen Verzweigungen enthält. Nach der Wahl einer Option erhält der Anwender ein neues Fenster, in dem ebenfalls wieder Begriffe selektiert werden können. Ein Beispiel in Verbindung mit HyperXPert zeigt Abb.2.

Es können die zur Herleitung eines Objektes führenden Regeln sowie seine Schlußfolgerungsregeln angezeigt werden. Darüber hinaus kann ein Handbuchfenster aufgerufen werden, wenn der Entwickler eine entsprechende Verbindung für das Objekt definiert hat.

Schließlich werden zu speziellen Objekttypen folgende Informationen bereitgestellt:

- zu Diagnosen:
  - Die Bewertung der Diagnose und die Regeln, die zu dieser Bewertung geführt haben.
  - Nicht angewendete für die Diagnose sprechende Regeln.
  - Nicht angewendete gegen die Diagnose sprechende Regeln.
- zu Symptominterpretationen: Sowohl die angewendeten als auch die nicht angewendeten Regeln.

- zu Frageklassen: Die Fragen einer Frageklasse, die gegebenen Antworten und die gefolgerten Symptominterpretationen.

Die Herleitung der etablierten Diagnosen kann dabei alternativ in einem Begründungsgraphen graphisch (Abb.10) oder durch Auflistung der für die Etablierung einer Diagnose verwendeten Regeln textuell dargestellt werden. Um die Ausgabe von Regeln übersichtlich zu halten, ist für die Darstellung im Begründungsgraphen ein Relevanzmaß wählbar, das die Regeln überschreiten müssen, um eingezeichnet zu werden.

2.3 Der Tutormodus

Die bestehende Tutorkomponente dient dem direkten Vermitteln von Wissen. Dazu wird eine von einem Bereichsexperten aufgebaute Wissensbasis und eine Sammlung von Beispielfällen genutzt. Diese Beispielfälle können vom Lerner gelöst werden und sein Lösungsweg läßt sich dann aufgrund der in der Wissensbasis enthaltenen Informationen überprüfen und bewerten. Dazu werden dem Lerner zunächst die Ausgangsdaten des gewählten Falles präsentiert (siehe Abb.4).

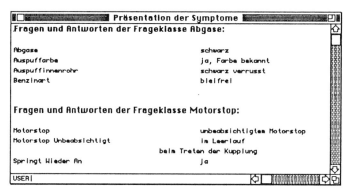

Abb.4: Präsentation eines Beispielfalles aus der Motordiagnostik

Er hat dann die Möglichkeit anzugeben, welche Ursachen die Symptome hervorgerufen haben könnten. Dazu wählt er Diagnosen aus der entsprechenden Hierarchie aus (siehe Abb.5).

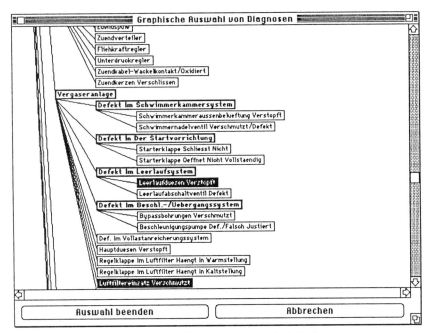

Abb.5: Auswahl der Diagnosen für die Lösung des Beispielfalles

Daraufhin kann der Lerner seine Angaben in einer von 3 Detailliertheitsstufen kritisieren lassen.

- Im einfachsten Fall erfolgen keine weiteren Angaben durch den Lerner, seine Auswahl wird lediglich mit der korrekten Lösung des Falles verglichen (siehe Abb.6).

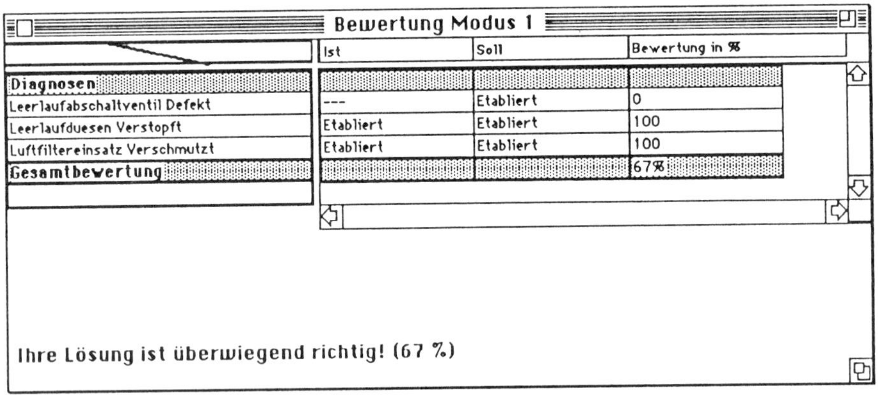

Abb.6: Bewertung der angegeben Diagnosen für den Beispielfall

- In der zweiten Stufe kann der Lerner die seiner Ansicht nach relevanten Symptom/Diagnose-Assoziationen in einer Tabelle angeben (siehe Abb.7). Die Bewertung erfolgt wie in Abb.8.

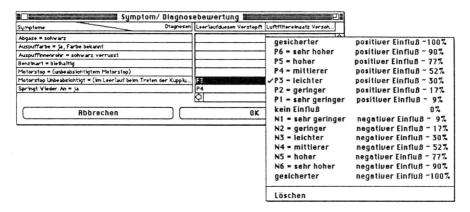

Abb.7: Eingabe der Symptom/Diagnose-Beziehungen

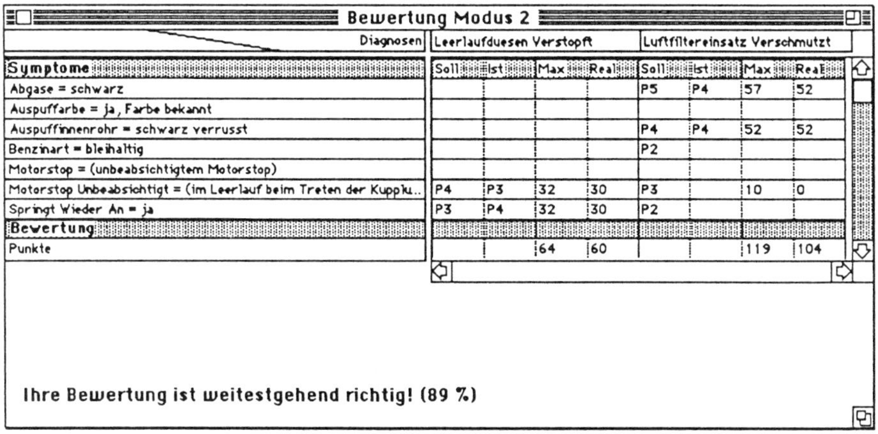

Abb.8: Bewertung der angegebene Symptom/Diagnose-Beziehungen

- In der detailliertesten Ebene kann der Lerner nicht nur Symptom/Diagnose-Assoziationen sondern einen kompletten diagnostischen Mittelbau mit Symptomen, Symptominterpretationen, Grob- und Enddiagnosen und ihre Beziehungen angeben (siehe Abb.9). Die Auswertung besteht dann darin, daß fehlende Beziehungen in den Graphen eingeblendet und die vom System berechneten Beziehungsstärken eingefügt werden.

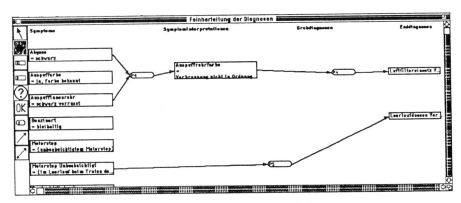

Abb.9: Eingegebener diagnostischer Mittelbau des Beispielfalles

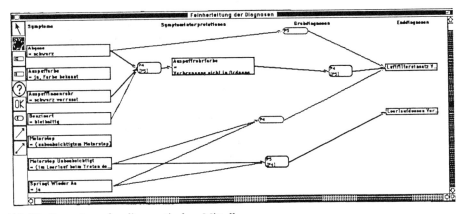

Abb.10: Bewertung des diagnostischen Mittelbaues

2.4 Die Kritikfunktion

In der Kritikfunktion kann der Lerner neue oder vorgefertigte Fälle selbständig bearbeiten und sich dabei seinen Lösungsfindungsprozeß kommentieren lassen. Im Folgenden beschreiben wir die Kritikfunktion mit einem neu durchgespielten Fall. Wenn ein vorgegebener Fall benutzt wird, liegt der Unterschied lediglich darin, daß die Tests nicht vom Lerner beantwortet werden, sondern die Antworten aus der Datenbank übernommen werden.

Der Lerner beginnt einen neuen Fall und gibt zunächst die Basisproblemstellung im Dialog ein. Danach erscheint das Fenster aus Abb.11.

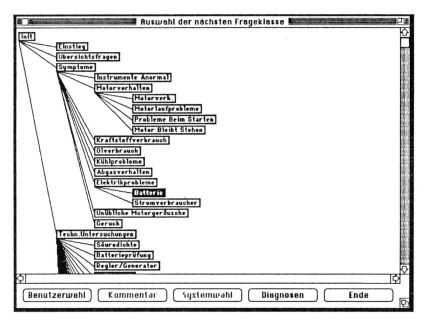

Abb.11: Fragebogenauswahlfenster der Kritikfunktion

Dort kann der Lerner:

- weitere Tests auswählen, die er zur Lösungsfindung notwendig hält und die er dann im Dialog beantworten muß,

- seine Testauswahl mit der des Systems vergleichen,

- das System den nächsten Test auswählen lassen,

- oder angeben, welche Diagnosen er momentan überprüfen will bzw. für gesichert hält (Abb.12), und sich dies vom System kritisieren lassen (Abb.13).

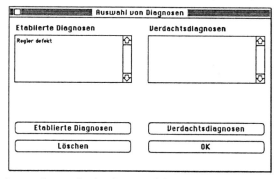

Abb.12: Angabe der zu überprüfenden bzw. gesicherten Diagnosen durch den Benutzer

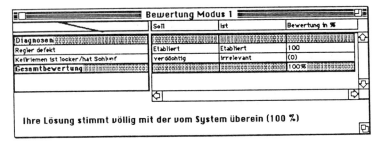

Abb.13: Vergleich der Diagnosebewertung von Benutzer und System

Dies wird solange wiederholt, bis der Lerner meint, den Fall gelöst zu haben, oder bis keine unbeantworteten Tests mehr vorhanden sind. Danach wird die Testauswahl des Lerners mit der des Systems verglichen (Abb.14). Falls der Lerner es wünscht, kann er nun den soeben gelösten Fall in der Tutorfunktion durchspielen, seine Lösung genauer begründen und sich dies ausführlicher kritisieren lassen.

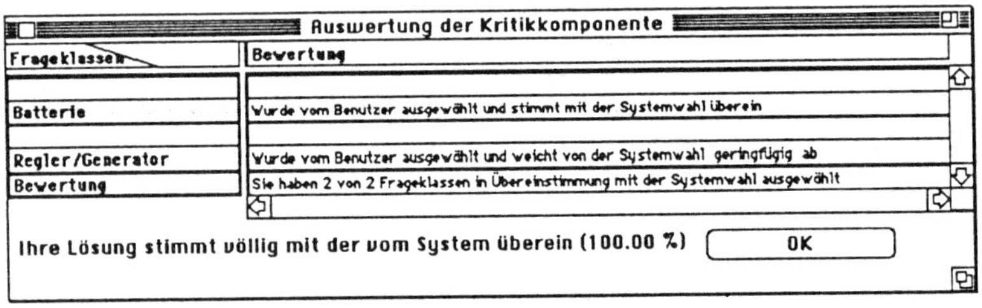

Abb.14: Vergleich der Fragebogenauswahl von Benutzer und System

3 Bewertung des existierenden Systems und notwendige Erweiterungen

Die bereits implementierten Komponenten bieten dem Anwender bereits eine Reihe von Möglichkeiten, sein Wissen zu erweitern und zu verfeinern. Sie werden im Augenblick im Rahmen eines Projektes von einem industriellen Partner eingesetzt. Die Flexibilität der wissensvermittelnden Komponenten und die ihnen zur Verfügung stehende Information muß allerdings noch vergrößert werden, um die anfangs aufgezeigten Ziele zu erreichen.

Die **Erklärungskomponente** liefert gute Erklärungen (Herrmann/Busch/Geenen 1991b), d.h. sie kann die Herleitung oder Nicht-Herleitung einer Diagnose anhand der Regeln der Wissensbasis aufzeigen. Eine Präsentation dieser Erklärung in verschiedenen Darstellungsformen und Abstraktionsgraden analog zur Tutorkomponente wäre allerdings wünschenswert.

Begründungen, die die Regeln selbst sowie ihre Anwendung plausibel machen, können bisher nur in geringem Umfang geliefert werden. Dazu ist Zusatzwissen erforderlich, daß nach (Clancey 1983) auf folgende Weisen für Begründungen verwendet werden kann:

- als mnemotechnische Hilfe,
- zur Verallgemeinerung einer Regel,
- zur Erläuterung des zugrundeliegenden Prozesses.

Dieses Zusatzwissen sollte unserer Meinung nach nicht mit dem vom Experten in der Wissensbasis codierten Wissen vermischt sondern getrennt von diesem gespeichert und nur bei Bedarf angeboten werden. Diese klare Trennung der Expertise und des die Expertise begründenden Wissens vereinfacht für den Experten die Modellierung seines Wissens und erlaubt eine einfachere Wartung der Wissensbasis.

Die Erklärungskomponente besitzt, um Zusatzwissen darzustellen, eine Schnittstelle zu einem Hypertextsystem. So kann z.B. zu einer Diagnose ein Hypertextfenster aufgerufen werden, das eine mnemotechnische Hilfe, eine statistische Begründung, einen Literaturverweis oder ein Bild enthält. Statt dieses begründenden Wissens kann auch prozedurales Wissens zur Behebung eines diagnostizierten Fehlers präsentiert werden.

Bisher ist allerdings nur eine Verbindung zu einem Fenster realisierbar. Stattdessen ist es sinnvoll, zu jedem Objekt der Wissensbasis - z. B. zu einer Regel oder zu einem Symptom- mehrere Verbindungen zu verschiedenen Fenstern zuzulassen. Diese Verbindungen müssen dann typisiert sein (z.B. "Bild", "Begründung", "mnemotechnische Merkregel"), um dem Anwender eine Auswahlhilfe zu geben und der Tutorkomponente die gezielte Präsentation des in den Fenstern dargestellten Wissens zu ermöglichen. Diese Erweiterungen werden im Augenblick vorgenommen.

Weiterhin soll die Hypermediafähigkeit erweitert werden. Bisher können beliebige Texte und Bilder präsentiert werden. Zur Darstellung eines Symptoms oder einer Symptomausprägung ist allerdings manchmal eine Ton- oder Bildfolge notwendig, um z.B. das Geräusch eines fehlerhaften Motors darstellen zu können.

Der zugrundeliegende Prozeß bzw. das entsprechende kausale Modell kann zwar durch Allgemeinwissen erklärt werden, die Darstellung des Problems in einem eigenständigen und ablauffähigen funktionalen Modell besitzt jedoch einen ungleich höheren Erklärungs- und Begründungswert. Daher werden wir einen Wechsel der Wissensart ermöglichen.

Ansonsten sind die Forderungen nach Flexibilität und Adaptivität erfüllt:

- Es ist möglich, nur die relevanten Regeln auszugeben, d.h. diejenigen, die verwendet wurden und zusätzlich ein einstellbares Relevanzmaß überschreiten.
- Es werden verschiedene Darstellungsarten angeboten (Begründungsgraph und Aufzählung).
- Durch Pop-up-Menüs, die nach Anklicken eines Objektes erscheinen, sind Verweise für den Anwender leicht zu benutzen.

Die **Kritikkomponente** erfüllt alle Anforderungen: Sie erlaubt ein eigenständiges Arbeiten des Anwenders und gestattet ihm, wenn er Hilfe benötigt, die Erklärungskomponente bzw. das Handbuch zu benutzen. Die normale Arbeitsweise des Anwenders wird nicht beeinträchtigt; wenn er Schwierigkeiten hat, kann er effizient auf die benötigte Zusatzinformation zugreifen oder sich bei der Problemlösung vom System unterstützen lassen. Er ist dann in der Lage, Fälle zu lösen, die sein bisheriges Kompetenzniveau überschreiten. Außerdem wird er sich die Lösung des Falles einprägen und damit sein Wissen erweitern und seine Qualifikation erhöhen. Dieses Werkzeug bringt ihm also nur Vorteile und das Akzeptanzproblem sollte somit überwunden sein.

Eine Verbesserung der Hilfestellung für den Anwender wäre, ihn die benötigten Zusatzinformationen nicht selbstständig suchen zu lassen, sondern diese gezielt anzubieten. Dazu ist eine Analyse notwendig, welches Wissen ihm zur Lösung eines Problems fehlt oder an welcher Stelle des bisherigen Lösungsprozesses er Wissen verwendet hat, das von dem der Wissensbasis abweicht. Mit Realisierung der neuen Tutorkomponente könnte dies möglich werden.

Die **Tutorkomponente** ist mit den unterschiedlichen Detaillierungsgraden der Problemlösung sowie ihrer graphischen Oberfläche ein komfortables Werkzeug zum selbstständigen Lernen. Die benötigte Menge von Beispielen kann über den normalen Dialog eingegeben werden.

Der Tutor wird zur Zeit zu einem "intelligenten tutoriellen System" erweitert. Zu diesem Zweck werden folgende Erweiterungen realisiert:

- Für die Symptompräsentation und -findung wird eine hypermediafähige Schnittstelle bereitgestellt. Die Möglichkeit, den Lernenden die Symptome anhand von Bildern oder Geräuschen selbst erkennen zu lassen, ist in einem intelligenten Tutor für ein diagnostisches Expertensystem sehr wichtig, da in vielen Anwendungsgebieten eine optimierte Suche nach den Symptomen wesentlich ist und einen Experten auszeichnet. Das betrifft sowohl das exakte Erkennen und die vollständige Erfassung aller wesentlichen Symptome, als auch eine möglichst einfache Erfassung der entscheidenden Symptome gemäß einer Kosten-Nutzen-Relation.

  In der beabsichtigten Realisierung kann der Tutor die Strategie der Symptomfindung des Lerners verfolgen und durch Zusatzfragen feststellen, welche Symptome er richtig erkannt hat.

  Insgesamt wird das Lernerverhalten durch die kontrollierte Symptomfindung des Lerners für den Tutor erfaßbar. Dadurch wird er in die Lage versetzt, benutzerspezifische Hilfen zu geben und somit "intelligent" zu reagieren.

- Es wird ein ablauffähiges Lernermodell generiert. Dieses ist als separate Wissensbasis angelegt, die unter Zuhilfenahme des Expertenwissens initialisiert und anschließend an den Lerner angepaßt wird. Zusätzlich werden Regeln zur Diagnose von falschem oder fehlendem Wissen definiert. Die Schwierigkeiten des Lerners können dann auf ihre Ursachen zurückgeführt und anschließend gezielte Maßnahmen zu ihrer Behebung eingeleitet werden.

- Eine Didaktikkomponente wird realisiert. Diese enthält Regeln, die diagnostizierten Wissensdefiziten Reaktionen zuordnen. Die Regeln betreffen
  - die Auswahl eines geeigneten Beispiels,
  - die Auswahl einer geeigneten Unterrichtseinheit,
  - die Entscheidung, die Wissensart zu wechseln, also z.B. ein Problem, mit dem der Lerner große Schwierigkeiten hat, nicht mehr im heuristischen sondern im kausalen Modell darzustellen,
  - die Reaktion auf (falsche) Eingaben des Lerners.
  Diese Regeln verbessern die adaptiven Fähigkeiten des Tutors, da die dem Lerner gestellten Aufgaben und die bei Fehlern präsentierten Wissenseinheiten seinem Wissensniveau angepaßt sind und sich der Lerneffekt dadurch erhöht.
- Es können Unterrichtseinheiten definiert werden, die bei Lerndefiziten abrufbar sind. Der Tutor kann dann bei erkannten Fehlern des Lerners eine geeignete Unterrichtseinheit auswählen, um das fehlende oder falsche Wissen korrekt zu vermitteln.

Der intelligente Tutor wird mit Hilfe des Hypermediasystems zu diagnostizierende Beispielfälle realistisch darstellen, die Interaktionen des Lerners mit seiner Benutzerschnittstelle verfolgen und in adäquate Reaktionen umsetzen können.

4 Zusammenfassung und Bezug zu anderen Entwicklungen

Wir haben ein Konzept zur Nutzung der Expertise von Expertensystemen zur Qualifikation von Anwendern des Systems vorgestellt. Dabei wurde deutlich, daß hypermedial dargestelltes Allgemeinwissen zur Unterstützung der wissensvermittelnden Komponenten notwendig ist.

Die Erklärungskomponente benötigt Zusatzwissen, um nicht nur das Vorgehen des Systems in dessen Terminologie erklären, sondern auch die Art des Vorgehens begründen zu können. Da für unterschiedliches Wissen unterschiedliche Darstellungsformen notwendig sind, ergibt sich notwendigerweise eine Anbindung an ein hypermediales System. Um der Tutorkomponente eine realistische Präsentation einer Aufgabenstellung zu ermöglichen, benötigt auch sie hypermediale Fähigkeiten. Da ein Hypermediasystem außer der unterstützenden Funktion auch als Handbuch verwendet werden kann, lohnt sich der Aufwand, es in die Expertensystemshell einzubinden.

Dabei wird der Weg verlassen, möglichst viel Wissen direkt in der Wissensbasis des Expertensystems auszudrücken (Clancey 1983). Stattdessen werden unterstützendes Bereichswissen und die eigentliche Expertise getrennt gehalten. Dadurch sollte auch das von Clancey angesprochene Problem der "compilierten" Regeln gelöst werden können. In der Wissensbasis ist die compilierte Regel eingetragen und wird für die Lösungsfindung verwendet. Benötigt der Anwender eine Begründung oder die Aufsplittrung der Regeln in ihre Teilregeln, kann ihm diese Information durch ein Handbuch-Fenster dargeboten werden.

Durch die Tendenz, die Tutorkomponente intelligenter zu machen und ihr mehr Wissen in verschiedenen Darstellungsformen zur Verfügung zu stellen, ergeben sich Parallelen zu Lernprogrammen und Autorensystemen. Die Zielsetzung dieser Systeme ist allerdings nicht identisch mit der eines intelligenten Tutors für ein Expertensystem. Die Gewichtung liegt bei ihnen in dem Vermitteln von Bereichswissen, das trotz seiner Komplexität allgemeingültig ist, und nicht in der Vermittlung von - in einer ablauffähigen Wissensbasis enthaltenen - Expertenwissen anhand realistischer Problemstellungen sowie der Erklärung des Vorgehens. Bei Systemen wie IDE (IDExpert (Merril/Li 1989) und IDE-Interpreter (Russell 1986)), ECAL (Elsom-Cook/O'Malley 1990) und Nestor (Richartz/Schaper 1990) werden daher der Curriculumentwurf sowie die multimedialen Darstellungsformen betont, die explizite Verfügbarkeit des eingegebenen Wissens durch das System wird nicht gefordert. Es genügen "Verwaltungs-" Informationen über das Wissen, wie z.B. Teilwissen 'A' ist notwendig für Teilwissen 'B'.

Danksagung

Wir danken Ute Gappa, Klaus Goos und Frank Puppe für Kommentare zu früheren Versionen dieses Papieres. Teile dieser Arbeit wurden im Rahmen des BMFT-Projektes "Qualifizierende Arbeitsgestaltung mit tutoriellen Expertensystemen für technische Diagnoseaufgaben" gefördert.

Literatur

Burton, R. R. und Brown, J. S. (1979), An investigation of computer coaching for informal learning activities, International Journal of Man-Machine Studies 11.

Clancey, W. J. (1983), The Epistemology of a Rule-Based Expert System - a Framework for Explanation, in: Artificial Intelligence 20, S. 215-251.

Collins, A. und Stevens, A. L. (1982), Goals and strategies for inquiry teachers, in: Glaser, R. (Hrsg.), Advances in instructional Psychology, Vol.2, Hillsdale (New Jersey).

Bamberger, S. et al. (1991), Die Diagnostik-Expertensystem-Shell D3, Handbuch zur Version 1.0, Universität Karlsruhe, Institut für Logik, Komplexität und Deduktionssysteme.

Elsom-Cook, M. T. und O'Malley, C. E. (1990), ECAL: Bridging the gap between CAL and intelligent tutoring systems, in: Computers Education 15.

Gappa, U. (1989), CLASSIKA: A knowledge acquisition tool for use by experts, Proceedings of the Fourth Knowledge Acquisition for Knowledge-Based Systems Workshop, Banff, Kanada, 1989.

Herrmann, Th., Busch, B. und Geenen, M. (1991a), Thesenpapier zum Workshop "Interaktionsformen an Expertensystemen und Qualifikationsveränderung- ein Beitrag zur integrativen Technikfolgenforschung", Universität Bonn, 1991.

Herrmann, Th., Busch, B. und Geenen, M. (1991b), Qualifikations- und Qualitätssicherung als Zielkriterium im Expertensystem-Entwicklungsprozeß, interne Auswertungstabelle für die Schnittstellenanalyse, Universität Bonn.

Meinl, A. (1990), HyperXPert (Diplomarbeit), Universität Karlsruhe, Institut für Logik, Komplexität und Deduktionssysteme, Oktober 1990.

Merril, M. D. und Li, Z. (1989), An Instructional Design Expert System, in: Journal of Computer-Based Instruction 16.

Östberg, O. (1986), Expert systems in a social environment - human factors concerns, Proceedings of the Human Factors Society 30th Annual Meeting, 1986.

Puppe, F. (1990), Problemlösungsmethoden in Expertensystemen, Berlin u.a.

Puppe, F., Legleitner, T. und Huber, K. (1991), DAX/MED2: A diagnostic expert system for quality assurance of an automatic transmission control unit, erscheint in Zarri, G. P. (Hrsg.), Operational Expert Systems in Europe,.

Puppe, F., Puppe, B. und Poeck, K. (1991), Über die tutorielle Nutzung medizinischer Diagnostik-Expertensysteme, in: Klinisch-Methodologische Aspekte medizinischer Expertensysteme.

Richartz, M. und Schaper, J. (1990), Das Projekt NESTOR, in: Gloor, P. A. und Streitz, N. A. (Hrsg.) Hypertext und Hypermedia. Von theoretischen Konzepten zur praktischen Anwendung, Berlin u.a., S. 253-257.

Russell, D. M. (1986), The Instructional Design Environment: The Interpreter, in: Psotka et al. (Hrsg.), Intelligent Tutoring Systems: Lessons Learned, Hillsdale (New Jersey).

Williams, M. D., Hollan, J. D. und Stevens A. L. (1981), An overview of Steamer: An advanced computer-assisted instruction system for propulsion engineering, in: Behavior Research Methods and Instrumentation 13, No. 2.

Woolf, B. P. und McDonald, D. D. (1984), Building a computer tutor: design issues, in: IEEE Computer 17, No.9.

Einsatz von Hypertext/Hypermedia zur Verbesserung der Erklärungsfähigkeit Wissensbasierter Systeme

Dr. Uwe Hoppe

Inhaltsverzeichnis

1 Einleitung 173

2 Grundlagen 173

   2.1 Hypertext/Hypermedia 173

   2.2 Konzeptuelle Modellierung in KADS 174

3 Erklärungsfähigkeit Wissensbasierter Systeme 177

   3.1 Einsatzbereiche von Erklärungskomponenten 177

   3.2 Erklärungsanforderungen, Funktionen der Erklärungskomponente und Form der Erklärung 178

4 Standarderklärungskomponenten und weitergehende Erklärungsansätze 179

   4.1 Standarderklärungskomponenten 179

   4.2 Ansätze zur Verbesserung der Erklärungsfähigkeit von WBS 181

   4.3 Beurteilung weitergehender Erklärungsansätze 182

5 Hypertextbasierte Erklärungskomponenten auf der Grundlage Konzeptueller Modelle 183

6 Hypertextbasierte Erklärungen in ABASS 185

   6.1 ABASS - Ein wissensbasierter Anlageberatungsassistent für Kreditinstitute . 185

   6.2 Architektur von ABASS 187

   6.3 Realisierung von Erklärungsanforderungen in ABASS 188

      6.3.1 Überblick 188

      6.3.2 Erklärung von Fragen zur Problemlösungsstrategie 189

      6.3.3 Erklärung zu Hintergründen von Wissenselementen (Rechtfertigungen) 190

      6.3.3 Erklärung von terminologischem Wissen ("Glossar") 192

7 Zusammenfassung 193

Literaturverzeichnis 196

1 Einleitung

Der vorliegende Beitrag beschäftigt sich damit, die Erklärungsfähigkeit von Wissensbasierten Systemen (WBS) durch Integration mit Hypertext/Hypermedia zu verbessern.

Als Erklärungsfähigkeit wird die Funktionalität von WBS bezeichnet, ihren Schlußfolgerungsprozeß und das diesem Prozeß zugrunde liegende Wissen erläutern zu können. Während die Erklärungsfähigkeit von WBS zunächst als ein wesentlicher Vorteil gegenüber konventionellen Anwendungssystemen angesehen wurde, wird sie heute zunehmend kritisch beurteilt. Dies läßt sich damit begründen, daß sie als "Nebenprodukt" (Puppe 1988, S.128) deklarativer Wissensrepräsentationsformen den Anforderungen, die man an Erklärungskomponenten kommerzieller WBS stellt, nur unzureichend gerecht wird.

Das Hypertextkonzept bietet aufgrund der flexiblen Möglichkeiten, Informationseinheiten zu strukturieren sowie anspruchsvoll zu präsentieren (Hypermedia), eine geeignete Basis, um eine hypertextbasierte Erklärungskomponente zu realisieren (Yetim 1991). Für den inhaltlichen Aufbau der Erklärungen können Dokumente eines Konzeptuellen Modells verwendet werden, das im Rahmen einer modellbasierten Entwicklung von WBS (KADS-Methodologie[1]) zu erstellen ist.

Nachfolgend werden daher in Kapitel 2 Grundlagen des Hypertextkonzepts sowie der KADS-Methodologie zur Entwicklung von modellbasierten WBS behandelt. Die Erklärungsfähigkeit von WBS ist Gegenstand des Kapitels 3. In Kapitel 4 werden Probleme der Leistungsfähigkeit von Standarderklärungskomponenten und Verbesserungsvorschläge diskutiert, die sich in der Literatur finden lassen.
Kapitel 5 behandelt hypertextbasierte Erklärungskomponenten auf der Grundlage von Konzeptuellen Modellen im Sinne von KADS.
Die hypertextbasierte[2] Erklärungskomponente des Wissensbasierten Systems ABASS wird in Kapitel 6 beschrieben.[3]
Kapitel 7 faßt die Ergebnisse des Beitrages zusammen und gibt einen Ausblick auf weitere Arbeiten zu diesem Thema.

2 Grundlagen

2.1 Hypertext/Hypermedia

Der folgende Überblick zu Hypertext/Hypermedia ist knapp gehalten. Ausführliche Darstellungen finden sich bei Kuhlen (1991), Nielsen (1990), Conklin (1987) und Bogaschewsky (1992a) sowie in diesem Tagungsband (Bogaschewsky 1992b).

---

[1] KADS: *Knowledge Acquisition and Documentation Structuring*
[2] Für die Erklärungskomponente in ABASS steht bislang keine hypermediale Entwicklungsumgebung zur Verfügung, so daß von einer hyper*text*basierten (im Gegensatz zu einer hyper*media*basierten) Erklärungskomponente gesprochen wird. Vgl. auch die begriffliche Abgrenzung in Kapitel 2.1.
[3] Vgl. hierzu auch die hypertextbasierte Erklärungskomponente des Expertensystems WISKREDAS (Yetim 1991).

Die grundlegende Idee des *Hypertextkonzeptes* ist es, Informationen in einer netzwerkartigen Struktur zu organisieren. Diese Struktur, der sogenannte *Hypertext*[4], setzt sich aus den Basiselementen "Knoten" (nodes) und "Kanten" (links) zusammen. Dabei repräsentieren die Knoten die eigentlichen Informationseinheiten, während die Kanten die Relationen zwischen den Knoten (oder Teilen davon) darstellen.
Durch den Einsatz *typisierter Links* lassen sich Beziehungen zwischen Informationseinheiten mit einem Label versehen, so daß deren semantischer Gehalt interpretiert werden kann (Streitz 1990). Als Beispiel wäre es denkbar, daß einem laienhaften Benutzer eines Hypertextes nur die für ihn (oder eine definierte Benutzerklasse) relevanten Informationseinheiten angezeigt werden, die über eine bestimmte typisierte Linkart miteinander verknüpft sind.

Die Netzwerkstruktur eines Hypertextes ergibt sich aus dem beliebigen Verknüpfen von Informationseinheiten durch Kanten.[5] Im Gegensatz zu einer Strukturierung von Informationen, wie sie z.B. in Textbüchern erfolgt, handelt es sich bei einem Hypertext um eine *nicht-lineare Struktur*, da der Benutzer diesen beliebig, d.h. entlang der vordefinierten Zugriffspfade, traversieren kann.

Hypertextsysteme sind Softwarewerkzeuge, die das Erstellen und Verwalten von Hypertexten unterstützen (Bogaschewsky 1992a).

Von *Hypermedia* ist in der Regel die Rede, wenn die Knoteninformationen in multimedialer Form (z.B. Ton, Video, statische sowie dynamische Graphiken) repräsentiert sind.

Die besonderen Strukturierungs- und Verarbeitungsmöglichkeiten eines Hypertextes können auf effiziente Weise nur in elektronischer Form realisiert werden. Bei der Anzeige von Knoteninhalten auf dem Bildschirm eines Rechners wird in diesem Zusammenhang häufig von "Karten" gesprochen.

2.2 Konzeptuelle Modellierung in KADS

KADS ("**K**nowledge **A**cquisition and **D**ocumentation **S**tructuring") (Breuker/Wielinga 1989)[6] beschreibt eine Methodologie zum Erstellen von WBS, die im wesentlichen aus den Arbeiten einer Amsterdamer Forschungsgruppe im Rahmen von ESPRIT-Projekten hervorgegangen ist. Das Grundverständnis der KADS-Methodologie besteht darin, die Entwicklung von WBS als einen Modellierungsprozeß zu sehen, der aus Abstraktions- und Transformationsvorgängen besteht. Die konzeptuelle Lücke, die zwischen der realen Problemstellung und dem ablauffähigen WBS existiert, wird durch eine Reihe von Modellen mit variierendem Abstraktionsgrad systematisch überbrückt. Diese modellbasierte Vorgehensweise steht im Gegensatz zum Rapid Prototyping, das eine direkte Umsetzung des

---

[4] Der Begriff "Hyperdokument" wird in diesem Beitrag synonym verwendet, um einen Hypertext zu bezeichnen.
[5] Der Begriff "Netzwerk" schließt den Fall mit ein, daß der Entwickler eines Hypertextes ein anderes Organisationsprinzip wählt, beispielsweise eine Hierarchie oder Heterarchie.
[6] Vgl. auch den Überblick zur KADS-Methodologie in (Hoppe 1991a; Hoppe 1992) sowie die dort angegebene Literatur zu KADS.

Wissens in das operationale System postuliert. Der Entwicklungsprozeß ist damit ein Transformationsprozeß, der von der realen Problemstellung zum ablauffähigen WBS führt.

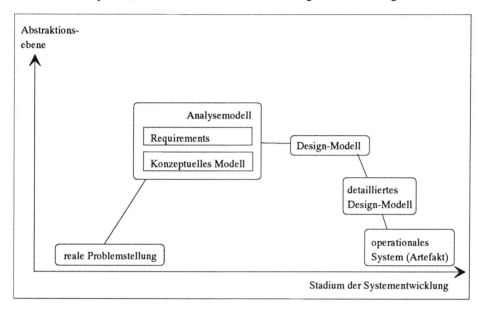

Abb. 1: *Entwicklungskurve Wissensbasierter Systeme (Wielinga/Bredeweg/Breuker 1988)*

Das Vorgehensmodell der KADS-Methodologie, von den Autoren als Life Cycle-Modell bezeichnet (Barthélemy et al. 1987), unterteilt den Entwicklungsprozeß in die Phasen Analyse, Design, Implementierung, Installation, Gebrauch ("use") und Wartung ("maintenance").[7] Wesentliches Ergebnis der Analysephase ist, neben einer Dokumentation der Systemanforderungen, die im Rahmen eines Requirements Engineering erhoben werden, ein Konzeptuelles Modell der Expertise (vgl. Abbildung 1). Um dieses zu beschreiben, wurde eine Sprache entworfen, die KADS Conceptual Modelling Language (KCML). Die Semantik der Modellierungssprache beruht auf der Theorie der vier Ebenen (vgl. Abbildung 2). Hierbei wird davon ausgegangen, daß es möglich und sinnvoll ist, verschiedene generische Wissensarten zu unterscheiden, die in Schichten mit begrenzter Interaktion organisiert werden können.

---

[7] Vgl. jedoch die bei Hickman (1989) beschriebene Möglichkeit, andere Vorgehensmodelle innerhalb der KADS-Methodologie zu verwenden.

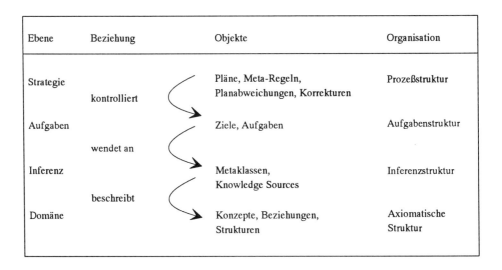

Abb. 2: Das Vier-Ebenen-Modell der KADS-Methodologie (Breuker/Wielinga, 1989)

Eine mögliche Interpretation des 4-Ebenen-Modells betrachtet die Ebenen als eine Folge von Interpretern, wobei jede Ebene auf der nächsthöheren Schicht beschrieben und kontrolliert wird (ausgenommen natürlich die Strategieebene als höchste Schicht). Die *Domänenebene*[8] beschreibt die Konzepte[8] der Domäne und ihre Beziehungen untereinander. Die *Inferenzebene* beschreibt die **möglichen** Inferenzen oder Schlußfolgerungen, die auf der Basis des auf der Domänenebene beschriebenen Wissens abgeleitet werden können. Die Inferenzebene wiederum bildet die Grundlage für die darüberliegende *Aufgabenebene*, welche die **konkret** zur Problemlösung erforderlichen Schlußfolgerungsabläufe in Form von Aufgabenstrukturen (task structures) verdeutlicht. Da mit der Inferenzstruktur ganz unterschiedliche Aufgabenstrukturen zur Problemlösung entworfen werden können, kontrolliert die *Strategieebene* die Generierung bzw. Auswahl und den Ablauf der Aufgabenstrukturen zur Lösung der realen Problemstellung.

Zusammengefaßt läßt sich sagen, daß die Inferenzebene beschreibt, **was** generell auf der Basis des Domänenwissens geschlußfolgert werden kann, während die Aufgabenebene und die Strategieebene verdeutlichen, **welche** konkreten Schlußfolgerungen **wann** zu vollziehen sind, um zu einer Lösung zu gelangen.

Die Konstruktion des Konzeptuellen Modells erfolgt im Idealfall auf der Basis vorhandener generischer Interpretationsmodelle[9], die typische Schlußfolgerungsmuster und -abläufe verdeutlichen. Die KADS-Methodologie gibt dem Knowledge Engineer eine Bibliothek von Interpretationsmodellen an die Hand, die aufgrund von Erfahrungen bisheriger WBS-

---

[8] Unter einem Konzept wird die Menge aller definierenden Eigenschaften eines Objektes, Ereignisses oder Prozesses verstanden (Clancey 1985, S.300).

[9] Ein Interpretationsmodell ist generisch, da es über keine Domänenebene verfügt. Es verdeutlicht auf der Aufgaben- und Inferenzebene lediglich solche Schlußfolgerungsabläufe, die in verschiedenen Domänen identifiziert werden können.

Entwicklungen identifiziert und beschrieben werden konnten (Breuker et al. 1987). Der Knowledge Engineer bemüht sich in einer möglichst frühen Phase des Entwicklungsprozesses, ein oder mehrere Interpretationsmodell(e) aus der Bibliothek auszuwählen, die der gegebenen realen Problemstellung bestmöglich entsprechen. Diese Interpretationsmodelle werden ggf. modifiziert und zu einem sogenannten Wirklichkeitsmodell zusammengesetzt. Das Wirklichkeitsmodell wird durch Ergänzung des domänenspezifischen Wissens (Domänenebene) in das Konzeptuelle Modell überführt (Hoppe 1992, S.73-76).
Sofern die Bibliothek keine hinreichend ähnlichen Interpretationsmodelle aufweist, ist der Knowledge Engineer gezwungen, eine vollständige Neukonstruktion des Konzeptuellen Modells vorzunehmen.

3 Erklärungsfähigkeit Wissensbasierter Systeme

3.1 Einsatzbereiche von Erklärungskomponenten

Die Erklärungskomponente eines WBS ist die logische Einheit der Komponenten oder Module eines WBS, welche die Erklärungsfähigkeit des Systems realisieren. Erklärungskomponenten können sowohl während des Entwicklungsprozesses als auch während der Konsultation des fertiggestellten WBS zum Einsatz kommen. Als Zielgruppen für Erklärungen kommen Entwickler (Experten, Knowledge Engineers) sowie Anwender in Frage. Letztere können weiter in Fachleute mit ausgeprägten Kenntnissen des Fachgebietes (Domäne), lernende Anwender und Laien differenziert werden (Kolb 1991, S.142 f.). Es lassen sich folgende Einsatzbereiche von Erklärungskomponenten unterscheiden:

Debugging:
Die Erklärungskomponente soll es den Systementwicklern ermöglichen, während des Entwicklungsprozesses, insbesondere während des Testens von WBS, die Inferenzprozesse sowie die Wissensbank auf Vollständigkeit, Korrektheit und Konsistenz hin zu überprüfen. Kommerzielle Tools zur Entwicklung von WBS verfügen i.d.R. über Debugging-Möglichkeiten, die über jene von Erklärungskomponenten hinausgehen. Jedoch kann die Erklärungskomponente als Debugginghilfe für den Experten von Bedeutung sein. Eine Erklärung erlaubt einen zumeist verständlicheren Einblick in die Schlußfolgerungskompetenz eines WBS als typische, etwas "kryptisch" anmutende und nur schwer lesbare Ablaufprotokolle ("Traces") bzw. Bildschirmausgaben eines Debuggers. Letztere wiederum stellen jedoch für den Knowledge Engineer ein unverzichtbares Werkzeug dar.

Training und Tutoring:
Die Erklärungsfähigkeit eines WBS wird als Möglichkeit betrachtet, Expertise vom WBS zu Anwendern zu tranferieren. Die Zielrichtung des Einsatzes des WBS verschiebt sich damit von der eigentlichen Problemlösung hin zum Tutoring. Hierzu ist es erforderlich, dem Lernenden Schlußfolgerungsprozesse, insbesondere die vom System verfolgten Problemlösungsstrategien, sowie das in der Wissensbasis enthaltene Domänenwissen zu erläutern.
Versuche, WBS auf der Basis ihrer Erklärungsfähigkeit für tutorielle Zwecke einzusetzen (Clancey/Letsinger 1981), haben gezeigt, daß die hierzu erforderlichen Erweiterungen und

Modifikationen von Wissensbasen dem Aufwand einer Neuimplementierung gleichkommen können (Clancey 1983). Erforderlich sind dedizierte Systeme, die den speziellen Anforderungen tutorieller Systeme (Benutzermodellierung, lerntheoretische Fundierung etc.) gerecht werden. "Das Expertensystem als 'Lehrer' gehört .. zu den uneingelösten Ansprüchen der KI-Ideologie." (Coy/Bonsiepen 1990, S.69).

Verbesserung der Benutzerakzeptanz
Die Problemlösungsfähigkeit von WBS beruht u.a. auf der Anwendung von heuristischem Wissen. Es liegt in der Natur von Heuristiken, daß sie zwar in den meisten Fällen (jedoch nicht immer) Lösungen liefern, die ein befriedigendes (im Gegensatz zu einem optimalen) Niveau aufweisen. Aber auch bei einer korrekten Implementierung des WBS können fehlerhafte Lösungen nicht ausgeschlossen werden (Hoppe 1992, S.10-14). Kolb (1991, S.142) weist darauf hin, daß aus einer entscheidungsorientierten Sicht die Lösungsvorschläge eines WBS letzlich von einem menschlichen Entscheidungsträger zu verantworten sind. Dieser wird jedoch nur dann bereit sein, die Vorschläge zu tragen, wenn er sie verstehen und nachvollziehen kann.

Der laienhafte Anwender benötigt während der Konsultation zusätzliche Informationen in Form von Erklärungen, die es ihm erlauben, die Plausibilität der vorgeschlagenen Ergebnisse zu überprüfen. Die Transparenz des Lösungsweges wird verbessert.

Fachleute sind vor allem an der Korrektheit von Lösungen interessiert. Darüber hinaus ist ggf. die Tatsache zu erklären, daß das System Lösungen verwirft, die von den Fachleuten erwartet werden.

Die Erklärungsfähigkeit ist somit, neben der tatsächlichen Kompetenz eines WBS, die Grundlage für die Akzeptanz des Systems beim Benutzer (Möller 1989, S.98; Kurbel 1989, S.29).

Aufgrund der genannten grundsätzlichen Probleme und Einschränkungen beim Einsatz von Erklärungskomponenten in den Aufgabenbereichen Tutoring und Debugging, konzentriert sich der vorliegende Beitrag auf eine verbesserte Benutzerakzeptanz durch Einsatz von Erklärungskomponenten.

3.2 Erklärungsanforderungen, Funktionen der Erklärungskomponente und Form der Erklärung

Es lassen sich folgende benutzerseitige *Erklärungsanforderungen* unterscheiden:
- Erklärung von Systemanfragen an den Benutzer, d.h. "Warum" werden bestimmte Informationen von dem Benutzer erfragt?
- Erklärung der (Zwischen-)Lösungen bzw. der Korrektheit der Lösungen gegenüber dem Benutzer, d.h. "Wie" ist das System zu einer Lösung gekommen?
- Rechtfertigung des Hintergrundwissens von Wissenselementen[10] der Wissensbasis, d.h. welche grundlegenden Ideen und Prinzipien begründen eine bestimmte Heuristik?

---

10   Der Begriff 'Wissenselement' wird eingeführt, um beliebige Elemente einer Wissensbasis zu bezeichnen, z.B. Regeln oder Frames.

- Erklärung der Kontrollstrategie des WBS, d.h. welche generelle Problemlösungsstrategie liegt dem WBS zugrunde?
- Erklärung terminologischen Wissens, d.h. der Konzepte der Domäne, die in der Wissensbasis realisiert sind.

Die *Funktionen der Erklärungskomponente* bestehen darin, auf Anforderung durch den Benutzer, die Erklärung inhaltlich aufzubauen, diesen Aufbau in Abhängigkeit vom Vorwissen des Benutzers zu vollziehen sowie eine geeignete Darstellungsform (beispielsweise natürlichsprachlicher Text oder Graphik) für die Präsentation der Erklärung zu finden (Chandrasekaran/Tanner/Josephson 1989).

Die Erklärung kann in *direkter* oder *indirekter Form* erfolgen. Indirekte Erklärungen beruhen auf *statischen* Kommentaren, Texten u.ä., beispielsweise auf einem Literaturverweis, wo ein bestimmter Sachverhalt nachgelesen werden kann. Sie lassen sich natürlich auch in herkömmlichen Anwendungssystemen verwenden.

Von größerer Relevanz sind die direkten, d.h. aus den Wissenselementen abzuleitenden Erklärungen, die *dynamisch*, zur Laufzeit des Systems, generiert werden. Diese Erklärungen bestehen zumeist aus der Anzeige eines Trace derjenigen Wissenselemente, die in den aktuellen Schlußfolgerungsprozeß involviert sind. In Abhängigkeit von den Wissensrepräsentationsformen des Entwicklungswerkzeuges handelt es sich hierbei häufig um Regelketten, ggf. vermischt mit Hinweisen auf die Untersuchung von Objektstrukturen (beispielsweise Frames).

Als eine Mischform aus direkten und indirekten Erklärungen lassen sich Lückentexte einordnen, d.h. statische Texte, die man an vorgesehenen Stellen mit Variableninhalten ausfüllt. Friedrich und Stary (1990) sprechen in diesem Zusammenhang von einem "fill-in-the-blank-approach".

4 Standarderklärungskomponenten und weitergehende Erklärungsansätze

4.1 Standarderklärungskomponenten

Standarderklärungskomponenten kommerzieller WBS orientieren sich in ihrer Funktionalität im wesentlichen an dem regelbasierten Expertensystem MYCIN (Shortliffe/Buchanan 1985). Bei Anforderung einer Erklärung durch den Benutzer kommt es zur Anzeige eines Trace derjenigen Regeln, die zur Herleitung bestimmter Attributwerte herangezogen bzw. gerade verfolgt werden. Der Benutzer verfügt typischerweise über die Möglichkeit, "Wie-" und "Warum-"Fragen an das System zu stellen, welche die Erklärungskomponente folgendermaßen interpretiert:

Wie wurde ein bestimmter Sachverhalt (allg. ein Attributwert) hergeleitet, d.h. welche Regel(konklusion) wurde hierzu herangezogen? (rückwärtsorientierter Trace)
Warum verlangt das System eine bestimmte Eingabe von dem Benutzer, d.h. welche Regel(prämisse) wird aktuell von dem System untersucht? (vorwärtsorientierter Trace)

Eng verbunden mit der Art der Fragestellung ist der Zeitpunkt, zu dem der Benutzer eine Erklärung von dem System verlangen kann. Eine Wie-Frage ist üblicherweise nur dann zu stellen, wenn (Zwischen-)Ergebnisse dem Benutzer am Bildschirm angezeigt werden und der Schlußfolgerungsprozeß unterbrochen ist. Eine Warum-Frage hingegen kann jedesmal, wenn das System Inputdaten von dem Benutzer anfordert, an die Erklärungskomponente gerichtet werden.

In der Folge einer Warum- oder Wie-Frage kommt es zur Anzeige der Regel, deren Prämissen die Eingabe eines Wertes durch den Benutzer erfordern ("Warum?") oder deren Konklusion zur Herleitung eines Goals[11] geführt hat, das der Benutzer erklärt haben möchte ("Wie?"). Es besteht häufig die Möglichkeit, durch fortgesetzte Wie- oder Warum-Fragen weitere, in der Schlußfolgerungskette vor- oder nachgelagerte Regeln anzeigen zu lassen. Ein typischer Ausschnitt des Dialogs zwischen einem Benutzer und einer Standarderklärungskomponente findet sich in Harmon/King (1989, S.20-21).

Die Leistungsfähigkeit von Standarderklärungskomponenten ist begrenzt:
- Regelbasierte Systeme zwingen den Entwickler dazu, unterschiedliche Wissensarten mit Hilfe eines uniformen Wissensrepräsentationsmechanismusses abzubilden. Während Regeln, die heuristische oder kausale Zusammenhänge verdeutlichen, zumeist gut lesbar sind, erscheinen solche, die Kontrollzwecken dienen und/oder mit prozeduralen Elementen durchsetzt sind, als schwer lesbar und weisen somit einen nur geringen Erklärungswert auf.
- Regeln verkörpern oberflächliches Wissen in Form von Heuristiken. Das Hintergrundwissen zu diesen Heuristiken, als tiefes Wissen bezeichnet, ist in regelbasierten WBS nicht repräsentiert. Dieses Hintergrundwissen wird jedoch benötigt, damit die Erklärungskomponente Rechtfertigungen von Regeln (allgemein von Wissenselementen) geben kann. Eine Rechtfertigung beruht beispielsweise auf Ursache-Wirkungszusammenhängen oder statistischen Verallgemeinerungen (Chandrasekaran et al. 1988, S.224-226).
- Standarderklärungskomponenten verfügen über keine oder nur sehr eingeschränkte Möglichkeiten, die Problemlösungstrategie(n) eines WBS zu erläutern.
- Die Erklärung terminologischen (d.h. begrifflichen) Wissens wird durch Standarderklärungskomponenten in kommerziellen Entwicklungstools nicht hinreichend unterstützt.
- Das Zusammenspiel mehrerer Wissensrepräsentationsformen in hybriden WBS kann durch einen Trace von Wissenselementen nur schlecht erläutert werden.

---

[11] Mit dem Begriff "Goal" werden im folgenden Attributwerte bezeichnet, welche die Inferenzkomponente während einer Konsultation herzuleiten versucht.

4.2 Ansätze zur Verbesserung der Erklärungsfähigkeit von WBS

MYCIN/NEOMYCIN

In seinem Versuch, das Expertensystem MYCIN für tutorielle Zwecke nutzbar zu machen, untersucht Clancey (Clancey/Letsinger 1981, Clancey 1983) die Erklärungskomponente des Systems. Er stellt fest, daß unterschiedliche Wissensarten ohne weitere explizite Differenzierung in den uniformen Regelmechanismus des Expertensystems[12] (XPS) abgebildet werden mußten. In der Folge waren Teile des Wissens lediglich implizit in der Struktur des XPS repräsentiert worden, so daß diese Wissensbestandteile für die Erklärungskomponente nicht mehr extrahierbar sind.

Clancey unterscheidet zwischen den Wissensarten *strategisches Wissen* (strategic knowledge), *strukturelles Wissen* (structural knowledge) und *unterstützendes Wissen* (support knowledge). Das strategische Wissen repräsentiert die Kontrollstruktur des XPS, mithin die Problemlösungsstrategie. Strukturelles Wissen verdeutlicht die Beziehungsgeflechte zwischen den Konzepten der Domäne, beispielsweise die Organisation von Konzepten in Form von Lösungs- und Datenhierarchien in diagnostischen XPS. Unterstützendes Wissen schließlich stellt die Basis dar für Rechtfertigungen von Wissenselementen der Wissensbank.

Auf der Basis einer Neuimplementierung von MYCIN in dem Expertensystem NEOMYCIN repräsentiert Clancey strategisches Wissen in Form von Metaregeln und macht dieses Wissen somit der Erklärungskomponente zugänglich, die weiterhin auf der Verarbeitung eines Regeltrace beruht.

Der Generic Task Toolset

Der von Chandrasekaran propagierte Generic Task Approach (Chandrasekaran 1986) unterscheidet die Implementierungsebene (implementation level) von der Ebene der Informationsverarbeitung (information processing level). Dieser Ansatz geht auf Newell (1982) zurück, der gefordert hat, zwischen dem "symbol level" der Implementierungssprache eines WBS und dem "knowledge level" eines WBS, der die eigentliche Kompetenz des Systems verdeutlicht, zu differenzieren.

Eine Generic Task ist eine generische Problemlösungsmethode, die durch eine Menge von Kontrollstrategien, dazugehörige Organisationsformen der Domänenkonzepte sowie typische Arten von Input und Output gekennzeichnet ist. Für jede der bislang sechs von Chandrasekaran identifizierten Generic Tasks wurde ein dazugehöriges Werkzeug entwickelt. Diese bilden in ihrer Gesamtheit den *Generic Task Toolset* (Bylander/ Chandrasekaran/Josephson 1987). Die Werkzeuge erlauben eine Repräsentation von strategischem Kontrollwissen und unterstützendem Wissen auf der Ebene der Informationsverarbeitung. Dieses zusätzliche Erklärungswissen ermöglicht es, Wissenselemente

---

[12] Die Begriffe 'Expertensystem' und 'Wissensbasiertes System' werden für die Zwecke des Beitrages synonym verwendet.

zu rechtfertigen und die Kontrollstrategie(n) der Systeme zu erläutern (Chandrasekaran/ Tanner/Josephson 1989; Chandrasekaran/Tanner/Josephson 1988).

XPLAIN/EES

In den Systemen XPLAIN (Swartout 1983; Swartout 1985) bzw. EES[13] (Paris 1991) wird das Domänenwissen explizit unterteilt. Das *"beschreibende Domänenwissen"* (descriptive domain knowledge) verdeutlicht die Konzepte einer Domäne sowie die zwischen ihnen bestehenden Relationen ("causes", "is-a" etc.). Sogenannte *Domänenprinzipien* (domain principles) repräsentieren Kontrollwissen in Form von Goals, einer prototypischen Methode zum Erreichen der Goals sowie des Hintergrundes der Methode, der als Basis für eine Rechtfertigung dienen kann.

Ein automatischer Programmgenerator erzeugt, im Zuge eines Verfeinerungsprozesses, unter Abgleich des beschreibenden Domänenwissens und der Domänenprinzipien ablauffähigen Code der Wissensbank, der von einem Interpreter verarbeitet werden kann. Dieser Transformationsprozeß wird dokumentiert und für Erklärungsanforderungen zur Laufzeit des WBS zur Verfügung gestellt. Durch Rückgriff auf das Tiefenwissen in dem Domänenmodell kann XPLAIN Rechtfertigungen für Schlußfolgerungen geben.

4.3 Beurteilung weitergehender Erklärungsansätze

Clancey und Chandrasekaran erweitern die operationale Wissensbank um Erklärungswissen. Während Clancey hierbei über die Repräsentationsmöglichkeiten regelbasierter Systeme im wesentlichen nicht hinausgeht,[14] verwenden Chandrasekaran et al. spezialisierte Tools zu diesem Zweck. Letztere erlauben es, strategisches Wissen sowie ein tiefes Modell der Domäne abzubilden, das die Basis für Rechtfertigungen von Wissenselementen darstellt.

Der Ansatz der Generic Task Tools ist leistungsfähiger, jedoch nicht so generell anwendbar wie der Clancey's, da die jeweils adäquate Problemklasse, für die das Generic Task Tool entwickelt wurde, vorliegen muß (Hoppe 1992, S.90-93). Der Ansatz Swartouts ähnelt dem von Chandrasekaran insofern, als er ebenfalls ein tiefes Modell der Domäne repräsentiert. Anstatt jedoch das zur Problemlösung erforderliche Oberflächenwissen in einer ablauffähigen Form zu implementieren, wird der operationale Code des XPS über den Programmgenerator aus dem Tiefenwissen gewonnen.

Trotz der oben ausgeführten Unterschiede weisen die Ansätze Chandrasekarans, Clanceys und Swartouts zwei Gemeinsamkeiten auf:
1. Das für weitergehende Erklärungen erforderliche Wissen wird in formaler Form in der operationalen Wissensbasis oder als formal interpretierbares tiefes Modell, welches den Einsatz eines Programmgenerators erlaubt, repräsentiert.

---

[13] *Explainable Expert System*
[14] Vgl. jedoch die Verwendung von Regeln und Frames in der von Clancey konzipierten Shell HERACLES (Clancey/Bock 1988).

2. Die weitergehenden Erklärungskomponenten wurden mit speziellen Softwaretools implementiert, die zu Forschungszwecken entwickelt wurden.

Das Erweitern formaler Wissensstrukturen um die Wissensinhalte, die erforderlich sind, um weitergehende Erklärungsanforderungen des Anwenders zu befriedigen, geht mit zusätzlichem Entwicklungsaufwand einher.
Ein weiterer Nachteil liegt in dem prototypischen Charakter der Entwicklungswerkzeuge. Hierin kann ein Indiz gesehen werden, daß Applikationen, die unter Einsatz der beschriebenen Tools erstellt wurden, nicht über den Status von Forschungsprototypen hinausgekommen sind (Wick/Slagle 1989).

5 Hypertextbasierte Erklärungskomponenten auf der Grundlage Konzeptueller Modelle

Das prinzipielle Problem der Erklärungsfähigkeit in Standarderklärungskomponenten besteht darin, daß das für Erklärungszwecke erforderliche Wissen überhaupt nicht bzw. in einer der Erklärungskomponente nicht zugänglichen Form vorliegt. Der Grund hierfür ist, daß dieses Wissen für eine gute Performanz (im Sinne der Problemlösungsfähigkeit) eines WBS nicht erforderlich ist und von den Entwicklern häufig vernachlässigt wird. Eine Abkehr von dieser Vorgehensweise erscheint dringend geboten. Die Entwicklung einer leistungsfähigen Erklärungskomponente parallel zu einer kompetenten Problemlösungskomponente muß zu einem primären Designziel werden.

Erklärungswissen in Form von strukturellem, strategischem und unterstützendem Wissen wird während des Erstellungsprozesses eines WBS benötigt, um die operationale Wissensbasis aufzubauen. Insbesondere bei einer modellbasierten Vorgehensweise, wie sie durch KADS gegeben ist, werden Dokumente der Expertise, vor allem ein Konzeptuelles Modell, erstellt. Die verschiedenen Wissensarten des Konzeptuellen Modells reflektieren eine Differenzierung, wie sie in ähnlicher Form (strategisches Wissen, strukturelles Wissen, unterstützendes Wissen, vgl. Kapitel 4.2) von Clancey vorgenommen wird. Das Konzeptuelle Modell ist somit -in Verbindung mit zusätzlichen während der Analysephase erstellten Dokumenten- geeignet, als Grundlage für weitergehende Erklärungen zu dienen, die in Standarderklärungskomponenten nicht gegeben werden können. So läßt sich begriffliches oder terminologisches Wissen unter Rückgriff auf die Domänenebene des Konzeptuellen Modells erläutern. Strategisches Wissen zur Problemlösungsstrategie ist vor allem in der Aufgabenebene sowie, soweit erforderlich, in der Strategieebene abgebildet. Rechtfertigungen können anhand der Inferenzebene verdeutlicht werden, die prinzipielle Schlußfolgerungsprozesse repräsentiert. Die Ausführungen und Beispiele in Kapitel 6 verdeutlichen diese Möglichkeiten.

Das Hypertextkonzept bietet die Möglichkeit, derartige Informationsinhalte in unterschiedlichster Form (Text, Graphik, Ton, Video etc.) in einem strukturierten Hyperdokument zu organisieren und einer Erklärungskomponente zur Verfügung zu stellen.

Im Gegensatz zu einer Repräsentation zusätzlichen Erklärungswissens in einer formal interpretierbaren Form, verfügt die beschriebene Vorgehensweise, das zusätzliche Erklärungswissen in einem informalen Hyperdokument zu organisieren, über mehrere Vorteile:

- Der Entwicklungsaufwand für den Aufbau der operationalen Wissensbasis verringert sich, da die Entwickler sich darauf beschränken können, das für die Problemlösung erforderliche Wissen zu implementieren.

- Ein vergleichbarer Aufwand für die Entwicklung des Hyperdokumentes ist nicht gegeben, da die erforderlichen Dokumente in einem methodologisch fundierten Entwicklungsprozeß ohnehin zu erstellen sind. Die Informationseinheiten in dem Hyperdokument können bereits während der Wissensakquisitionsphase vorstrukturiert werden. Der Aufwand, das Hyperdokument auch für Erklärungszwecke zu verwenden, beschränkt sich somit darauf, die ggf. zu modifizierenden informationellen Einheiten des Hyperdokumentes mit den Wissenselementen der operationalen Wissensbasis sowie der dynamischen Wissensbasis[15] zu verknüpfen.

- Als ein wesentlicher Vorteil ist zu sehen, daß keine spezialisierten Wissensrepräsentationsformen erforderlich sind, um das Erklärungswissen zu repräsentieren. Somit können kommerzielle Entwicklungswerkzeuge verwendet werden.

- Insbesondere bei Einsatz einer hypermediabasierten Hardwareumgebung lassen sich die Erklärungsinhalte sehr anspruchsvoll, beispielsweise in Form von Video, Ton, Animationen u.ä. präsentieren.

- Eine hypertextbasierte Erklärungskomponente überläßt dem Benutzer die Initiative. Er kann sich in dem Hyperdokument alle erforderlichen Informationen verschaffen, um seinen individuellen Erklärungsbedarf zu befriedigen (Yetim 1990). Die Angst des Benutzers, durch den Einsatz eines WBS einen Kompetenzverlust zu erleiden, wird verringert (Yetim/Dambon 1991).

Die einzelnen Ebenen des Konzeptuellen Modells lassen sich auf unterschiedlichen Abstraktionsniveaus darstellen. Der Knowledge Engineer wird zunächst auf einem hohen Abstraktionsniveau operieren, um bei der Konstruktion des Wirklichkeitsmodells (vgl. Kapitel 2.2) die generischen Strukturen der Expertise herauszuarbeiten.
Um das Konzeptuelle Modell für Erklärungszwecke heranzuziehen, ist ein niedrigeres Abstraktionsniveau, mithin eine detailliertere Darstellung der einzelnen Ebenen des Konzeptuellen Modells erforderlich. Ein niedriges Abstraktionsniveau führt dazu, daß zunehmend domänenspezifische Begriffe in der Inferenzstruktur und der Aufgabenstruktur verwendet werden. So führen die KADS-Autoren aus, daß der Übergang zwischen der Inferenzebene und der Domänenebene fließend ist und in Abhängigkeit vom Detaillierungsgrad der Analyse erfolgt (Breuker/Wielinga 1989, S.282).

Um einen effizienten und wirtschaftlichen Entwicklungsprozeß von WBS zu gewährleisten, ist es sinnvoll, das in dem Konzeptuellen Modell repräsentierte Wissen bereits wäh-

---

[15] Die dynamische Wissensbasis enthält Benutzereingaben, hergeleitete Attributwerte, Informationen zum Status des Problemlösungsprozesses u.ä.

rend der Wissensakquisitionsphase in einem Hyperdokument zu organisieren. Der Einsatz von Hypertextsystemen, um die Wissensakquisition zu unterstützen, stellt einen eigenständigen Problembereich der Integration von Hypertext/Hypermedia und Wissensbasierten Systemen dar (Bogaschewsky 1992b). In Verbindung mit hypertextbasierten Erklärungskomponenten ergibt sich jedoch ein zusätzlicher Nutzen.

Neubert (1992) führt eine weitere Zwischenrepräsentation der Expertise ein, das sogenannte Hypermodell. Die detaillierten Protokolle, die bei der Wissenserhebung dokumentiert wurden, werden zunächst in einem Hyperdokument strukturiert. Dieses Hypermodell verringert die Distanz zwischen den in natürlicher Sprache vorliegenden Protokollen und dem Konzeptuellen Modell. Eine derartige Vorgehensweise erscheint insbesondere dann sinnvoll, wenn ausführbare (formale) Spezifikationssprachen für das Konzeptuelle Modell im Sinne der KADS-Methodologie eingesetzt werden (Angele et al. 1991).

Das Hypermodell ist domänenspezifischer als das Konzeptuelle Modell, da es dessen Konstruktion vorbereitet.[16] Der Übergang zwischen den beiden Repräsentationen ist jedoch fließend.

Die Erklärungskomponente des Wissensbasierten Systems ABASS (vgl. Kapitel 6) wurde im Anschluß an die Implementierungsarbeiten der Problemlösungskomponente auf Basis des vorhandenen Konzeptuellen Modells erstellt, um die Leistungsfähigkeit einer hypertextbasierten Erklärungskomponente aufzuzeigen. Es bleibt zu untersuchen, welche Möglichkeiten sich für eine hypertextbasierte Erklärungskomponente auf der Grundlage eines Hypermodells ergeben.

6 Hypertextbasierte Erklärungen in ABASS

6.1 ABASS - Ein wissensbasierter Anlageberatungsassistent für Kreditinstitute

ABASS (AnlageBeratungsASSistent) (Hoppe 1991b, Hoppe 1992) wurde zur Unterstützung der Vermögensanlageberatung in Kreditinstituten konzipiert. Als Zielgruppe sind Universalkunden vorgesehen. Intendierte Benutzer des Systems sind Kundenberater in Kreditinstituten, die nicht über das in langjähriger Praxis erworbene Erfahrungswissen hauptamtlicher Vermögensanlageberater verfügen. Daneben sollen sich jedoch auch Auszubildende sowie völlige Laien auf dem Gebiet der Anlageberatung einen Überblick über Vorgehensweise und typische Problemlösungen bei der Beratung verschaffen können.

Der von ABASS unterstützte Aufgabenbereich läßt sich anhand des *Beratungsumfanges* und der *Beratungstiefe* weiter konkretisieren. Der Beratungsumfang umfaßt die Anlagekategorien Renten (festverzinsliche Wertpapiere), Aktien, Investments, Optionen, Optionsscheine sowie Sparanlagen. Die Beratungstiefe variiert in Abhängigkeit von der jeweiligen Anlagekategorie. So werden im Bereich der festverzinslichen Wertpapiere, der Invest-

---

[16] Das Hypermodell wäre in Abbildung 2 (Kapitel 2.2) zwischen die reale Problemstellung und das Analysemodell einzufügen.

ments und der Sparanlagen dem Kunden konkrete Anlageformen vorgeschlagen, während in den Kategorien Optionen, Optionsscheine und Aktien lediglich allgemeine Hinweise zur aktuellen Situation an den entsprechenden Märkten (Börsen) gegeben werden.

ABASS wurde mit der Shell TIRS von IBM implementiert. Das System verfügt über Anschlüsse zu SQL-Datenbanken sowohl auf Host- als auch auf lokalen PC-Rechnern. Die hypertextbasierte Benutzungsoberfläche ist mit EASEL[17] realisiert. Wesentlicher Bestandteil der Dialogkomponente ist die hypertextbasierte Erklärungskomponente, die in Kapitel 6.3 beschrieben wird.

Die Beratungsstrategie von ABASS läßt sich grob in die folgenden Phasen unterteilen:

- Vorbereitungsphase
- Bestandsaufnahme
- Generieren von Anlagevorschlägen
- Unterbreiten der Anlagevorschläge

Die wissensbasierte Komponente des integrierten Systems selektiert die Anlagevorschläge im Rahmen einer Hypothesize-and-Test-Strategie (Puppe 1990, S.59). So werden zunächst anhand von Problemmerkmalen wie Risikofreudigkeit des Kunden, Anlageziel, Herkunft des Anlagebetrages, Depotzusammensetzung sowie ggf. bereits vorhandener Anlagevorstellungen des Kunden hypothetische Anlagekategorien identifiziert. Diese werden anhand von Nebenbedingungen wie Anlagebetrag, Anlagezeitraum und gewünschter Verfügbarkeit (Liquidierbarkeit) der Anlage verworfen oder bestätigt. Die bestätigten Anlagekategorien werden einem Verfeinerungsprozeß unterworfen, der zu konkreten, d.h. käuflichen Anlageformen führt. In einem (vorläufig) letzten Schritt werden insgesamt drei geeignete Anlageformen zu einem gemeinsamen Anlagevorschlag gebündelt und dem Kunden unterbreitet.

Die Expertise, die ABASS zugrunde liegt, wurde in Form eines implementationsunabhängigen Konzeptuellen Modells unter Verwendung der Modellierungssprache KCML der KADS-Methodologie dokumentiert. Daneben wurden weitere Dokumente, beispielsweise zu konkreten Domänenkonzepten (Name, Attribute, Wertebereiche etc.), zu den Beziehungen der Konzepte untereinander u.ä. erzeugt. Das Konzeptuelle Modell (sowie ggf. weitere geeignete Dokumente) stellt die Basis dar für die Bearbeitung weitergehender Erklärungsanforderungen in der im folgenden beschriebenen hypertextbasierten Erklärungskomponente.

---

[17] Objektorientierte Sprache für Benutzungsoberflächen.

6.2 Architektur von ABASS

Abbildung 3 verdeutlicht die Architektur von ABASS.

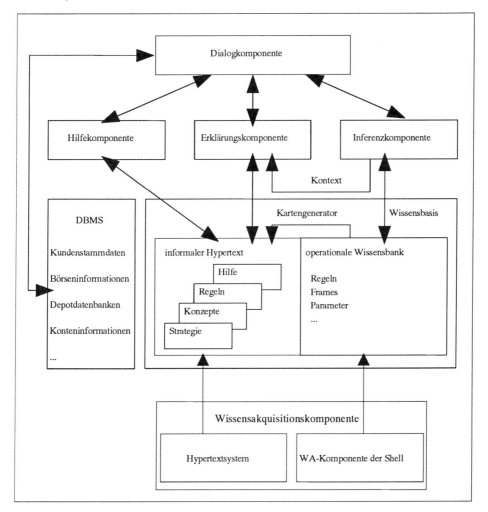

Abb. 3: Architektur von ABASS

Die Wissensbasis ist in einen formalen Teil mit klassischen Wissensrepräsentationsformen wie Regeln oder Frames und einen informalen Teil, der als Hyperdokument repräsentiert ist, unterteilt. Während die systemnahen Knowledge Engineers (Tank 1988) im wesentlichen die Wissensakquisitionskomponente verwenden, die von dem XPS-Werkzeug (hier: TIRS) zur Verfügung gestellt werden, können der Experte sowie anwendungsnahe Knowledge Engineers mit einem Hypertextsystem das Hyperdokument mit dem Erklärungswissen erstellen. Die Inferenzkomponente greift während des Problemlösungsprozesses auf die operationale Wissensbasis aus Regeln und Frames zu und liefert aus der dynamischen Wissensbasis die notwendigen Informationen zum Status des Problemlösungsprozesses an die Erklärungskomponente (Pfeil "Kontext" in Abbildung 3). Die Erklärungskomponente arbeitet nur mit der informalen Wissensbasis des Hyperdokumentes und ist in der Lage, aufgrund der gelieferten Statusinformationen kontextbezogene Erklärungskarten[18] aus dem Hyperdokument zu referenzieren. Da die Erklärungskomponente über keinen Zugriff zur operationalen Wissensbasis verfügt, werden die für Erklärungszwecke erforderlichen Regeltexte (z.B. für Wie- und Warum-Fragen) ebenfalls in dem Hyperdokument gehalten. Dies führt zu einer gewissen Redundanz, da die Regeln sowohl im Hyperdokument als auch in der operationalen Wissensbasis repräsentiert sind, sowie zu Problemen bei Erhaltung der Konsistenz zwischen der operationalen Wissensbasis und dem informalen Hyperdokument. Diese Problematik kann durch den Einsatz eines Regelgenerators gemildert werden, der aus einer in Pseudoenglisch vorliegenden Wissensbasis, die TIRS in erster Linie für Zwecke der Portierung von Wissensbasen bereitstellt, Karten für das Hyperdokument erzeugt. Ein weiterer Vorteil dieser Vorgehensweise liegt darin, daß die Regelkarten in einer für den Benutzer besser lesbaren Form aufbereitet werden können.

Informationen aus Datenbanken, welche die Inferenzkomponente benötigt, werden über die Dialogkomponente von dem lokalen oder auf dem Host-Rechner befindlichen Datenbankmanagementsystem (DBMS) angefordert.

6.3 Realisierung von Erklärungsanforderungen in ABASS

6.3.1 Überblick

Die Erklärungskomponente von ABASS wird im folgenden anhand der möglichen Erklärungsanforderungen durch den Benutzer erläutert. Hierbei beschränken sich die Ausführungen auf die weitergehenden Erklärungsanforderungen, die in Standarderklärungskomponenten nicht gegeben sind, d.h. Erklärungen zur Problemlösungsstrategie, zu Rechtfertigungen und begrifflichem Wissen (Glossar).
Die Darstellung der Funktionen der Erklärungskomponente konzentriert sich auf den Inhalt der Erklärung.[19]

Die folgende Abbildung 4 gibt einen Überblick, wie Erklärungsanforderungen in ABASS behandelt werden. Die Spalte "Kontext" verdeutlicht die Situation, in der eine Erklärung vom Benutzer angefordert wird.

---

[18] Der Begriff "Karte" bezeichnet im folgenden informationelle Einheiten des Hyperdokumentes, die in ABASS implementiert wurden.

[19] Der Grund für diese Beschränkung ist vorwiegend pragmatischer Natur: Die derzeit gegebene Hardwareausstattung erlaubt keine hypermediale Präsentation von Informationseinheiten, so daß sich die Präsentation von Erklärungen auf Texte und Graphiken beschränkt. Die Problematik der Benutzeradäquanz von Erklärungen als Strukturierungsprinzip für das Hyperdokument wird derzeit in einem Teilprojekt untersucht.

Art	Kontext	Karten	Form
Wie?	Ergebnisanzeige	Regelkarte	Text
Warum?	Eingabeaufforderg. an den Benutzer	Regelkarte	Text
Strategie	aktuelle Phase des Problemlösungsprozesses	Aufgabenstruktur auf verschiedenen Abstraktionsebenen	Graphik
Rechtfertigung	vorherige Anzeige einer Regel	Inferenzstruktur auf niedrigem Abstraktionsniveau	Graphik
		Rechtfertigungskarten	Text
Glossar	jede vorherige Anzeige einer Erklärungskarte	Konzeptstruktur (Domänenebene)	Graphik
		Glossarkarten	Text

Abb. 4: *Überblick: Realisierung von Erklärungsanforderungen in ABASS*

6.3.2 Erklärung von Fragen zur Problemlösungsstrategie

Fragen zur Problemlösungsstrategie werden befriedigt, indem auf die Aufgabenstruktur von ABASS verwiesen wird, die -auf der Grundlage der Aufgabenstruktur des Konzeptuellen Modells- in graphischer Form in Karten abgebildet ist. Hierbei sind zumindest zwei Ebenen mit unterschiedlichem Detaillierungsgrad vorgesehen.

Die Erklärungskomponente erhält während der gesamten Konsultation kontinuierlich Statusinformationen aus der wissensbasierten Komponente zur jeweilig aktuellen Phase des Problemlösungsprozesses. Bei Anforderung einer Strategieerklärung präsentiert die Erklärungskomponente eine graphische Übersichtskarte zur Problemlösungsstrategie, in der die Phase, die aktuell bearbeitet wird, farblich abgehoben ist. Die graphisch verdeutlichten Phasen sind mit textuellen Aufgabenkarten verknüpft, welche Ziel und Inhalt der jeweiligen Phase beschreiben. Der Benutzer kann sich die Gesamtstrategie, die aktuelle Phase oder aber auch vor- oder nachgelagerte Phasen der Problemlösung auf dem von ihm gewünschten Abstraktionsniveau erläutern lassen. Die Abbildung 5 zeigt Ausschnitte aus den Erklärungskarten zur Problemlösungsstrategie.

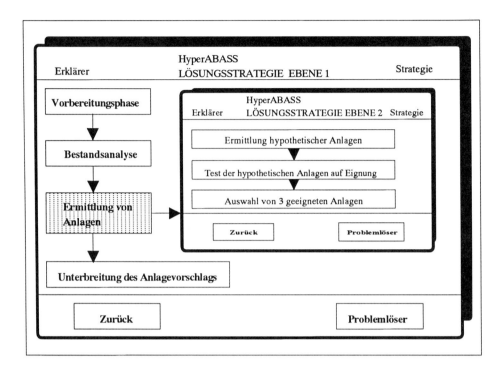

Abb. 5: Erklärungskarte zur Problemlösungsstrategie

6.3.3 Erklärung zu Hintergründen von Wissenselementen (Rechtfertigungen)

Rechtfertigungen sind eindeutig mit Wissenselementen verbunden, so daß entsprechende Erklärungen vergleichsweise einfach zu realisieren sind. Im Anschluß an eine "Wie-" oder "Warum-"Frage und der damit verbundenen Anzeige eines Wissenselementes bekommt der Benutzer eine graphische Darstellung der Inferenzstruktur angezeigt (Abbildung 6). Der zur Rechtfertigung relevante Ausschnitt der Inferenzstruktur wird farblich abgehoben. Wenn der Benutzer einen Überblick gewonnen hat, kann er durch Anklicken des farblich markierten Bereiches auf entsprechende Rechtfertigungskarten zugreifen. Es handelt sich hierbei um Karten in textueller Form, die Regeln erläutern. Die Abbildung 7 zeigt eine Rechtfertigungskarte, die den Zusammenhang zwischen Anlageziel, Risikofreude und hypothetischen Anlagen verdeutlicht.

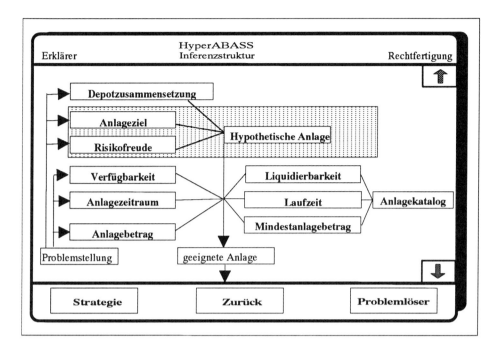

Abb. 6: *Erklärungskarte zur Inferenzstruktur*

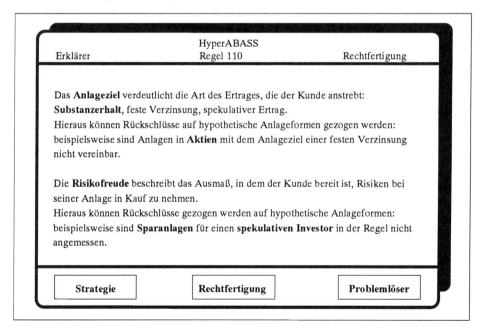

Abb. 7: *Rechtfertigung einer Regel zu Risikofreudigkeit und Anlageziel des Kunden*

6.3.3 Erklärung von terminologischem Wissen ("Glossar")

Der Benutzer kann sich bei jeder Karte, die von der Erklärungskomponente angezeigt wird, die auf dieser Karte verwendeten, farblich abgehobenen Fachbegriffe bzw. Konzepte erläutern lassen. Erklärungsbedürftige fachspezifische Termini umfassen in ABASS vor allem Anlagekategorien, Anlageformen sowie Problemmerkmale wie Anlagezeitraum, Risikofreudigkeit etc.

Bei derartigen Erklärungsanforderungen wird in ein Glossar der Fachbegriffe verzweigt. Ausgangspunkt ist eine textuelle Glossarkarte, die das zu erklärende Konzept erläutert. Von dort aus besteht die Möglichkeit, auf eine graphische Übersicht der Domänenkonzepte zuzugreifen, wie sie beispielsweise in Form der Domänenebene des Konzeptuellen Modells gegeben ist. Der Benutzer kann sich nun über verschiedene Abstraktionsebenen hinweg einen Einblick in die Konzeptstrukturen des WBS verschaffen. Bei Bedarf werden weitere Konzepte durch Anzeige von textuellen Glossarkarten erklärt. Das Glossar ist bereits während der Wissensakquisitionsphase anzulegen und kann im Nachhinein -beispielsweise mit lexikalischem Wissen- leicht erweitert werden. Die Glossarkarten sind untereinander verknüpft, so daß der Benutzer die Möglichkeit hat, beliebig innerhalb des Glossars zu navigieren, bis sein Informationsbedürfnis befriedigt ist und er zum Problemlösungsprozeß zurückkehrt.

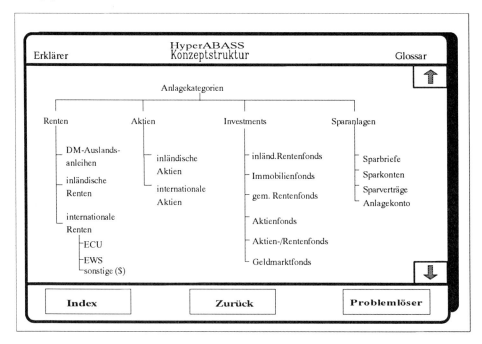

Abb. 8: Erklärungskarte zur Konzeptstruktur

Die Abbildung 8 verdeutlicht den Ausschnitt "Anlagekategorien" aus der Domänenebene von ABASS, der in Form einer graphischen Erklärungskarte zur Konzeptstruktur organisiert ist. Die Abbildung 9 zeigt eine textuelle Glossarkarte zum Konzept "Immobilienfonds".

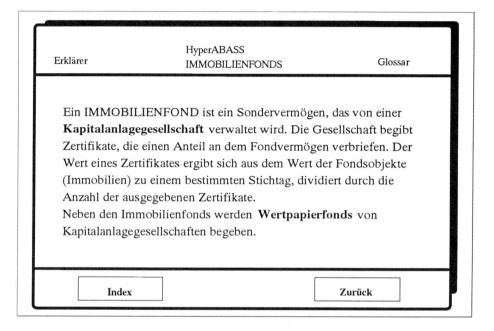

Abb. 9: *Glossarkarte zum Konzept "Immobilienfonds"*

7 Zusammenfassung

Standarderklärungskomponenten von WBS beruhen auf der Anzeige eines Trace der verwendeten Wissenselemente und erlauben es, sogenannte "Wie-" und "Warum-"Fragen zu beantworten. Weitergehende Erklärungsanforderungen zur Problemlösungsstrategie, zu Rechtfertigungen von Wissenselementen und zur Terminologie der Domäne können nicht befriedigt werden. Bisherige Ansätze, Erklärungskomponenten zu verbessern, basierten darauf, zusätzliches Erklärungswissen in formaler Form, häufig durch Repräsentation in der operationalen Wissensbasis, abzubilden. Nachteilig an dieser Vorgehensweise ist, daß sich der Entwicklungsaufwand für die ausführbare Wissensbasis erhöht und daß spezielle (prototypische) Tools erforderlich sind, da kommerzielle Entwicklungstools nicht über die erforderlichen Wissensrepräsentationsformen verfügen.

Alternativ wurde in diesem Beitrag vorgeschlagen, das zusätzliche Erklärungswissen in einem informalen Hyperdokument zu organisieren. Die informationellen Einheiten des Hyperdokumentes bestehen aus (ggf. modifizierten) Dokumenten, die während eines modellbasierten Entwicklungsprozesses von WBS unter Zugrundelegung der KADS-Methodologie zu erstellen sind. Auf Basis des Konzeptuellen Modells wurde eine hypertextbasierte Erklärungskomponente konzipiert und in dem Wissensbasierten System ABASS realisiert.

Folgende Aspekte bedürfen nach Ansicht des Autors weiterer Forschungsanstrengungen: das Hyperdokument für die Erklärungskomponente von ABASS wurde auf der Basis von Papierdokumenten nach Abschluß der Wissensakquisitionstätigkeiten erstellt. Es ist sinnvoll, ein derartiges Hyperdokument parallel zu den Wissensakquisitionstätigkeiten zu entwickeln.[20] Dabei sind folgende Fragen zu beantworten:

- Wie hoch ist der Entwicklungsaufwand für das Hyperdokument?
- Inwieweit lassen sich elektronische Dokumente des Konzeptuellen Modells unmittelbar für die Erklärungskomponente übernehmen bzw. inwieweit müssen sie modifiziert werden?
- Welche Strukturierungsprinzipien müssen der Erstellung des Hyperdokumentes zugrunde gelegt werden?

Berücksichtigt man das Hypermodell als weitere, das Konzeptuelle Modell vorbereitende Zwischenrepräsentation der Expertise, so stellt sich unter methodischen Gesichtspunkten die Frage, wie die Transformationsübergänge zwischen den verschiedenen Modellen zu gestalten sind. Für das Konzeptuelle Modell im Sinne von KADS sind formale Spezifikationssprachen vorgestellt worden (z.B. Angele et al. 1991). Bei dem nachfolgenden Design-Modell (Schreiber et al. 1990) ist es beim derzeitigen Stand der Forschung noch ungeklärt, ob es in einer operationalen Form realisiert werden kann.

In jedem Fall wäre es wünschenswert, eine toolgestützte Transformation zwischen Hypermodell, Konzeptuellem Modell und nachfolgenden Darstellungen zu verwirklichen. Diese Tools müßten über geeignete Routinen verfügen, um die Transformationsübergänge zu gestalten und die Konsistenz zu wahren.

Unter dem Gesichtspunkt der Wissenspflege kann es sich als aufwendig erweisen, die unterschiedlichen Repräsentationen der Expertise untereinander konsistent zu halten. Diese Problematik ist jedoch bei einer modellbasierten Entwicklung von WBS zu einem gewissen Grade immanent. Bei einem evolutionären Prototyping ist in jedem neuen Entwicklungszyklus zunächst das Konzeptuelle Modell zu überarbeiten, bevor die operationale Wissensbasis geändert oder erweitert wird.[21]

Die Konsistenzproblematik wird im vorliegenden Fall dadurch verschärft, daß es sich bei den Erklärungskarten überwiegend um statische Erklärungen handelt. Im Falle von ABASS lassen sich derartige Erklärungskarten für die Problemlösungsstrategie, für Domänenkonzepte und Rechtfertigungen vorhalten, da diese Bereiche mit einer vergleichsweise geringen Anzahl an Erklärungskarten abzudecken sind. Statische Karten verbieten sich jedoch beispielsweise bei der Erklärung von Ergebnissen eines WBS ("Wie?"), da die Anzahl der möglichen Lösungen in nicht-trivialen Applikationen in der Regel zu groß ist. Hier wäre die Möglichkeit zu untersuchen, Erklärungskarten dynamisch (beispielsweise auf der Basis von Traceinformationen oder auch wissensbasiert) zu generieren. Erklärungskomponenten sind somit unter Berücksichtigung der konkreten Problemstellung zu

---

20 Dies könnte beispielsweise im Rahmen einer hypermediagestützten Wissensakquisition erfolgen.
21 Vgl. die Beschreibung eines zyklischen Vorgehensmodells in Anlehnung an Kurbel (1989) bei Hoppe (1992, S.102-136).

konzipieren. In der Praxis wird die Frage "hypertextbasierte Erklärung oder wissensbasierte Erklärung auf der Basis eines Modells der Expertise" häufig mit "sowohl als auch" zu beantworten sein.

Der Beitrag von Frank Maurer (1992) in diesem Tagungsband zeigt einen Ansatz auf, der es überflüssig machen könnte, zwischen "informalem" Hyperdokument und operationalen Wissensrepräsentationsformen zu unterscheiden: informationelle Einheiten in einem Hyperdokument, die über eine Struktur verfügen, die von der Inferenzkomponente eines WBS interpretiert werden kann.

Literaturverzeichnis

Angele, J. et al. (1991), KARL: An Executable Language for the Conceptual Model. In: Proceedings of the 6th Knowledge Acquisition for Knowledge-Based Systems Workshop, October 6-11, Banff, S. 1/1-1/20.

Barthélemy, S. et al. (1987), ESPRIT P1098. A Methodology for Knowledge-Based Systems Development. D3. Requirement Analysis in KBS Development, Amsterdam.

Bogaschewsky, R. (1992a), Hypertext-/Hypermedia-Systeme - Ein Überblick, Informatik Spektrum, angenommen zur Veröffentlichung.

Bogaschewsky, R. (1992b), Integration von Hypermedia und Wissensbasierten Systemen - ein Überblick, in: Biethahn, J. et al. (Hrsg.), Wissensbasierte Systeme in der Wirtschaft 1992, Anwendungen und Integration mit Hypermedia, Wiesbaden.

Breuker, J. A. und Wielinga, B.J. (1989), Models of Expertise in Knowledge Acquisition, in: Guida, G. und Tasso, C. (eds.), Topics in Expert System Design. Methodologies and Tools, Amsterdam u.a., S. 265-295.

Breuker, J. A. et al. (1987), Model-Driven Knowledge Acquisition: Interpretation Models. Esprit Project P1098, Amsterdam.

Bylander, T., Chandrasekaran, B. und Josephson, J.R. (1987), The Generic Task Toolset, in: Salvendy, G. (eds.), Cognitive Engineering in the Design of Human-Computer Interaction and Expert Systems, Amsterdam, S. 507-522.

Chandrasekaran, B., Tanner, M.C. und Josephson, J.R. (1989), Explaining Control Strategies in Problem Solving, in: IEEE Expert, Spring, S. 9-24.

Chandrasekaran, B., Tanner, M.C. und Josephson, J.R. (1988), Explanation: the Role of Control Strategies and Deep Models, in: Hendler, J. (ed.), Expert Systems: the User Interface, Norwood (New Jersey), S. 219-247.

Chandrasekaran, B. (1986), Generic Tasks in Knowledge-Based Reasoning: High-Level Building Blocks for Expert System Design, in: IEEE Expert 1, Fall, S. 23-30.

Clancey, W. J. (1983), The Epistemology of a Rule-Based Expert System - a Framework for Explanation, in: Artificial Intelligence 20, S. 215-251.

Clancey, W. J. (1985), Heuristic Classification, in: Artificial Intelligence 27, S. 289-350.

Clancey, W. J. und Bock, C. (1988), Representing Control Knowledge as Abstract Tasks and Metarules, in: Bolc, L., Coombs, M.J. (eds.), Expert System Applications, Berlin u.a., S. 1-77.

Clancey, W. J. und Letsinger, R. (1981), NEOMYCIN: Reconfiguring a Rule-based Expert System for Application to Teaching, Seventh International Joint Conference on Artificial Intelligence, Vancouver, BC, August 24-28, S. 829-836.

Coy, W. und Bonsiepen, L. (1990), Erfahrung und Berechnung. Kritik der Expertensystemtechnik, Berlin u.a.

Conklin, J. (1987), Hypertext: An Introduction and Survey, in: IEEE Computer Magazine 20, No. 9, S. 17-41.

Friedrich, G. und Stary, C. (1990), Interaktion mit Expertensystemen, in: Gottlob, G., Frühwirth, T. und Horn, W. (Hrsg.), Expertensysteme, Wien, New York, S. 173-201.

Harmon, P., King, D. (1989), Expertensysteme in der Praxis. Perspektiven, Werkzeuge, Erfahrungen., 3., aktualisierte u. erg. Aufl., München, Wien.

Hickman, F.R. (1989), Analysis for Knowledge-Based Systems. A Practical Guide to the KADS-Methodology, New York u.a.

Hoppe, U. (1991a), Methodische Aspekte der Entwicklung Wissensbasierter Systeme, in: Biethahn, J. und Hoppe, U. (Hrsg.), Entwicklung von Expertensystemen. Eine Einführung, Wiesbaden, S. 171-218.

Hoppe, U. (1991b), ABASS - Ein wissensbasierter Anlageberatungsassistent. Modellbasierte Entwicklung eines Expertsystems unter Verwendung eines systematischen Vorgehensmodells., in: Biethahn, J. et al. (Hrsg.), Wissensbasierte Systeme in der Wirtschaft 1991. Anwendungen und Tools, Wiesbaden, S. 129-170.

Hoppe, U. (1992), Methoden des Knowledge Engineering. Ein Expertensystem für das Wertpapiergeschäft in Banken, Wiesbaden.

Kolb, S. (1991), Erklärungsfähigkeit und Wissensakquisition, in: Biethahn, J. und Hoppe, U. (Hrsg.), Entwicklung von Expertensystemen. Eine Einführung, Wiesbaden, S. 137-169.

Kuhlen, R. (1991), Hypertext, Berlin u.a.

Kurbel, K. (1989), Entwicklung ud Einsatz von Expertensystemen, Eine anwendungsorientierte Einführung in wissensbasierte Systeme, Berlin u.a.

Maurer, F. (1992), HyperCAKE: Ein Wissensakquisitionssystem für hypermediabasierte Expertensysteme, in: Biethahn et al. (Hrsg.), Wissensbasierte Systeme in der Wirtschaft 1992. Anwendungen und Integration mit Hypermedia, Wiesbaden.

Möller, M. (1989), Ein Ebenenmodell wissensbasierter Konsultationen - Unterstützung für Wissensakquisition und Erklärungsfähigkeit, Aachen.

Newell, A. (1982), The Knowledge Level, in: Artificial Intelligence 18, S. 87-127.

Nielsen, J. (1990), Hypertext and Hypermedia, Boston u.a.

Neubert, S. (1992), Einsatz von Hypermedia im Bereich der modellbasierten Wissensakquisition, in: Biethahn et al. (Hrsg.), Wissensbasierte Systeme in der Wirtschaft 1992. Anwendungen und Integration mit Hypermedia, Wiesbaden.

Paris, C.L. (1991), Generation and Explanation: Building an Explanation Facility for the Explainable Expert System Framework, in: Paris, C.L., Swartout, W.R. und Mann, W.C. (eds.), Natural Language Generation in Artificial Intelligence and Computational Linguistics, Boston u.a., S. 49-82.

Puppe, F. (1990), Problemlösungsmethoden in Expertensystemen, Berlin u.a.

Puppe, F. (1988), Einführung in die Expertensysteme, Berlin u.a.

Schreiber, G. et al. (1990), A KADS Design Description Language, Deliverable B7, ESPRIT Project 1098, Amsterdam.

Shortliffe, E.H., Buchanan, B.G. (1985) (eds.), Rule-Based Expert Systems - The MYCIN Experiments of the Stanford Heuristic Programming Project, Reading (Mass.).

Streitz, N.A. (1990), Hypertext: Ein innovatives Medium zur Kommunikation von Wissen, in: Gloor, P.A. und Streitz, N.A. (Hrsg.), Hypertext und Hypermedia. Von theoretischen Konzepten zur praktischen Anwendung, Berlin u.a., S. 10-27.

Swartout, W.R. (1983), XPLAIN: a System for Creating and Explaining Expert Consulting Programs, in: Artificial Intelligence 21, S. 285-325.

Swartout, W.R. (1985), Knowledge Needed for Expert System Explanation, in: AFIPS Conference Proceedings, National Computer Conference 1985, S. 93-98.

Tank, W. (1988), Entwurfsziele bei der Entwicklung von Expertensysteme, in: KI, Nr. 3, S. 69-76.

Wick, M.R. und Slagle, J.R. (1989), An Explanation Facility for Today's Expert Systems, in: IEEE Expert, Spring, S. 26-36.

Wielinga, B.J., Bredeweg, B., Breuker, J.A. (1988), Knowledge Acquisition for Expert Systems, in: Nossum, R.T. (ed.), Advanced Topics in Artificial Intelligence, 2nd Advanced Course, ACAI '87, Oslo, Norway, July 28 - August 7, 1987, Berlin u.a., S. 96-124.

Yetim, F. (1990), Hypertext und Erklärung: Überlegungen zu einem pragmatischen Ansatz, 2. Workshop Hypertext und KI, FORWISS, Erlangen.

Yetim, F. (1991), Integration von Expertensystem- und Hypertext-Techniken am Beispiel des Systems WISKREDAS, in: Hypermedia-Konzepte in Medien und kultureller Produktion, Workshop, 15-17. Juli 1991 in Lüneburg, S. 1-15.

Yetim, F. und Dambon, P. (1991), Can Hypermedia improve the Acceptance of Knowledge-Based Systems?, in: Bullinger, H.-J. (ed.), Human Aspects in Computing: Design and Use of Interactive Systems and Information Management. Proceedings of the 4th International Conference on Human-Computer Interaction, 2-6.9.91, S. 889-893.

Extension of Standard Software Systems by the Case-Based Reasoning Approach to a Hybrid Architecture for Intelligent DSS

Michael Jeske, Dr. Michael Müller-Wünsch, Dipl.-Inf. Ansgar Woltering

Content

1 Introduction 203

2 A Hybrid Framework for Distributed, Cooperating Tasks 203

3 Integrating the Case-Based Reasoning Paradigm into a Commercial XPS-Tool . . 207

    3.1   Case-Based Reasoning 207

    3.2   Integrating the CBR-Paradigm into KAPPA 208

4 Results and Further Steps 220

References 222

1 Introduction

Present we may observe a major shift in the world of computing. From the perspectives of software architectures we rely more and more on *client-server solutions*, i.e. decentralized computing. From the perspective of software development we rely more and more on ready-made software-components which have to be integrated to a somehow sophisticated problem solution. In the special area of intelligent decision support systems[1] we have to integrate such software components as model base, knowlege-base, data base, case-base, user interface. To do so, we are forced to use systematically engineering principles like CASE and object-oriented software design (ISS 1991, S.1). The aim is to design and implement DSS more *riskless* and *efficiently* than without standards, i.e. reducing the development costs.

Especially intelligent, computer-based assistant systems in the management area need manyfold software design and implementation techniques, like data base integration, knowledge-based systems etc. in order to fulfill the basic requirements. Usually management tasks are ill-structured, non-determinstic, and not easily supportable by computer systems. Especially the lack of computer support of management tasks, e.g. personnel management, communication tasks, business management, is on the one hand caused by the attitude of executives towards the personal use of computer systems - «I do not work with a keyboard» - (Müller-Bölling 1990) and on the other hand caused by the inflexibility and the limitations in substance of typical computer applications. This paper describes in a brief manner how an application could be developed for the task of overall financial consultation (Herrhausen 1988) by using a hybrid and problem-adequate software architecture. The main part of the paper covers the integration of the case-based reasoning paradigm into a commercial expert system development tool.

2 A Hybrid Framework for Distributed, Cooperating Tasks

Our concept for an integrated software architecture is actually deduced from the fundamental framework for DSS by Sprague (Sprague 1980, S.15). As others we have extended that approach with a knowledge-based component, and moreover with a case-based component (Krallmann/Müller-Wünsch/Woltering 1991). Fig.1 shows the framework which forms an software development environment for the software developer enabling him to create more sophisticate software solutions than before.

---

[1] We do not distinguish between traditional DSS and intelligent DSS. In our opinion DSS with rule-based and/or object-oriented software-components are still DSS. If we stress the inferencing process, we will name such systems knowledge-based systems (KBS).

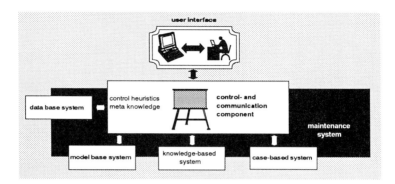

Fig.1: A «generic» framework for intelligent DSS enabling mixed paradigm reasoning (Müller-Wünsch 1991, S.171)

Our example, the overall financial consultation, shows that it is possible to build software systems that may assist the analytic capabilities for very skilled and experience persons.

To do so, we need a

- **data base system**, which mainly consists of

    1) the data base, in which the decision-relevant data are stored,

    2) a query language, which allows the access to the data sets and which transfers the data to the problem solver, and

    3) the data input component with which the data sets can be input and modified,

- **model and methods base system** with the main components of

    1) the model and method bank in which individual generic models (e.g. market models) and methods (e.g. what-if-analysis, goal-seeking) are stored and administrated,

    2) a set of call mechanismn/functions which allow to integrate the different models and methods in the problem solving process, and

    3) a model acqusition component which allows the establishing, the maintenance and the update of indidual models and methods as well as the input in the model methods base,

- **knowledge-based system** with the main components of

    1) knowledge bases in which qualitative models of the heuristic/associative abilities, the knowledge of a domain expert (normally pictured in form of rules), are stored,

    2) a set of inference strategies which are used for processing and applying the knowledge stored in the knowledge bases, and

    3) a knowledge acquistion component, which allows the decision support system developer the input and maintenance of the heuristic/associative knowledge,

- **case-based system** with the main components of

    1) a case library in which already solved exemplary cases are stored dynamically (Schank 1982),

    2) a set of metrics, indexes, and/or an associative memory (e.g. established with a neural network) which enable to find again 'old' cases, as similar to the current problem situation as possible, and a set of modifaction and adaption rules to modify and adapt the most similar selected case, and

    3) a case acquisition component, which allows the DSS-developer the input as well as the maintenance of the case-oriented knowledge (metrics, exemplary cases, etc).

- **input/output system**, which is provided with standardized graphical routines and reporting ans explanation facilities, so that the user has transparency to the problem solving process and the resulting outcomes and a

- **control and communication component** where the meta knowledge and control heuristics are stored for solving certain tasks. It controls the whole problem solving process. Therefore it needs heuristics which control the interaction between the knowledge-based subcomponents, the case base system, the model and method bases, and the data bases. The way of procedure is directed to the concrete task which has to be solved. The development of the meta process must be supported by methods like for example user friendly command languages (Rissland/Skalak 1990) for the DSS-developer.

For example, at the beginning of an investment consultation the current problem situation is described with the help of relevant features (duration, investment, return on investment, risk of investment etc.). Therefore, the user indicates the corresponding variables, or with the help of appropriate learning procedures from the field of statistics, neural networks or machine learning (Weiss/Kulikowski 1991) some of the decision-relevant features are identified automatically by the system (while applying the system). The overall task of financial investment consultation has to be decomposed into subtasks. These subtasks are processed by the most appropriate subsystem of our hybrid software architecture; i.e. the model base system, the knowledge- based system, the case-based system, etc. In our example the control is passed on from the control component to the case base system, which gets the first task in order to select similar cases either with the help of appropriate similarity metrics or with the help of the capabilities of neural networks. This neural networks can function as an associative memory. The second task is to concentrate on relevant features of selected cases and adapt the most similar case. If the existing features allow that the problem can be solved, the process control returns to the control component. If not, one has to try to find a solution deducing from the rule-based knowledge bases and/or inquiring additionally raw data. Here it might be possible that one of the knowledge bases needs data processing capabilities of the model and methods bank system. Thus a blackboard architecture may be appropriate to model the control- and communication component (Corkill/Gallagher/Murray 1988, Engelmore/Morganj 1988, Nii 1986a, Nii 1986b, Puppe 1990, Rissland/Skalak 1990); i.e. is the pieces of information, data, partial solutions etc. which are necessary for the problem-solving process are exchanged between the subcomponents through a blackboard.

In the area of overall financial consultation this is not a task which is performed by only one single person. Usually several finacial experts have to cooperate to find a combination of different investments forms (e.g. life assurance, optional bond etc.) to fulfill the specific needs of a client. In regard of these aspects, we like to distribute the specialized knowledge of all agents (i.e. financial experts) in a cooperating computer environment (see (Kirn/ Schlageter 1991a, 1991b)) which now has to solve the process of overall financial consultation (see fig.2). The following description focus on the knowledge processing via the case-based and rule-based subcomponents. It illustrates how a commercial available XPS-Tool can be extended by the CBR-Paradigm.

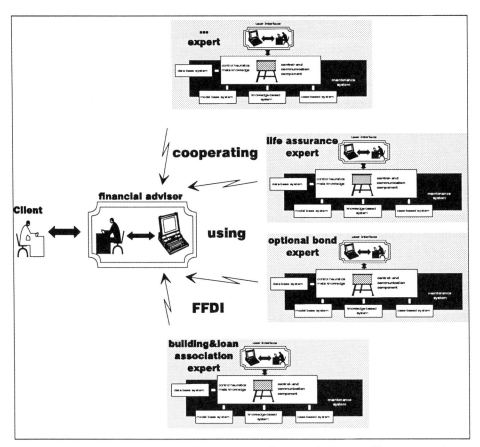

Fig.2: An example for using the «generic» framework for intelligent DSS for a cooperative problem solving process like overall financial consultation

3 Integrating the Case-Based Reasoning Paradigm into a Commercial XPS-Tool

This part of the paper will give first a brief introduction to the case-based reasoning (CBR) approach. Afterwards we will discuss first results of integrating the CBR paradigm into IntelliCorp's KAPPA-PC[2].

3.1 Case-Based Reasoning

Structuring by analogy plays an important role in the human thought process. Using experiences which have been gathered in the course of time, problems are solved based on the solutions of analogous problems - that means with similar structures, functions and behaviour. Therefore, for one problem in a certain context in a special domain an analogous problem of another context is remembered and its solution, which is already known, is transferred to the original problem. This method is frequently applied in extraordinary cases and in not well understood domains. The main idea of analogical reasoning is that existent knowledge is transferred to new areas. The most simple form of analogical reasoning is the repeated, eventually modified, application of former problem solutions. This kind of analogical reasoning without context and domain change we call case-based reasoning. Different models of human analogical reasoning have been developed and have been transformed to models which can be processed on the computer. Examples are: *The Structure Mapping Theory* (Gentner 1983, 88) and *Dynamic Memory Theory* (Schank 1982).

The main goal of case-based reasoning is to improve problem solving behaviour. This should be attained by:

- Extension of experience by acquisition of new cases.
- Creation of abstract concepts by generalization from concrete cases.
- Avoidance of repeated actions by reminding former cases, i.e. no problem solving from scratch.
- Avoidance of former errors.

In general, case-based reasoning should perform an time reduction of the problem solving process. Therefore the following steps are necessary:

1. Finding a former case similar to the current problem, i.e *to select*.

2. Concentration on the parts of the former case which are appropriate referring to the current problem, i.e. *to focus*.

3. Making an appropriate decision for the current problem using these parts, i.e. *to transform/adapt* (Kolodner 1987).

---

[2] KAPPA-PC is a product of IntelliCorp Inc.

Finding a similar former case is done by going through a case memory which contains special cases as well as generalized knowledge. One has access to this cases via indexes which are marked with the characteristics of the case or with deviations from the general concept. In principle, one can imagine as well that several former cases are associated and mixed. An important requirement to the structuring of the case-base is that finding again former cases does not become (considerably) slower when the case-base increases. In comparison: a human expert will not become slower making his decisions while his experience grows, but - normally - faster.

Referring to focus on appropriate parts of selected cases: In reality, normally not all details of a former case are interesting, but only parts of it. Depending on the type of former case different actions are carried out: If the former case has been successfully solved one will concentrate on the characteristics of the former case, which matches to the current ones. If the former case leads to an error the attention will be drawn on the parts of the case which lead to the error.

Referring to the transformation of the solution: If the former case has been successfully solved the following methods are possible:

- Use the former solution.
- Use the former solution and modify it based on the differences between former and current case.
- Transfer the inference method which lead to the former solution to the current problem.
- Abstract from both problem descriptions a general concept in which the abstracted problem solution of the former case is integrated and apply this to the current case.

Which transformation mechanism one can apply depends on the complexity of the application and on the capacity to explain solutions.

3.2 Integrating the CBR-Paradigm into KAPPA

Introduction to KAPPA - an Overview

From the variety of XPS-tools we choosed IntelliCorp's KAPPA-PC for our CBR extension efforts. KAPPA is widely distributed and runs with an graphical user interface under Windows 3.0 and MS-DOS. Our developement hardware was an IBM-compatible PC with an Intel 486 processor and 8 MB RAM, which turned out as well dimensioned.

Generally the KAPPA applications development system allows one to write software that simulates complex systems and provides one with facilities to represent knowledge about them. Unlike many other expert system tools, KAPPA provide much more than rules. By using it one is able to combine rule-based reasoning techniques with object-oriented programming.

All structures used to represent the components of a domain are called objects. Objects can be either classes or instances within classes. KAPPA provides only single inheritance. Hence every objects is located once somewhere in the object tree. One component of the KAPPA system is the "Object Browser" which enables the user to create and manipulate objects in a very convenient and intuitive way. The other components of KAPPA (all reachable via clicking the appropriate icon) are the "KAL Interpreter", "Rule Relation", "Inference Browser", a set of "Knowledge Tools", "Session Window", "Rule Trace".[3] Every component is visualized by an icon in the KAPPA main window (fig.3). Clicking the appropriate icon opens the component's window or set the focus to it.

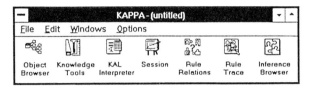

Fig.3: The KAPPA-PC main window

There are several ways to do programming with the KAPPA system:

- using the integrated KAL-language to write functions and methods,
- writing C-routines and embedd them into the KAPPA system,
- using the DDE-Interface.

All KAL-programming can be done in the integrated KAPPA editors or using external editors and interpreting KAL-ASCII files.

A Case-Based Reasoning Component

Our aim was to extend KAPPA with an additional component providing case-based reasoning. There were several ways to interface with KAPPA. The most promising way was to follow three guidelines:

- using the Object Browser to design the necessary data structures (objects and their slots),
- using KAPPA's integrated programming language "KAL" to implement the functionality,
- doing as little as possible C & SDK programming.

Furthermore we made some principle design decisions:

- object-oriented bottom-up design,
- hierarchically case organization,

---

[3] For more information please see the KAPPA reference manual (Intellicorp 1991).

- concentrate on case acquisition,
- extensibility/flexibility to several similarity measurements,
- open architecture to further integration of neural networks, e.g. for optimizing the case retrieval.

The case-based reasoning extension (CBRx) is activated automatically after starting the modified KAPPA-executable from Windows' Programm- Manager. CBRx will be accessable over the menu bar in its own window (see fig.4). The provided facilities are grouped into[4]:

- File,
- Cases,
- Properties,
- Links,
- Solutions and
- Similarities.

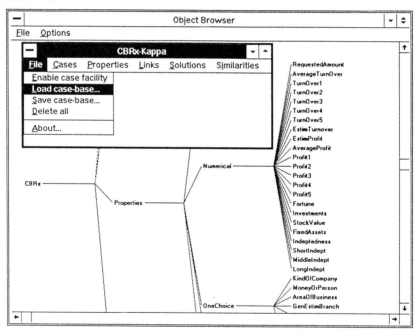

Fig.4: CBRx main menu

We will now consider some special issues of the design and implementation of CBRx.

---

[4] For a detailed discussion of CBRx please refer to (Jeske 1992).

Case Structure and it's Representation in KAPPA-PC

We represent a case as

- a list of properties/features[5],
- a list of links to other cases,
- a list of solutions and,
- a description.

Each property belongs to a property type, which can be one of B)olean, Numerical, OneChoice, MultipleChoice and FreeText (see fig.5). Each case owns a list of properties containing one instance of all basic property classes. That means the case representation is uniform. However, it is possible to enhance the set of basic property classes anytime. After adding a property, the values of this property will be unknown for all cases and editing of all former cases is recommended.

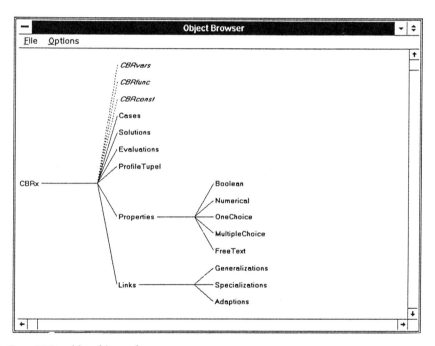

Fig.5: CBRx object hierarchy

As described below a case can be *generalized, specialized* or *adapted* from an former case. By doing so implicit links will be created. We can also think of other kinds of releations between cases. This kind of relations can be modeled as explicit links and used to select an case in the case hierarchy.

---

[5] Properties and feature are used synonymous.

After solving a case the adapted former solution or the brand new solution can be stored. Sometimes the first solution is not sufficient or incorrect. Therefore a case owns a list of solutions and each solution can be evaluated seperately. It is always possible to give textual descriptions and comments for cases as for any other case relevant objects. For instance, the user can store an complex explanation of an negative evaluation of an former solution to avoid to solve a similar case the wrong way again.

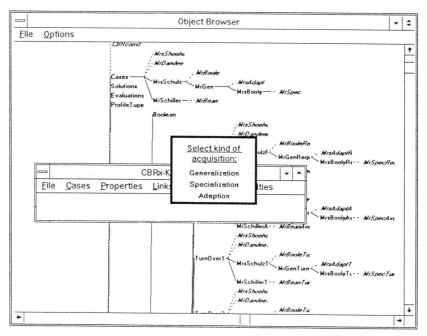

Fig.6: *Case generalizations, specializations and adaptions*

Case Hierarchy

As mentioned above cases can be specializations, generalizations or adaptions of former cases. Taking a new case as a specialization of an old one means "upgrading" the old case to a case class and hanging the new class as a leaf into the case hierarchy (see fig.6). Generalization works the other way around - the new case will be inserted as case class into the case hierarchy and the old case will be an specialization of the new one. Making adaptions means to insert the new case at the old case's level as specialization of the old case's parent case. The case hierarchy is found again in every property subtree.

Property/Feature Abstractions

Every property belongs to an abstraction level. The property's abtraction level is a measurement for its distance from its leafs. Leaf properties belong either to abstraction level zero or abstraction level one. Properties with abstraction level zero are only additional structured descriptions or comments, i.e. not decision/solution relevant features. Properties on abstraction level one are user given values. Properties of abstraction levels higher than one are property abstractions[6]. Values of property abstractions are not acquired by the user, they are calculated from values of properties which lower abstraction levels. We have already implemented some standard calculation methods (sum, average, linear regression etc.). This way there is no extra coding necessary, when property abstractions are used. This leads us to a property hierarchy which is totally different from the case hierarchy. It is comparable with a classification hierarchy (see fig.7).

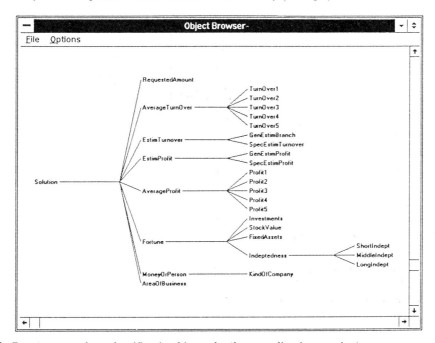

Fig.7:   An exemplary classification hierarchy (loan application scoring)

Case Acquisition

CBRx provides two different kinds of acquisition (see fig.8):

- creation of a new unique case without any links to former cases, e.g. creating the first case in the case-base and
- acquisition of a new case by modifying an old case.

---

[6]   Abstraction properties are used synonymous to data abstractions (Clancey 1984).

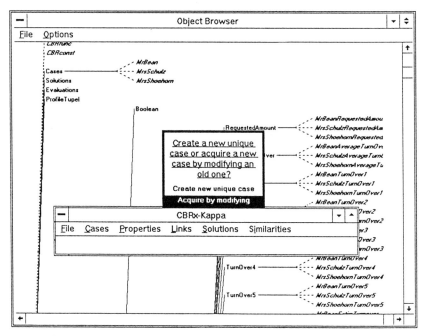

Fig.8: Kinds of case acquisition

The first acquisition strategy is needed to enter the first cases into an empty case-base. By creating a new unique case CBRx provides the possibilities to add new properties, define abstraction properties, enter default values for the new properties, add a new solution or assign an old solution and add or assign an evaluation of the solution.

Acquisition of a new case by *modifying* an old case plays the main role in the whole system, because without this feature CBRx would be only a comfortable case organizing and retrieval system. The first phase of this acquisition strategy is case selection as described below. After selecting an old case CBRx enables the user to *specialize*, *generalize* or *adapt* the old case. Values of properties are changeable. A new solution can be created or the old soltution can be assigned to the new case. Furthermore an evaluation of a solution can be changed or assigned.

A system which chooses the right case itself and making the necessary adaptions to it would be nice to have, but hard to build. Our system is one step beyond. CBRx needs a lot of interaction and all decisions will be made by the user, except determine the similarity of cases.

Besides case acquisition CBRx provides an edit&delete facility for cases, properties and solutions.

Case Selection

Case selection is necessary whenever an old case has to be accessed. Especially the two actions "Editing a case" and "Acquiring a new case by modifying an old one" trigger case selection. There are three ways to select a case (see fig.9):

- enter the name of the case (case names are unique),
- enter some property values and look for similar cases and
- select a case by traversing the case tree

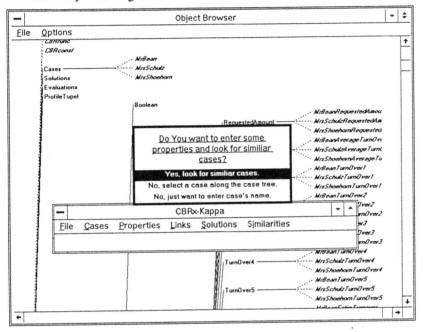

Fig.9: Case selection strategies

The first selection strategy is trivial as long as only correct case name input is supported.

The second strategy is the most complex one. In the near future CBRx will provide the selection of several similarity measurements. At the moment only "feature match count" is fully supported.

The third strategy means an interactive traversal of the case tree to select an old case. CBRx allows the user to select either a case class (which is a generalized case) or a case instance (which is a most specialized case). This strategy is only usefull when the user knows the relevant cases stored in the case-base quite well. By knowing something about old cases the user might remember them and is able to put the new case at the right place into the case tree (see fig.6).

We will now give some screen-shots of the process of acquiring a new case by adapting a similar case. In our example we want to acquire the case of Mr Greene. To do so we have to enter first his name as unique identification to the case (see fig.10). CBRx prompts first for the name of the actual case and afterwards for a selection of properties on low abstraction level (the leafs in fig.7).

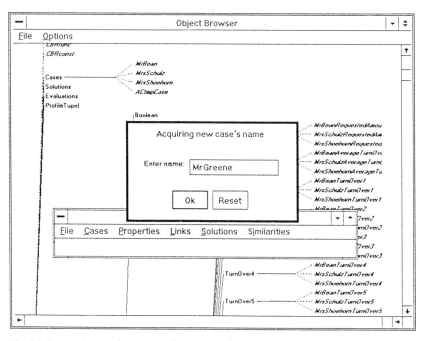

Fig.10: MrGreene's case is going to be acquired

To enable CBRx to calculate the similarities of all other cases in the case-base the acquisition of the appropriate property values is needed. Therefore the user has to select some or all properties (see fig.11).

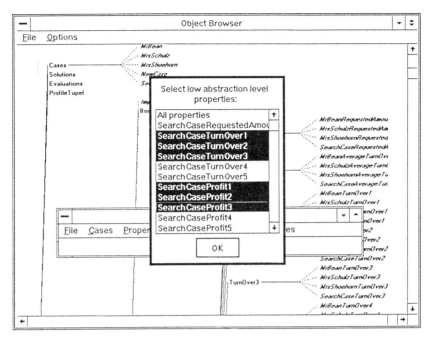

Fig.11: Selection of properties which are to be used to calculate similarities

The next step is to enter the case specific values for Mr Greene's case (see fig.12-14).

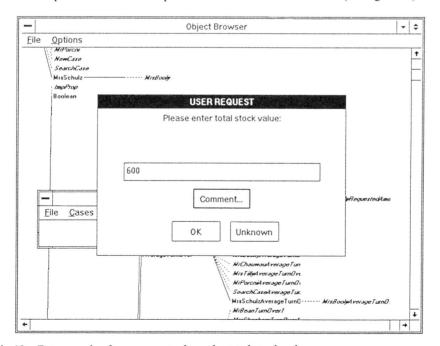

Fig.12: Enter a value for a property, here the total stock value

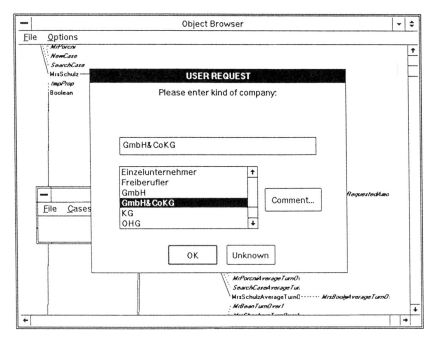

Fig.13: Enter a value for a property, here the kind of company

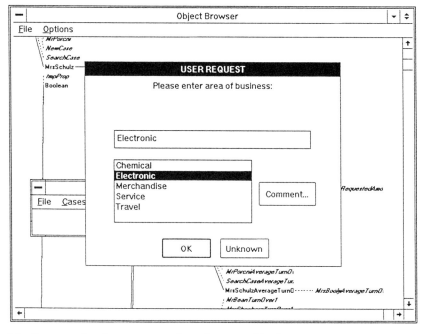

Fig.14: Enter a value for a property, here the area of business

After doing this CBRx will calculating the similarities depending on the user given values, the values stored in the case-base and the choosen similarity measurement (we used "feature match count", see fig.15).

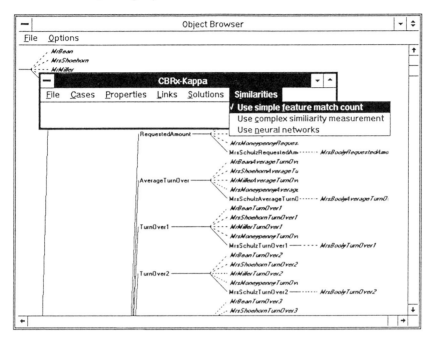

Fig.15: Selecting a similarity measurement

CBRx is able to calculate similarities on any user given abstraction level. After calculating the similarities CBRx gives a ranked selection list of case names together with the calculated results for each case (see fig.16). Deselecting and selecting subtrees from the case tree to restrict the number of cases which are to compare is planed.

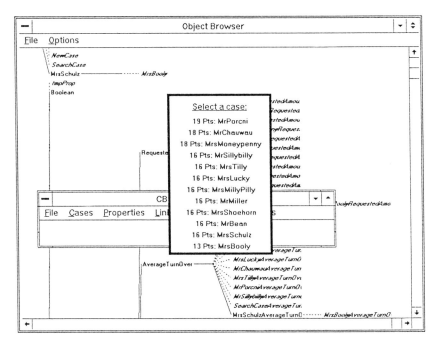

Fig.16: Selecting a case from the ranked list of similar cases

4 Results and Further Steps

The experience made with CBRx lead us to the conclusion that it is in general possible to extend standard XPS-Tools (like KAPPA-PC) by the case-based reasoning approach. To overcome problems caused by storage limitations, which will certainly occure when applying CBRx to real world applications, it seems to be necessary to hold the case-base in an external database system. This can either be an relational or object-oriented database management system. Another way to solve this problem may be to provide persistent objects for XPS-Tools like KAPPA.

Besides, the calculation of similarities, especially in voluminous case-bases, is another performance bottleneck of CBRx. Using a neural network trained with back-propagation to determine similar cases could be a solution to this problem (Woltering/Jeske 1992). The problem with this approach would be the additional training which is needed after adding new cases into the case-base. Hence we need a possibility to train the network in the background or only after request. However, using explicit similarity calculation (e.g. "feature match count") results in long waiting pauses before every selection process. On the other hand implicit calculation using neural networks may lead to quick selections, but long training times after the selection process. However, the training phase of the neural network could also take place in batch mode or as background process to avoid any interaction delays.

Momentarily we implement the hybrid architecture for DSS (see fig.1) with an object-oriented development environment, that is: Objectworks\Smalltalk[7], Humble[8] and GemStone[9]. The result, a hybrid DSS-Tool, should be the basis for designing and implementing DSS more riskless and efficiently which will be evaluated by applying it to the overall task of financial investment consultation (see fig.2). Especially by the implementation of the case-based reasoning component we can use the experience made with CBRx. Furthermore CBRx seems to be an appropiate R&D workbench for testing and evaluating different similarity measurements. Yet, there are still more issues to work on.

---

[7] Objectworks\Smalltalk is a product of ParcPlace Systems.
[8] Humble is a product of Xerox Special Information Systems.
[9] GemStone is a product of Servio Corporation.

References

Clancey, W. J. (1984), Classification Problem-Solving, in: Proc. AAAI-84, S. 49-55.

Corkill, D. D., Gallagher, K. Q. and Murray, K. E. (1988), GBB. A Generic Blackboard Development System, in: Engelmore, R. and Morganj, T. (eds.), Blackboard Systems, Wokingham, S. 503-517.

Engelmore, R. and Morganj, T. (eds.) (1988), Blackboard Systems, Wokingham.

Gentner, D. (1983), Structure - Mapping: theoretical framework for analogy, in: Cognitive Science, Vol.7, No.2, S. 155-170.

Gentner, D. (1989), The Mechanisms of Analogical Learning, in: Vosniadou, S. and Ortony, A. (eds.), Similarity and Analogical Reasoning, London, S. 199-241.

Herrhausen, A. (1988), Strategische Führung - Mehr als nur Strategie, in: Henzler, H. A. (Hrsg.), Handbuch Strategische Führung, Wiesbaden, S. 59-68.

ISS (Intelligent Software Strategies) (1991), What's happening in computing?, in: Intelligent Software Strategies, Vol.7, No.8, S. 1-4.

Jeske, M. (1992), Erweiterung einer hybriden Expertensystem-Entwicklungsumgebung um den Ansatz des fallbasierten Schließens. Diplomarbeit TU-Berlin, FB20 (Informatik).

IntelliCorp (1991): KAPPA Reference Manual Version 1.2., Publication Number: KAP1.2-RM-MSW2-2.

Kirn, S. and Schlageter, G. (1991a): Intelligent Agents in Federative Expert Systems: Concepts and Implementation, in: Deen, S. M. (ed.), Proc. of the International Working Conference on Cooperating Knowledge Based Systems, London, S. 53-76.

Kirn, S. and Schlageter, G. (1991b), Competence Evaluation in Federative Problem Solving - How to make Expert Systems Cooperative. 11th Conf. on 2nd Generation Expert Systems, Avignon, France, May 28-31.

Kolodner, J. L. (1987), Extending Problem Solving Capabilities Through Case-Based Inference. Proc. Case-Based Reasoning Workshop, May 1988, San Mateo (Calif.), S. 21-30.

Krallmann, H., Müller-Wünsch, M. and Woltering, A. (1991), CASA: A knowledge-based tool for management consultants, in: Liebowitz, J. (ed.), Proc. of World Congress of Expert Systems, Vol. 1, S. 264-273.

Müller-Böling, D. (1990), Aufgabenbedingte und persönlichkeitsbedingte Anforderungen an Informations- und Kommunikationstechniken für Führungskräfte, in: Reuter, A. (Hrsg.), GI-20. Jahrestagung, Band 1, Berlin, S. 92-111.

Müller-Wünsch, M. (1991), Wissensbasierte Unternehmensstrategieentwicklung, Berlin.

Nii, P. (1986a): Blackboard Systems (Part 1), in: AI Magazine, Vol.7, No.2, S. 38-53.

Nii, P. (1986): Blackboard Systems (Part 2), in: AI Magazine, Vol.7, No.3, S. 82-106.

Puppe, F. (1990), Problemlösungsmethoden in Expertensystemen, Berlin u.a. 1990.

Riesbeck, C. K. and Schank, R. C. (1989), Inside Case-based Reasoning, Hillsdale (New Jersey).

Rissland, E. L. and Skalak, D. B. (1990), CABARET: Rule Interpretation in a Hybrid Architecture. CBR Technical Memo #1, Dept. of Computer & Information Science, University of Massachusetts, Amherst, MA 01003.

Schank, R. C. (1982), Dynamic memory - A theory of reminding and learning in computers and people, Cambridge.

Sprague, R. H. (1980); A framework for research on decision support systems; in: Fick And Sprague (eds.); DSS: Issues and Challenges. Proc of an international task force meeting, June 23-25, Oxford, New York, S. 5-22.

Weiss, S. M. and Kulikowski, C.A. (1991), Computer Systems That Learn - Classification and Prediction Methods from Statistics, Neural Nets, Machine Learning, and Expert Systems, San Mateo.

Woltering, A. and Jeske, M. (1992), Integration of Neural Networks into the Case-Based Reasoning Approach. Technical Report, TU-Berlin.

Gabler-Literaturempfehlungen zum Thema „Wirtschaftsinformatik" (Auswahl)

Dietrich Adam (Schriftleitung)
Fertigungssteuerung
Grundlagen und Systeme
(Schriften zur Unternehmensführung,
Band 38/39) 1992, 360 Seiten,
Broschur 78,– DM
ISBN 3-409-17916-X

Jörg Biethahn / Jürgen Bloech /
Ronald Bogaschewsky / Uwe Hoppe (Hrsg.)
**Wissensbasierte Systeme
in der Wirtschaft 1991**
Anwendungen und Tools
1991, 190 Seiten,
Broschur 68,– DM
ISBN 3-409-13809-9

Karl Kurbel
Programmentwicklung
5., vollständig überarbeitete Auflage 1990,
XIV, 199 Seiten,
Broschur 44,– DM
ISBN 3-409-31925-5

Peter Mertens
**Integrierte
Informationsverarbeitung**
Teil 1: Administrations- und Dispositionssysteme
in der Industrie
8., völlig neubearbeitete und erweiterte
Auflage 1991, XIV, 298 Seiten,
Broschur DM 42,–
ISBN 3-409-69047-6

Peter Mertens / Joachim Griese
**Integrierte
Informationsverarbeitung**
Teil 2: Planungs- und Kontrollsysteme
in der Industrie
6., völlig neubearbeitete und erweiterte
Auflage 1991, XIV, 270 Seiten,
Broschur DM 38,–
ISBN 3-409-69106-5

Jörn-Axel Meyer
Marketinginformatik
Grundlagen und Perspektiven
der Computerintegration
1991, 134 Seiten, Broschur 39,80 DM
ISBN 3-409-13383-6

Dieter B. Preßmar (Schriftleitung)
Büro-Automation
(Schriften zur Unternehmensführung, Band 42)
1990, 156 Seiten, Broschur 44,– DM
ISBN 3-409-13129-9

Joachim Reese
Wirtschaftsinformatik
Eine Einführung
1990, 166 Seiten, Broschur 29,80 DM
ISBN 3-409-13380-1

August-Wilhelm Scheer (Schriftleitung)
Betriebliche Expertensysteme I
Einsatz von Expertensystemen
in der Betriebswirtschaft
– Eine Bestandsaufnahme
(Schriften zur Unternehmensführung, Band 36)
1988, 176 Seiten, Broschur 44,– DM
ISBN 3-409-17905-4

August-Wilhelm Scheer (Schriftleitung)
Betriebliche Expertensysteme II
Einsatz von Expertensystem-Prototypen in
betriebswirtschaftlichen Funktionsbereichen
(Schriften zur Unternehmensführung, Band 40)
1989, 145 Seiten, Broschur 42,– DM
ISBN 3-409-17909-7

Stefan Spang / Wolfgang Kraemer (Hrsg.)
Expertensysteme
Entscheidungsgrundlage für das Management
1991, 368 Seiten, gebunden 98,– DM
ISBN 3-409-13361-5

Zu beziehen über den Buchhandel oder den Verlag.

Stand der Angaben und Preise: 1.7.1992
Änderungen vorbehalten.

GABLER
BETRIEBSWIRTSCHAFTLICHER VERLAG DR. TH. GABLER, TAUNUSSTRASSE 54, 6200 WIESBADEN